中华文明的有力见证

Eternal Witness of Civilization: History of Beijing

北京通史陈列 史前—清代

首都博物馆 编

文物出版社

首都博物馆 书库
丙种 第伍拾捌部
《中华文明的有力见证——北京通史陈列》（史前—清代）

图书在版编目（CIP）数据

中华文明的有力见证：北京通史陈列. 史前-清代 /
首都博物馆编. -- 北京：文物出版社，2024.5
ISBN 978-7-5010-8262-9

Ⅰ．①中… Ⅱ．①首… Ⅲ．①北京—地方史 Ⅳ.
①K291

中国国家版本馆CIP数据核字（2023）第219934号

审图号：GS（2024）1558号

首都博物馆编纂委员会

主　　任	韩战明
委　　员	彭　艺　谭晓玲　徐中煜　焦丽丹　彭　颖　龙霄飞
编　　辑	章文永　杨　洋　张　靓　裴亚静　杜　翔　张　明
	任　和　龚向军　李吉光　李兰芳

图录撰文	金彩霞　张全礼　杜永梅　高红清　章文永　张媛媛
摄 影 师	朴　识　张京虎　梁　刚　谷中秀　罗　征
图片提供	周口店遗址博物馆　中国科学院古脊椎动物与古人类研究所　王府井古人类文化遗址博物馆　北京市考古研究院
	北京大学考古文博学院和北京市考古研究院东胡林考古队　北京市平谷区文物管理所　北京考古遗址博物馆
	河北省文物考古研究院　北京市昌平区博物馆　北京市海淀区文物保护中心（北京市海淀区博物馆）
	北京市石景山区文物研究所（北京市石景山区博物馆）　北京市白塔寺管理处　北京文博交流馆（北京市智化寺管理处）
	大钟寺古钟博物馆　北京大学考古文博学院　北京房山云居寺文物管理处　上海博物馆
	赵志军　吕　鹏　刘乃涛　刘彦琪　王武钰　韩茂远
图片编辑	韩　晓　杨　妍
特约编辑	任　和　裴亚静　杨　洋

中华文明的有力见证——北京通史陈列（史前—清代）

编　　者	首都博物馆
责任编辑	彭家宇
装帧设计	北京气和宇宙艺术设计有限公司
责任印制	张道奇

出版发行	文物出版社
社　　址	北京市东城区东直门内北小街 2 号楼
邮　　编	10007
网　　址	http://www.wenwu.com
邮　　箱	wenwu1957@126.com
经　　销	新华书店
印　　刷	天津裕同印刷有限公司
开　　本	787mm×1092mm　1/8
印　　张	61
版　　次	2024 年 5 月第 1 版
印　　次	2024 年 5 月第 1 次印刷
书　　号	ISBN 978-7-5010-8262-9
定　　价	980.00 元

展览项目组名单

总　策　划　陈名杰

出　品　人　韩战明　彭　艺

总　监　制　谭晓玲　杨文英　徐中煜

监　　　制　章文永　索经令　冯　好

责　任　人　杨　烨　田　聪

内容撰写　金彩霞　张全礼　杜永梅　高红清　谭晓玲　章文永　张媛媛　孟　哲

英文校审　邵欣欣　赵　婧　张继华　杨丽明　尹鑫琳

图片协调　何　昕　郭良实　白佳好

展陈设计　钟　梅　李　赫

设计助理　贺　夏

文物管理　李　兵　李　梅　张媛媛　于力凡　王丹青　李文琪　刘轶丹　杨丽丽

　　　　　曾　婧　韩　冰　闫　娟　迟海迪　杨静兮　王显国　柳　彤　丁炳赫

　　　　　李凤艳　马悦婷　刘　丞　邢　鹏　胡　昱　齐　峰　栾　晔　徐　亮

　　　　　商宇晨　钱　诚　赵新英　赵　型　王亚楠　秦东升　孟　哲　高德智

　　　　　杜晓君　任思音　李　莹　何海荣　祁普实　黄雪梅　徐　涛　崔吉祥

灯　光　师　索经令　刘金陆　王　磊　魏　祎

展厅环境控制　邵　芳　吕梦蝶　闫　丽　黄欣瀛　张　航

序 一

党的十八大以来，习近平总书记先后 11 次视察北京，21 次对北京发表重要讲话，深刻阐述了"建设一个什么样的首都，怎样建设首都"这个重大时代课题。全市上下更加自觉地把思想和行动统一到总书记对北京重要讲话和指示精神上来，踔厉奋发，大力加强"四个中心"功能建设、提高"四个服务"水平，坚持"五子"联动服务和融入新发展格局，正在把宏伟蓝图一步一步地变为美好现实。

时代大潮，奔涌向前。近年来，首都文博事业努力以高质量的发展为新时代全国文化中心建设作出新的更大贡献。北京市文物局围绕"一轴一城、两园三带、一区一中心"（"一轴"指中轴线申遗保护，"一城"指博物馆之城，"两园"指长城、大运河国家文化公园北京段，"三带"指大运河文化带、长城文化带、西山永定河文化带，"一区"指文物保护利用示范区，"一中心"指国际文物艺术品交易中心），推进新时代的各项文物工作。其中博物馆之城建设尤有特色，亮点频现。在制定《北京博物馆之城建设发展规划》《北京市鼓励社会力量兴办博物馆的若干意见》等文件，为博物馆之城建设提供政策依据的同时，中共北京市委宣传部、市文物局还注重发挥重点博物馆、特色博物馆的引领作用，在新馆建设、展陈策划、陈列艺术、文化传播等方面树立"标杆"，推出"龙头"，使之成为博物馆之城建设的"样板间"，也是博物馆自身建设的首都范本，进而发挥全国文化中心的首善引领作用。

首都博物馆基本陈列改陈就是这样的项目。首都博物馆自 2005 年 11 月开馆试运行至今已逾 18 年，基本陈列北京通史展亟待改陈更新。北京市委宣传部高度重视首博基本陈列的改陈工作，将其定位为贯彻落实习近平文化思想的重要举措、建设博物馆之城的龙头项目和推进全国文化中心建设的标志性项目，展陈大纲初稿和设计方案先后经推进全国文化中心建设领导小组专题会议审议通过。在深化阶段，北京市委宣传部还组建工作专班，推进展陈大纲的进一步提升。新的北京通史展——"中华文明的有力见证——北京通史陈列"在内容上，时间线更为贯通，首次将展示内容延续到新时代，是真正意义上的"通史"；其次是注重内容权威性，对大纲内容进行科学论证，在广泛征求意见的基础上精益求精；特别是在编写新时代首都发展内容时，重点参考党的二十大报告、《习近平著作选读》《习近平关于北京工作论述摘编》等权威文献，用好《奋进新时代主题成就展（北京篇章）》等重大主题展览成果；注重用文物说话，以首博馆藏文物为基础，立足北京市属文博机构全系统办展，弥补首博馆藏文物的缺环，突出重点，不留缺憾，确保展览在以物证史过程中"史"的连贯性。

"搞历史博物展览，为的是见证历史、以史鉴今、启迪后人。要在展览的同时高度重视修史修志，让文物说话、把历史智慧告诉人们，激发我们的民族自豪感和自信心，坚定全体人民振兴中华、实现中国梦的信心和决心。"[1] 遵循总书记的教导，北京通史改陈做了若干的尝试，取得了一定的成绩，但最终还需广大的观众朋友、社会各界的品评、检验。

愿首都博物馆以基本陈列改陈为征程的新节点，继续绵绵用力，久久为功，为新时代首都文博事业不断创造新的佳绩。

陈名杰

北京市文物局党组书记、局长

2024 年 2 月

1　习近平：《在北京考察工作时的讲话》（2014 年 2 月 25 日、26 日），《人民日报》2014 年 2 月 27 日。

序 二

北京是世界著名古都，有 3000 多年建城史、800 多年建都史，文博资源丰富，文化底蕴深厚。进入新时代以来，首都文博事业发展迎来新的历史机遇，首都博物馆东馆建设（北京大运河博物馆）、本馆基本陈列改陈是其中突出的案例和成就。

首都博物馆于 2005 年底新馆试运行，至今已逾 18 个年头。基本陈列北京通史展的展陈内容、陈列艺术、设备设施等已不能满足观众日益增长的文化需求和欣赏品位，也严重影响了新时代爱国主义教育基地功能的发挥。因此，为贯彻落实习近平总书记有关北京工作的重要指示和系列重要讲话精神，根据北京市委、市政府的指示批示要求，在北京市委宣传部的领导下，在北京市文物局的指挥下，首都博物馆本馆基本陈列改陈项目自 2022 年初开始启动。集思广益、众志成城，经过相关部门和首博全体员工历经两年的拼搏奉献，新的北京通史展——"中华文明的有力见证——北京通史陈列"于 2024 年春节向公众开放。

改陈后的首都博物馆基本陈列，其标题源自习近平总书记致 2023 年北京论坛的贺信。总书记在贺信中指出，北京历史悠久，文脉绵长，是中华文明连续性、创新性、统一性、包容性、和平性的有力见证。北京通史陈列正是循着这"五性"来梳理内容、组织素材、展开叙事，故以"中华文明的有力见证"为题。

与原有展览相比，改陈后的北京通史陈列增添近年来北京地区考古发掘、北京史研究、本馆文物征集的新发现、新成果，展品更为丰富，将北京悠久的历史、厚重的文化积淀表现得更为多彩靓丽；特别是增加新中国和新时代内容，立足社会主义新中国的首都定位，突出首善风范，彰显首善引领，并首次将区域博物馆通史陈列的时间下限延续至当下，堪称名副其实的"通史"；内容脉络更为清晰，结合展厅布局，更加强调和突出北京 70 余万年人居史、3000 余年建城史、800 多年建都史、70 余年新中国时期和党的十八大以来新时代等北京都城发展的重要历史节点；站位更高，在都城史、区域史的叙事脉络中，注重在其中与中华文明的连续性、创新性、统一性、包容性、和平性进行对接，更加强调北京在中华民族多元一体格局形成过程中的重要地位和发挥的重要作用；更加注重展览的解读，从民族融合、人文内涵、考古发掘、城市发展等多个层面出发，强调利用重点文物、群组文物、场景、媒体等营造亮点、突出重点，让观众看得懂的同时形成有详略、有轻重的展陈节奏，在保证内容科学性的前提下，做到逻辑上严谨自洽、内容上专业性与通俗性兼顾。

在策展、筹展过程中，北京市委宣传部、市文物局及众多的文博单位与专家学者给予了不可或缺的指导和帮助，或政治把关，或协调解难，或专业指导，或借人借物，正所谓"积力所举，则无不胜；众智所为，则无不成"。在此向各单位及个人致以诚挚的谢意和敬意！

　　展览不仅是一种文化传播方式，在新时代的今天还肩负着更重要的使命——见证历史、以史鉴今、启迪后人。首都博物馆的基本陈列及今后其他各类展览，始终以践行习近平文化思想为使命，厚积薄发，止于至善，在文化中心建设和博物馆之城建设中发挥"龙头"作用，不断擦亮首善之区的首博风采。

韩战明

首都博物馆党委书记、馆长

2024 年 2 月

目　录

前　言

　　北京历史悠久，文脉绵长，是中华文明连续性、创新性、统一性、包容性、和平性的有力见证。

　　70 余万年前，古人类在此繁衍生息；3000 余年前，西周分封燕、蓟；秦汉以降，纷扰融合中崛起为北方重镇；至辽金发展为北部中国的政治中心；元明清时上升为统一国家的都城，在包容创新中厚积，在递升荟萃中璀璨。

　　中华人民共和国成立后，北京作为人民首都、历史古都，在赓续文脉中日新又新。新时代以来，北京全面落实全国政治中心、文化中心、国际交往中心、科技创新中心城市战略定位，扎实推进创新发展、绿色发展、高质量发展、以人民为中心的发展，开启了首都全面建设社会主义现代化新航程。

　　这里见证了中华民族从历史走向未来，从传统走向现代，从多元凝聚为一体的发展大趋势。

　　北京通史陈列循着中华文明的演进脉络，以宽广的人文视角，铺陈恢宏的历史画卷，彰显北京历史文化这张中华文明金名片的永恒魅力！

北京地区地形地貌图

　　北京地区地处欧亚大陆东缘、华北平原北端，西拥太行，东临渤海，西、北、东北三面群山环绕，因状若港湾又称"北京湾"。这里是华北平原、东北平原、内蒙古高原三大地理区域交汇之处，是沟通中原地区与北方草原地区至关重要的交通枢纽，成为几千年来中原农耕文明与欧亚草原文明碰撞、融合的荟萃之地。北京地区总体以平原为主，间有丘陵山地，气候温和，水源充沛，适于农牧经济发展。优越的自然地理环境是北京区域文明发展的基础，并深刻地影响了北京城市发展的历史进程。

文明曙光

史前时期

（约 70 万年前 ~ 公元前 21 世纪）

约 70 万年前的旧石器时代，"北京人"在周口店一带繁衍生息，是东亚早期人类演化的重要见证，揭开了北京地区的人居史序幕。进入新石器时代后，磨制石器和陶器出现，原始农业产生并日益发展，迎来了文明的初曙。

从新石器时代开始，北京即发挥周边文化南下北上的纽带作用，形成了北京早期多元文化融汇的局面，奠定了北京在早期中国文化圈形成和发展过程中的重要地位，塑造了此后几千年间北京多元融合的区域文化特点。

一 先民兹始——旧石器时代

在旧石器时代，人类以狩猎采集为生，打制石器是这一时代的重要文化标志。北京地区是我国古人类活动较早的地区之一，以北京周口店遗址为典型代表，发现有"北京人""新洞人""田园洞人"和"山顶洞人"，分别代表了古人类从直立人、古老型智人到早期现代人的不同发展阶段，构成北京地区古人类人居史演化序列的重要组成部分。

北京地区旧石器时代遗址和石器地点分布示意图

北京地区旧石器时代遗存丰富，已发现的遗址和石器地点约有 40 处，除了房山区周口店一系列洞穴遗址外，在旷野地带和平原地区都有所发现，多集中于山区、半山区，平原较少，实证了北京地区是早期人类活动的重要地区之一。

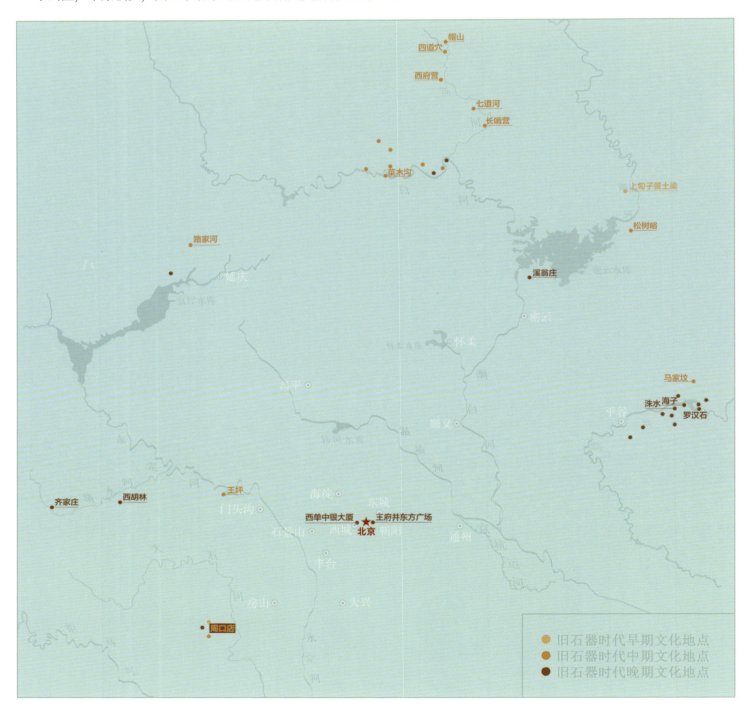

〔一〕 最早的北京人——中国猿人北京种

中国猿人北京种即"北京人"，是世界上重要的直立人代表之一。1929 年 12 月 2 日，裴文中先生在周口店遗址第 1 地点发现了第一个完整的"北京人"头盖骨。它印证了达尔文的生物进化论，确立了直立人这一重要的人类演化阶段，是探讨直立人演化及其在中国乃至东亚地区人类起源与发展的重要证据。

"北京人"头盖骨
（复制品）

旧石器时代早期（距今约 70 万～ 20 万年）
高 11、长 18、宽 15 厘米
房山区周口店遗址第 1 地点出土

直立人又称猿人，生存年代为距今约 200 万～ 10 万年，非洲和亚洲地区均有分布。我国是发现直立人化石较多的国家之一，有"北京人""元谋人""蓝田人""郧县人""南京人""和县人"等。这些直立人成为东亚早期人类演化历程的重要见证。

自 1921 年以来，周口店遗址第 1 地点共发现了 6 件较完整的"北京人"头盖骨，头骨残片、牙齿及不同部位的肢骨等人骨化石数百件，大约分属于 40 个不同的男、女、老、幼个体。"北京人"头骨具有额骨扁平低矮、眉脊粗壮、吻部突出、脑容量较低的原始特征。"北京人"的脑容量小于现代人平均值（1400 毫升），变化范围在 915 ～ 1225 毫升。相比"北京人"后脑勺呈现下宽上窄的形状，现代人的脑部形状更加趋向圆隆，"北京人"脑部保留了更多的原始性。"北京人"的肢骨更加接近现代人，可能由于他们直立行走和长期劳动。"北京人"的平均身高，男性约 1.6 米，女性约 1.5 米。

周口店龙骨山附近地貌示意图

周口店遗址位于北京市房山区周口店镇的龙骨山，西依太行山脉，东临华北平原，在此先后发现了旧石器时代不同时期的人类化石和文化遗物地点 27 处，涵盖了古人类发展的三个阶段——直立人、古老型智人和早期现代人，是反映人类起源和体质演化及古人类自然环境和文化面貌的遗产宝库。周口店遗址于 1987 年被联合国教科文组织列入世界文化遗产名录。

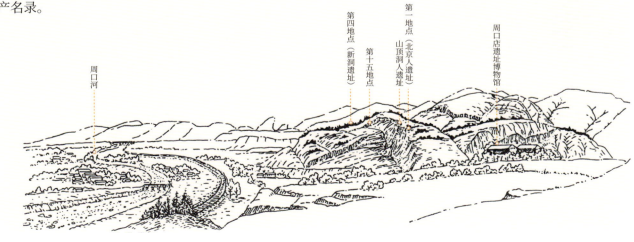

石器

　　周口店遗址第 1 地点出土了数十万件打制石器，是"北京人"物质文化的重要标志。"北京人"就地取材，以当地的脉石英为主要石器原料，采用砸击法、锤击法和碰砧法将一块石料加工成带尖的尖状器，形体小而轻带有薄刃的刮削器和粗大而带厚刃的砍砸器以及石锤、石砧等。这些石器是他们狩猎采集赖以生存的重要工具，用于挖掘植物块根、切割动物、敲骨吸髓等多种用途。

石器制作方法示意图

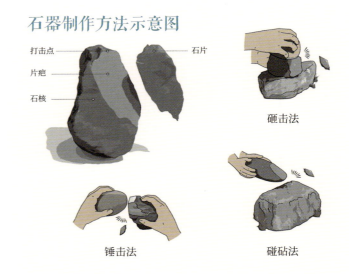

打击点　　　　　　　　　　石片
片疤
石核

砸击法

锤击法　　　　　　　　　　碰砧法

石片

旧石器时代早期（距今约 70 万～ 20 万年）
长 5.7、宽 3.3 厘米
房山区周口店遗址第 1 地点出土
周口店遗址博物馆藏

　　石片是"北京人"主要的石器制品，主要由砸击法打制而成。北京地区属于"周口店第 1 地点—峙峪系"小型石片石器文化系统，小型石片石器适应当时的温带森林—草原环境。

石刮削器

旧石器时代早期（距今约 70 万～ 20 万年）
长 3.4、宽 2.5 厘米
房山区周口店遗址第 1 地点出土
周口店遗址博物馆藏

　　刮削器是将石片的边缘加以修整，使之成为一种带刃的石器工具，使用较为普遍，用于切割植物根茎、剥取兽皮等。

石尖状器

旧石器时代早期（距今约 70 万～ 20 万年）
长 3.5、宽 1 厘米
房山区周口店遗址第 1 地点出土
周口店遗址博物馆藏

石砍砸器

旧石器时代早期（距今约 70 万～ 20 万年）
长 12.8、宽 9.2 厘米
房山区周口店遗址第 1 地点出土
周口店遗址博物馆藏

葛氏斑鹿角

旧石器时代早期（距今约 70 万～ 20 万年）

通长 60、通高 12.9 厘米

房山区周口店遗址第 1 地点出土

周口店遗址博物馆藏

周口店遗址第 1 地点出土了大量的哺乳动物和鸟类化石。其中食草类动物中数量最多的肿骨大角鹿和葛氏斑鹿两种鹿类可能是"北京人"主要的狩猎对象和赖以生存的食物。鸟类化石多有火烧痕迹，可能也是"北京人"的食谱之一。

除了狩猎，他们也采集朴树籽等植物果实并挖掘植物根茎类作为食物。

"北京人"所生活的几十万年间，曾发生过四五次寒冷冰川期（冰期旋回），每个旋回都包括温暖的间冰期和寒冷的冰期。从周口店遗址第 1 地点发现的锯齿虎、棕熊、中国硕鬣狗、三门马、羚羊、斑鹿、水牛等动物化石和植物孢粉分析，表明"北京人"生活的周口店一带大体属于温暖偏干的间冰期气候，与今日华北地区的气候极近似，属于标准的温带气候，四季分明。

"北京人"发现过程

时间	事件
1918 年	瑞典地质学家、考古学家安特生听闻"龙骨"的消息后，前往周口店鸡骨山考察，采集到一些啮齿类动物化石。
1921～1923 年	1921 年，安特生等人在龙骨山地点堆积中发现了古生物化石与石英岩石制品。1921 年和 1923 年，奥地利生物学家师丹斯基两次在周口店进行发掘。
1926 年	1926 年，师丹斯基在修理 1921 年和 1923 年发现的化石标本时，获得 2 枚人类牙齿。师丹斯基将这 2 枚牙齿鉴定为左侧下颌第三前臼齿和右侧上颌第二或第三臼齿，并于 1927 年作为人属的牙齿予以记述。
1927 年起	由中国地质调查所主持工作，开始对周口店遗址第 1 地点进行正式发掘，发现了 1 枚保存完好的人类左侧下颌第一臼齿。时任北京协和医学院教授的加拿大解剖学家步达生研究了这枚牙齿及师丹斯基发现的 2 枚牙齿，确认为原始人类的牙齿，命名为中国猿人北京种，简称"北京猿人"或"北京人"。
1928 年	中国学者杨钟健和裴文中加入了发掘工作，除了发现大量的哺乳动物化石外，还发现了多件人类化石。
1929 年	12 月 2 日下午 4 时，裴文中先生发现了第一个完整的"北京人"头盖骨化石。
1931 年	周口店遗址第 1 地点鸽子堂区发现了烧骨、烧石、烧过的朴树籽和紫荆木炭等用火遗存。
1934 年	发现多件人类化石，包括头骨残片、下颌骨和牙齿，以及大量的石制品、丰富的用火遗迹和哺乳动物化石。
1936 年	贾兰坡先生主持周口店遗址第 1 地点发掘工作，于 11 月相继发现 3 个较完整的"北京人"头盖骨。
1937 年	发现 1 件眉脊骨，经拼对属于 1936 年发现的第二具头盖骨，此外还发现一些头盖骨碎片、5 枚牙齿、一段残股骨和上颌骨。
1937～1949 年	战乱原因使得周口店的发掘和研究工作停止。1941 年，从 1927～1937 年发掘出土的全部"北京人"化石和"山顶洞人"化石在战争中丢失。
1949 年后	我国有关科研机构对周口店遗址第 1 地点进行了多次发掘，又发现了"北京人"的一个头骨、牙齿、肢骨化石及大量哺乳动物化石、石器等。
1961 年	周口店遗址被国务院公布为第一批全国重点文物保护单位。
1987 年	周口店遗址被联合国教科文组织列为世界文化遗产。

〔二〕 变细的前臼齿——"新洞人"

1973年，"新洞人"发现于周口店遗址第4地点（新洞），属于古老型智人，距今约20万年。此地点发现了1枚男性前臼齿，齿根较"北京人"的略细，齿冠和齿根又比现代人的相对粗大，表明"新洞人"的体质比"北京人"有进步，而又落后于现代人。

2023年，科研人员从北京周口店遗址第15地点的哺乳动物化石中识别出一块人类顶骨，距今约20万年，和"新洞人"年代相近。这是继1973年发现"新洞人"牙齿化石之后，50年来在周口店遗址又发现的古人类化石，为深入研究北京地区乃至中国古人类演化提供了重要的标本资料。

古人类顶骨化石

旧石器时代中期（距今约20万年）

房山区周口店遗址第15地点出土

中国科学院古脊椎动物与古人类研究所藏

"新洞人"牙齿

旧石器时代中期（距今约20万年）

长1.9厘米

房山区周口店遗址第4地点（新洞）出土

中国科学院古脊椎动物与古人类研究所藏

田园洞人骨架图

〔三〕 最古老的东亚人类基因组——"田园洞人"

2003年，"田园洞人"发现于周口店田园洞遗址，属于早期现代人，距今约4万年。在该遗址发现了一具相对完整的男性古人类遗骸，包括下颌骨（附有牙齿）、部分肢骨，其身高约为1.7米。从"田园洞人"腿骨中提取的古DNA是目前最古老的东亚人类基因组，呈现出亚洲现代人群特有的遗传特征，可称为遗传意义上的古东亚人。

研究表明，"田园洞人"相关人群在末次冰期（距今约2.65万～1.9万年）曾广泛分布在欧亚大陆东部，可能在末次盛冰期后消失。"田园洞人"与同时期的古欧洲及现今美洲原住民亚马逊人群有较近的遗传关系，揭示了东亚早期人群的遗传多样性及遗传历史的复杂性。

〔四〕穿针引线的早期现代人——"山顶洞人"

"山顶洞人"发现于周口店山顶洞遗址，距今3万多年，属于早期现代人，其头骨形态及脑容量均已接近现代人。"山顶洞人"会磨制骨针缝制衣物，制作并佩戴装饰品，审美意识萌发，死者周围撒有赤铁矿粉，可能表达了一种生死观念。

山顶洞遗址

山顶洞遗址于1930年在裴文中先生清理周口店第1地点顶部时发现，1933～1934年对其进行了发掘。该遗址因位于周口店龙骨山山顶被称为"山顶洞"，分为洞口、上室、下室和下窨四个部分。上室有烧过的灰烬，可能是居住地。下室发现有集中摆放的人骨，人骨周围撒有赤铁矿粉末，有观点认为是目前发现的我国最早的墓葬。在死者周围撒赤铁矿粉末，表明早期人类对红色的关注，或许与鲜血、与人们的生死观有关。精美的装饰品也大多出现在这里，穿孔石珠靠近头骨，穿孔兽牙靠近手臂，显示出与人骨有相应的位置对应关系，可能代表"山顶洞人"已经形成一定的葬俗。下窨常见完整的动物头骨和骨架，可能是一处天然陷阱或存储食物的"仓库"。

"山顶洞人"复原像

山顶洞遗址共发现了包括3个完整头盖骨在内的、大约分属于8至10个不同个体的人骨化石。这批古人类被称为"山顶洞人"，是活动于北京房山周口店等华北地区的早期现代人。山顶洞人的体质相较"北京人"已有很大进步，更接近现代人，脑量已达1300～1500毫升，男性身高约为1.7米，女性约1.6米，其脑容量及身高均高于"北京人"。

石片

旧石器时代晚期（距今 3 万多年）

长 3.6、宽 2.5 厘米

房山区周口店山顶洞遗址出土

周口店遗址博物馆藏

　　山顶洞遗址出土石器较少，仅有 20 余件。这些石器以石英、燧石和砾石为主要原料，使用锤击法和砸击法进行打片制作，属于"周口店第 1 地点—峙峪系"小型石片石器文化系统，器类主要有石片、砍砸器、尖状器、刮削器等。此件为白色脉石英制作的石片，顶端和底端均有碎屑剥落的痕迹。

骨针（复制品）

旧石器时代晚期（距今 3 万多年）

残长 8.2 厘米

房山区周口店山顶洞遗址出土

　　这枚骨针是国内发现最早的缝纫工具，它的出现意味着当时的人们可以用兽皮缝制衣服御寒，兼有装饰和美化的功能。该骨针的针眼残缺，由针眼保留的部分可知是用尖锐的工具刮挖而成。针身采用锯切、刮磨等多种技术，体现出"山顶洞人"制作工具的较高水平和社会生产力的进步发展。

装饰品（复制品）

旧石器时代晚期（距今 3 万多年）

原件为房山区周口店山顶洞遗址出土

　　山顶洞遗址发现穿孔石珠、兽牙、海蚶壳、骨管等装饰品 141 件，其中穿孔石珠染有赤铁矿而呈现红色，多位于遗址下室死者周围，当属其随身佩戴饰品，表明山顶洞人已有爱美的观念。也有观点认为佩戴饰品意味着他们可能已有个体身份的文化标志。饰品的加工和使用显示"山顶洞人"对材料的把握、色彩的认知等能力和制作工艺水平都有很大提升，其中在小石珠上采用钻孔和磨制技术，代表了"山顶洞人"石器工艺的较高水平。

〔五〕北京平原的古营地——王府井古人类遗址

　　王府井古人类遗址是于 1996 年首次在北京中心城区发现的一处旧石器时代晚期遗址，包括上、下两个文化层，其时代分别为距今约 1.9 万～1.5 万年和 2.6 万～2.2 万年，发现有石器、骨器、赤铁矿等遗物及用火遗迹。这是古人类在古永定河冲积平原上的一处临时活动营地，表明旧石器时代晚期北京地区的古人类活动范围已从西南山区拓展到东部平原。

王府井古人类遗址古地貌环境示意图

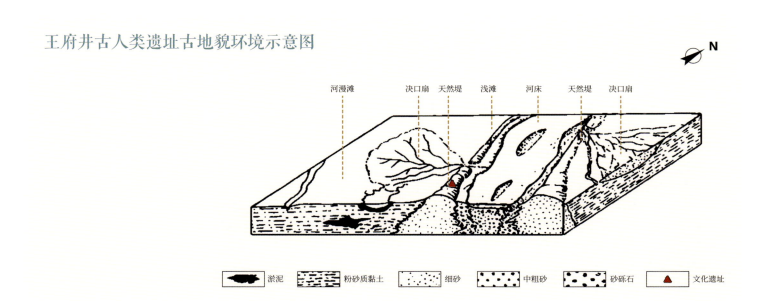

骨尖头器

旧石器时代晚期（距今约 2.6 万～1.5 万年）
东城区王府井古人类遗址出土
王府井古人类文化遗址博物馆藏

　　王府井古人类遗址出土了较多的骨器制品，多为大动物的肢骨制成。骨制品中数量较多的骨尖头器可能用作切剥、挖掘或雕刻等。

赤铁矿

旧石器时代晚期（距今约 2.6 万～1.5 万年）
东城区王府井古人类遗址出土
王府井古人类文化遗址博物馆藏

　　赤铁矿是一种天然的矿物颜料，呈红褐色，在旧石器时代晚期使用较为广泛。山顶洞遗址发现在人骨周围撒赤铁矿粉末的现象，王府井古人类遗址也发现了赤铁矿，可能也存在往死者身上撒赤铁矿粉末的习俗，这种做法在欧洲旧石器时代晚期也较常见。

石刮削器

旧石器时代晚期（距今约 2.6 万～1.5 万年）
东城区王府井古人类遗址出土
王府井古人类文化遗址博物馆藏

　　王府井古人类遗址的石制品原料为黑色燧石。石制品普遍较小，主要为刮削器、雕刻器等，加工较为精致，石器刃缘大部分比较平齐且修整的疤痕排列均匀、整齐。

融汇之初——新石器时代

　　距今1万年左右，进入新石器时代，东胡林人最早驯化了粟（小米），引发了从采集到旱作农耕生产方式的革命性变化。距今8000年始，北京沟通南北的文化纽带作用凸显，成为中原、北方、海岱地区不同文化碰撞交流的前沿，其文化所呈现的交融汇聚的特点从未间断；距今5000年左右，以雪山二期文化为代表，北京地区初现文明曙光。

北京地区新石器时代遗址和石器地点分布示意图

　　北京地区新石器时代已发现的遗址和石器地点有40余处，遍布各区，表明史前先民的活动范围更加广泛。河岸阶地、山麓台地和平原地区是适宜人们的栖息之所，勾勒出北京新石器时代先民生活画卷的轮廓。

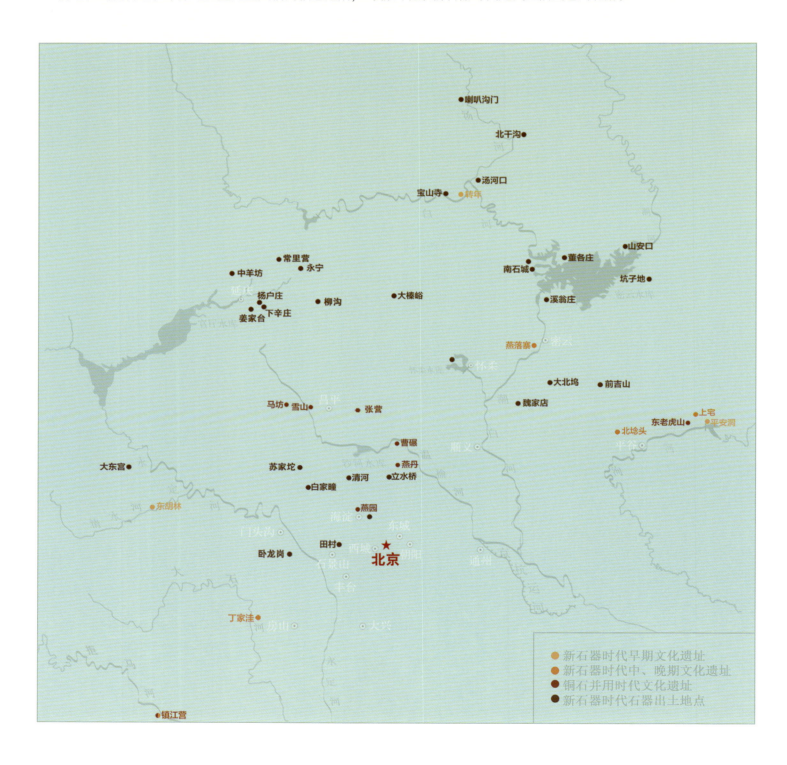

石凿

新石器时代

长 5.5、宽 1.3 厘米

海淀区温泉镇白家疃出土

石斧

新石器时代

长 22、宽 6.5 厘米

顺义区魏家店山坡出土

石斧

新石器时代

长 11.7 厘米

海淀区温泉镇白家疃出土

细石叶

新石器时代

长 3.6、宽 0.8 厘米

海淀区温泉镇白家疃出土

〔一〕粟作起源——东胡林遗址

东胡林遗址位于门头沟区东胡林村西,为新石器时代早期遗址,距今约11500～9500年,发现了炭化粟等植物种子以及石器、陶器、骨蚌器、火塘、墓葬等遗存。东胡林遗址发现的炭化粟是目前中国乃至世界上最早人工驯化的粟作栽培物(即小米)。粟的栽培驯化促使北方旱作原始农业产生发展,改变了史前人类饮食结构,促进了定居生活和人口增长,对中华文明的起源和进步具有重要意义。

北京地区发现的新石器时代早期遗址,除了东胡林遗址外,还有怀柔区转年遗址和平谷区平安洞遗址。

东胡林遗址地形地貌示意图

距今一万年前后,随着气候转暖、水量增加,华北地区河流快速下切形成了适合人类生存的马兰黄土台地和河漫滩阶地。东胡林遗址即位于门头沟区永定河支流清水河北岸三级阶地上,遗址海拔约400米。耐旱、易生长的狗尾草广布于华北地区,在台地或山区附近生长更具竞争性,为东胡林人驯化栽培粟作植物提供了条件。

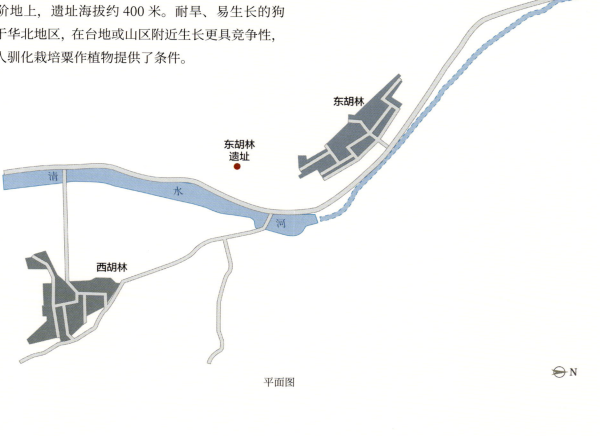

平面图

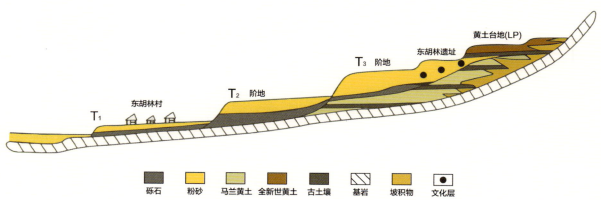

剖面图

炭化粟

新石器时代早期（距今约 11500 ～ 9500 年）
门头沟区东胡林遗址出土
北京大学考古文博学院和北京市考古研究院东胡林考古队藏

粟即小米，属于禾本科的狗尾草属；黍即黄米，属于禾本科的黍属。粟黍表现在穗形上，粟是攒穗，"丛聚攒簇"；黍则为散穗，"疏散成枝"。

东胡林遗址共发现 14 粒炭化粟和 1 粒炭化黍，炭化黍因数量太少无法确认是否具有人工驯化特征。炭化粟经专家研究，认为已具备人工驯化特征。这是目前中国乃至世界上最早的人工驯化栽培实物粟。栽培作物刚出现时，人们不会立即改变原有的生活方式，采集狩猎仍是东胡林先民的主要生业形态，但不排除已经出现粟黍类原始农业的可能性。此外，怀柔转年遗址和河北徐水南庄头遗址发现有粟黍类淀粉粒，有观点认为以上述遗址为代表的华北地区很可能是东北亚最早产生农业的地区之一，是中国乃至世界上黍粟类旱作农业的最早发源地之一。我国南方发现了同时期的水稻遗存，反映了在一万年前我国"南稻北粟"的二元农业体系已发端。

史前时期，粟黍是华北地区及黄河流域主要的粮食作物。距今 6000 年左右的仰韶文化时期，北方粟黍农业的作物结构发生了重要变化，从以黍为主转变为粟占绝对优势、黍居于辅助地位的模式。此后，在以粟为主的旱作农业支撑下，中国北方地区人口扩张和社会复杂化进程加快，形成仰韶文化庙底沟时代的早期中国文化圈。

历史时期，粟在我国农业中一直居于首要地位，粟又名谷子。一般认为，粟就是古代"五谷"——黍、稷、麦、菽、稻中的"稷"。稷又被尊为五谷之神。夏朝和商朝有被称为粟文化王朝的说法。在两千多年前的著名农书《氾胜之书》和公元 6 世纪贾思勰所著的《齐民要术》里，谷子均排在五谷之首。直到明代以后由于小麦种植面积扩大，玉米、甘薯的引入，谷子的种植才相对减少。谷子在我国北方地区的生活中，至今仍然占有重要的地位。

粟籽粒形态特征演化示意图

籽粒形态变圆是栽培作物粟区别于野生狗尾草的标志性特征。粟是由野生狗尾草驯化而来，这一过程中种子不断变宽、增厚，籽粒逐渐丰满，最终由长扁形演变为近球状。现代粟的谷粒长宽比例近乎 1:1，球状特征更加明显。

长宽比为 1.47
东胡林遗址出土的狗尾草种子

长宽比为 1.08
东胡林遗址出土的炭化粟

长宽比为 1.01
现代粟

(单位：毫米)

粟黍传播示意图

　　早在旧石器时代晚期，北方地区已有遗址发现禾草类植物，被看作是农业起源的前奏。新石器时代早期，粟黍类原始农业可能在东胡林遗址等华北地区零星出现，中期以后不仅在北方地区明显增多，并不断向周围扩张，发现粟黍的相关遗址遍布大江南北及世界各地。粟黍的传播不仅促进了原本没有农业的地区农业化，丰富了农业化地区的物种资源，同时还伴随着人群的迁徙与交流，促进了人类文明的进步和发展。

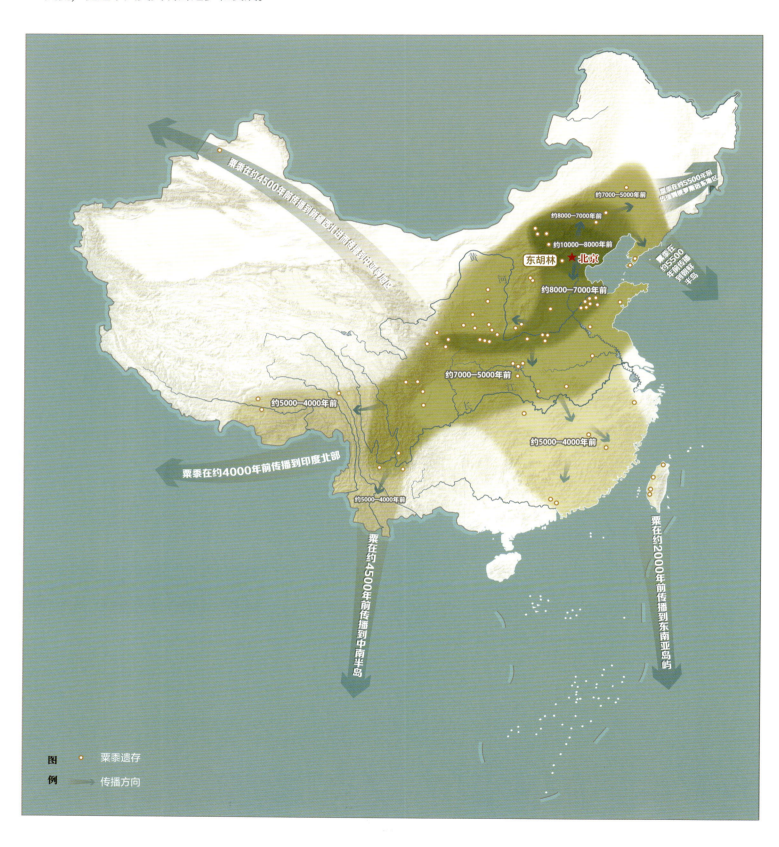

细石叶

新石器时代早期（距今约 11500～9500 年）
上：长 2.3、宽 0.55 厘米
下：长 2.38、宽 0.65 厘米
门头沟区东胡林遗址出土
北京大学考古文博学院和北京市考古研究院东胡林考古队藏

　　东胡林遗址发现了大量的细石叶石器。细石叶是从石核上剥落下来的形似叶子的石片，体小轻薄，便于携带，可随时随地制作锋利的工具，用于剥皮、割肉等，一般作为装备骨、木等复合工具的石刃使用。利用细石器制作复合工具，改变了人类使用石器的传统方法，提高了生产力，促进了人类社会的进步和发展。

骨柄石刃刀

新石器时代早期（距今约 11500～9500 年）
残长 11.4 厘米
门头沟区东胡林遗址出土
北京大学考古文博学院和北京市考古研究院东胡林考古队藏

　　此骨柄石刃刀是以若干个细石叶镶嵌在骨柄一侧的凹槽中而形成的复合工具，既可狩猎采集，也可用来掐穗收割粟黍类谷物。该骨柄表面连续刻划斜线纹，组成简洁美观的大波折图案，体现出东胡林先民的原始艺术审美。

石磨盘、石磨棒

新石器时代早期（距今约 11500～9500 年）
磨盘：长 53、宽 30、厚 5 厘米
磨棒：长 38、直径 6 厘米
门头沟区东胡林遗址出土
北京大学考古文博学院和北京市考古研究院东胡林考古队藏

　　史前时期，石磨盘、石磨棒是一种常见的多功能组合石器，经科技考古微痕分析和淀粉粒分析研究表明，主要用于加工谷物、坚果和块根块茎类植物。

陶盆

新石器时代早期（距今约 11500 ～ 9500 年）

高 20.8、口径 35.5、底径 24 厘米

门头沟区东胡林遗址出土

北京大学考古文博学院和北京市考古研究院东胡林考古队藏

随着定居生活对容器的切实需求，新石器时代的先民在生活实践中逐渐发明了陶器。陶器的发明是人类利用自然的一大创举，极大地改善了远古先民的生活条件。北京地区新石器时代早期的东胡林遗址、转年遗址和平安洞遗址都发现有陶器。这一时期的陶器制作一般较为简陋，基本为夹砂陶，火候不高，质地疏松，器表颜色斑驳，多呈红褐或灰褐色，内壁粗糙，外壁稍光滑，主要采用泥片贴筑法或泥条盘筑法进行制作，体现出早期陶器的古朴特征。流行平底器，器类主要有直腹盆、盂、筒形罐等，基本素面，个别口沿有压印纹、附加堆纹或乳丁纹。

此件陶盆为夹砂褐陶，质地疏松，口沿连续刻划斜线纹组成大波折图案，一般用于炊煮或盛放食物。

东胡林人牙齿

新石器时代早期（距今约 11500 ～ 9500 年）

门头沟区东胡林遗址出土

牙齿的磨耗程度和磨耗样式在一定程度上可以反映古人类的咀嚼功能和食物构成。东胡林人牙齿有明显的龋齿现象，与早期现代人很低的龋齿率有明显不同，可能与摄入更多淀粉类植物性食物有关。与华北地区旧石器时代晚期采集狩猎人群相比，东胡林先民的食物构成有所不同，反映了他们的生活方式发生了一定改变。

石锛

新石器时代早期（距今约 11500 ～ 9500 年）

长 8、宽 1.3 厘米

门头沟区东胡林遗址出土

生产工具的改进往往带来生产力的发展，新石器时代出现的磨制石器比打制石器更具优势，极大地提高了人们的劳动效率，推动了人类社会的飞跃发展。磨制石器的普及使用在人类发展史上具有划时代的意义。东胡林遗址磨制石器数量较少，仅见小型斧、锛类器物。石锛是专门的木工工具，通常装置木柄组合使用。

朴树果核

新石器时代早期（距今约 11500 ～ 9500 年）

门头沟区东胡林遗址出土

项链

新石器时代早期（距今约 11500 ～ 9500 年）

直径约 20 厘米

门头沟区东胡林遗址出土

骨锥

新石器时代早期（距今约 11500 ～ 9500 年）

长 6.6、最宽 0.6 厘米

门头沟区东胡林遗址出土

　　骨锥由兽骨磨制而成，是一种钻孔工具，用于穿透兽皮等物品。

骨镯（复制品）

新石器时代早期（距今约 11500 ～ 9500 年）

直径 9.5 厘米

门头沟区东胡林遗址出土

　　东胡林遗址发现了北京地区新石器时代最早的墓葬，1966 年在一座合葬墓中，于女性遗骸项部周围和腕部分别发现有 50 多枚磨制穿孔紫游小螺壳和 7 枚牛肋骨磨制而成的骨管。螺壳可串为项链，骨管可串为骨镯，体现了东胡林人的磨制工艺和原始审美意识。穿孔小螺壳项链还见于此后发现的东胡林遗址其他墓葬中。紫游螺产于海滨地区，表明东胡林人当时的活动范围较广，与沿海地区可能存在交流和联系。

石核

新石器时代早期（距今约 10000 年）

长 2.2、直径 0.9 厘米

怀柔区转年遗址出土

圆头刮削器

新石器时代早期（距今约 10000 年）

长 3.5、宽 2 厘米

怀柔区转年遗址出土

转年遗址位于怀柔区转年村西、白河西岸二级阶地上，距今约 10000 年。该遗址出土了丰富的石器、陶器等文化遗物，其中的细石器（通过间接打击或压制技术产生的细小石器）数量较多，制作精良，有柱形石核、锥形石核、细石叶、圆头刮削器、雕刻器等。石核是打制石器时，石片从原来的石料上剥落后剩下的中心部位，主要功能在于剥取石片。此件石核器身上细石叶剥落后的痕迹清晰可见。细石器一般认为与当时人类以狩猎为主的生活方式有关，转年遗址和东胡林遗址均出土了丰富的细石器，反映了新石器时代早期北京地区有部分人群可能是狩猎者，或是季节性地从事狩猎活动。

石斧

新石器时代早期（距今约 10000 年）

长 6.6、宽 3.5 厘米

怀柔区转年遗址出土

磨制石器最早只磨制刃部，后发展到全器身进行打磨。此件石斧通体磨光，器身仍留有明显的磨蚀痕迹。

石钵（残片）

新石器时代早期（距今约 10000 年）

长 10、宽 6.5 厘米

怀柔区转年遗址出土

石容器和陶器共存是怀柔转年遗存的突出文化特征，在北京地区尚属首次，也是北方地区发现的最早石容器。石容器沉重、耐用，意味着人们在一个地方可能停留的时间更长，逐渐走向定居。石钵口沿外壁刻划一段斜线纹作为装饰图案，与陶器纹饰类似。

陶盂

新石器时代早期（距今约 10000 年）
高 8.6、直径 17 厘米
怀柔区转年遗址出土

转年遗址出土的陶器基本为夹粗砂陶，质地疏松，器表颜色斑杂，多呈红褐或灰褐色，以泥条盘筑法和泥片贴筑法制作，基本为素面，流行筒形罐或直腹盆（盂）类的平底器。此件陶盂为夹砂褐陶，质地疏松，用于炊煮或盛放食物。

陶片

新石器时代早期（距今约 11000 年）
平谷区平安洞遗址出土
中国科学院古脊椎动物与古人类研究所藏

平谷区平安洞遗址是 2020 年北京首次发现的旧、新石器过渡阶段的洞穴遗址，距今约 11000 年。该遗址出土了丰富的打制石器、陶片和装饰品等文化遗物及大量的动物骨骼碎片。该陶片较为原始，烧成火候不高，夹砂较多且砂粒较大，具有早期陶器典型文化特征。

〔二〕沟通南北——上宅遗址、镇江营遗址

从新石器时代中期开始，黄河流域和西辽河流域的文化逐渐产生交流碰撞，北京成为沟通南北的前沿阵地，为早期中国文化圈的形成和发展发挥了重要作用。距今约8000～7000年，北京地区有来自西辽河流域文化因素的上宅遗址和北埝头遗址。距今约7000～6500年，上宅文化继续发展，其南部有来自黄河流域仰韶文化因素的镇江营一期文化。距今约6500～6000年，黄河流域仰韶文化北向拓展，不仅北京地区呈现出空前统一的黄河流域仰韶文化面貌，且以北京为纽带渗透到了西辽河流域。

上宅遗址发掘现场

上宅遗址于1984年调查时被发现并试掘，1985～1987年对其进行了正式发掘。该遗址位于平谷区上宅村北的山前台地上，南临洵河，北靠金山，是北京地区新石器时代中晚期一处重要的文化遗址，包含有兴隆洼文化、上宅文化和后岗一期文化等遗存，其中第八层属于兴隆洼文化，第七层至第四层属于上宅文化，第三层属于后岗一期文化。上宅文化除上宅遗址外，还包含北埝头等遗址。上宅文化受西辽河流域赵宝沟文化影响较大，同时又具有自身特色，是洵河流域一种独具特色的考古学文化。筒形罐、深腹钵、鸟首形陶支脚是其代表性器物。

镇江营遗址发掘现场

镇江营遗址发现于1959年，调查及发掘工作持续到1990年。该遗址位于房山区镇江营村北拒马河西岸的二级阶地上，是永定河以南的一处居住遗址，包含新石器时代和商周等文化遗存。镇江营遗址新石器一、二期文化遗存具有明显的中原仰韶文化特征，其中新石器一期遗存富有自身文化特色，称为镇江营一期文化；新石器二期遗存与豫北冀南后岗一期遗存近似，称为后岗一期文化。陶釜、红顶钵和小口双耳壶是其典型器物。

文化交流

距今八千年始，兴隆洼文化陶器流行装饰的篦点式"之"字纹就见于华北地区的磁山文化遗址，甚至中原地区的裴李岗文化，北京在这一文化传播过程中，已开始发挥地缘上沟通南北的前沿孔道作用。

距今约7200～6000年，北京地区经历了由南部和北部文化明显分异到渐趋一致的发展过程。距今约7000年，北部的上宅遗址、北埝头遗址属于筒形罐文化特征，与赵宝沟文化近同；南部的镇江营遗址属于黄河流域仰韶文化范畴。距今约6500年始，随着镇江营文化北上扩张，北京地区逐渐统一成仰韶文化面貌，并且通过北京影响到滦河甚至西辽河流域，促使东北地区和黄河流域两大文化系统得以碰撞、交流，推动集两大文化系统之长的红山文化兴起，将西辽河流域基本纳入早期中国文化圈范畴，北京地区在其中发挥了重要的纽带作用。

筒形罐陶片

新石器时代中期（距今约 8000 ～ 7200 年）

残高 11.6 厘米

平谷区上宅遗址出土

北京市平谷区文物管理所藏

　　兴隆洼文化因内蒙古敖汉旗兴隆洼遗址而得名，距今约 8000 年，河北、北京等地也有分布，以筒形罐为其典型器物。北京平谷上宅遗址第一期遗存的筒形罐以及怀柔、密云等地发现的带肩石铲（锄形器）与兴隆洼文化的同类器近同，表明 8000 年前北京地区同样活动着兴隆洼文化人群。

　　此件筒形罐陶片为上宅遗址第一期遗存，夹粗砂，器表红褐色，内壁灰褐色，采用泥片贴筑法制作，外壁有"三段式"纹饰，上段为压印旋纹、中段篦点纹、下段网格纹，具有兴隆洼文化筒形罐特征。

筒形陶罐

新石器时代中期（距今约 7200 ～ 7000 年）

高 27、口径 27.5、底径 13 厘米

平谷区北埝头遗址出土

北京市平谷区文物管理所藏

　　此件筒形罐为夹砂红褐陶，一般用作炊器或盛储器，外壁口沿下饰排列紧密的压印横"之"字纹，相互叠压似鱼鳞状；罐身饰排列整齐的竖长"之"字纹，与赵宝沟文化的筒形罐器形纹饰近同，体现了上宅文化与西辽河流域之间的文化交流。

圈足陶钵

新石器时代晚期（距今约 7000 ～ 6500 年）

口径 19.3、底径 8 厘米

平谷区上宅遗址出土

北京市平谷区文物管理所藏

　　夹细砂红褐陶，外壁装饰由"之"字纹组成的绞索纹图案，与西辽河流域赵宝沟文化器形近同，是一种饮食器。

红顶陶钵

新石器时代晚期（距今约 7000～6500 年）
高 6、口径 22、底径 5.2 厘米
平谷区上宅遗址出土
北京市平谷区文物管理所藏

　　泥质红陶，因口沿下有一道烧制过程中
形成的红色或橘黄色宽带而得名。上宅文化
的红顶钵是受到镇江营遗址同时期文化影响
而出现的器类，成为南北文化交流融合的有
力见证。

红顶陶钵

新石器时代晚期（距今约 7000～6500 年）
残高 10、口径 27.2 厘米
房山区镇江营遗址出土
房山区文物保护所藏

　　镇江营遗址新石器一、二期遗存均发现有红顶钵。随
着北京南部镇江营文化北上扩张，其典型的泥质红陶钵逐
渐渗透到了北京北部的上宅文化，上宅遗址和北埝头遗址
均有发现，甚至影响到了西辽河流域的赵宝沟文化，见于
小山遗址，打破了北京北部乃至西辽河流域筒形罐文化传
统，这在表面上看似丰富了人们的日常生活，深层次上则
促使其延续数千年的风俗习惯甚至信仰渐渐发生改变，促
使之后红山文化的兴起，为东北地区下一步的迅猛发展起
到了铺垫作用。北京发挥了交通纽带作用，对早期中国文
化圈的形成具有重要意义。

猪嘴形陶支脚

新石器时代晚期（距今约 6500～6000 年）
残高 16.4 厘米
房山区镇江营遗址出土
房山区文物保护所藏

　　此为镇江营遗址新石器二期的陶支脚，夹砂红陶，上
部呈歪头猪嘴状，椭圆形斜顶，外侧饰纵向乳丁纹；下部
为喇叭形圈足，圈足处有四个镂孔（两两相对），上下衔
接处形成一周凸起。镇江营遗址新石器一期流行蘑菇状、
侧面刻大镂孔的陶支脚，二期出现了歪头猪嘴形陶支脚，
应当来自豫北冀南，表明在其发展过程中和中原的仰韶文
化后岗类型等区域存在文化交流。

生活画卷

这一时期，北京地区的原始农业有所发展，但仍辅以狩猎采集，饲养家畜可能已出现，先民们居住半地穴式房屋并具有朴素的原始信仰，展现出日益多彩的生活画卷。

三足陶钵

新石器时代晚期（距今约 7000～6500 年）

高 7.6、口径 19.1 厘米

房山区镇江营遗址出土

镇江营遗址新石器一、二期陶器器类相对多样化，有炊煮器陶釜、饮食器陶钵、盛储器陶盆、盛水器陶壶等，表明镇江营先民生活较为丰富。陶器基本素面，简洁大方。此件三足钵为夹砂褐陶，采用泥条盘筑法制成，器身可见泥条对接痕迹，三圆锥形足贴附于器底。口径较小，应为饮食器。

小口双耳陶壶

新石器时代晚期（距今约 7000～6500 年）

高 22、口径 6 厘米

房山区镇江营遗址出土

陶釜

新石器时代晚期（距今约 7000～6500 年）

高 38、口径 45 厘米

房山区镇江营遗址出土

　　釜是一种类似于锅的炊煮器。圜（huán）底陶釜是镇江营一期文化的代表性器物，使用时以陶支脚作为支撑。陶釜与陶支脚的组合后来演变发展成为陶鼎。

蘑菇形陶支脚

新石器时代晚期（距今约 7000～6500 年）

高 22 厘米

房山区镇江营遗址出土

　　支脚是炊煮时支在釜、盆一类的炊器底下的三个分开的物体，其作用是在炊器下面形成一定的空间便于烧火，从而获得较好的传热效果。最早的支脚可能是采用天然的石头，河姆渡文化曾发现与陶支脚类似的石块有烟熏痕迹，或为石支脚。由于石支脚加工费事，不易达到人们理想的支脚形状，在不晚于新石器时代中期时，易于塑形的陶支脚出现，逐渐取代了石支脚。陶支脚使用时间较长，进入青铜时代在一些地区仍有使用。陶支脚的称呼颇不统一，还有釜支子、支座、支垫、支架等不同名称。陶支脚据其形制可分为倒靴形、猪嘴形、蘑菇形、馒头形等，形制各异的陶支脚，反映了不同地域的人们生活习惯和审美取向的差异。

　　镇江营遗址处于拒马河流域，新石器一期流行蘑菇形陶支脚，侧面刻有大镂孔是其特色，不同于河北南部磁山文化倒靴形陶支脚和山东地区的猪嘴形陶支脚。

陶釜与陶支脚组合使用示意图

鸟首形陶支脚

新石器时代晚期（距今约 7000 ～ 6500 年）

高 22 厘米

平谷区上宅遗址出土

北京市平谷区文物管理所藏

　　支脚顶部前端突出，似鸟喙，两侧戳印纹为双眼，颈部以下有四道镂孔，周身饰羽状划线纹，极具仿生写实性。这类仿生陶支脚为燕山南麓地区所特有，是受倒靴形支脚影响并融入本地动物崇拜的产物。其特殊的造型可能已不具备支脚的实用功能，或许是一种宗教祭祀用器。

陶鸟首形器

新石器时代晚期（距今约 7000 ～ 6500 年）

高 27.5 厘米

平谷区上宅遗址出土

北京市平谷区文物管理所藏

　　器顶部前出一鸟喙，一侧刻出眼睛，器身刻划羽状菱形纹，用三条较粗竖线作为区域分割线，或许是仿制鸟首形陶支脚器身镂孔形态，与鸟首形陶支脚有异曲同工之处。

石磨盘、石磨棒

新石器时代中期（距今约 7200～7000 年）

磨盘：长 33、宽 25.5 厘米

磨棒：通长 35 厘米

平谷区北埝头遗址出土

北京市平谷区文物管理所藏

上宅文化的某些石磨盘、石磨棒上残留的淀粉粒显示食物来源既有栽培的粟、黍，也有采集植物橡子以及一些块茎类、杂草类植物的种子和果实，且橡子的种类丰富，占很大比例，反映了农业和采集在当时的社会经济中都占有重要地位。

同时，栎属果实（橡子）的淀粉粒反映了距今 7000 年左右，华北平原分布有典型的落叶阔叶地带性植被——栎林，表明当时较现在气候更为温暖湿润。

石核

新石器时代晚期（距今约 7000～6500 年）

长 2.5 厘米

房山区镇江营遗址出土

石刮削器

新石器时代晚期（距今约 7000～6500 年）

长 3.1 厘米

房山区镇江营遗址出土

石尖状器

新石器时代晚期（距今约 7000～6500 年）

长 2.5 厘米

房山区镇江营遗址出土

镇江营遗址新石器一期遗存有较多的石叶、石核、尖状器、刮削器等细石器，以及石球、陶网坠等，表明狩猎捕捞经济仍居重要地位。

骨锥

新石器时代晚期（距今约 7000 ~ 6500 年）

长 6.2 厘米

房山区镇江营遗址出土

骨锥

新石器时代晚期（距今约 7000 ~ 6500 年）

长 6.3 厘米

房山区镇江营遗址出土

陶猪首

新石器时代晚期（距今约 7000 ~ 6500 年）

残长 8.5 厘米

平谷区上宅遗址出土

北京市平谷区文物管理所藏

猪是我国新石器时代较早被驯化的家畜，家猪饲养极大地补充了史前先民的食物来源，也促进了农业的发展。此件猪首为泥质红陶，头部整体瘦长，双耳较小向后背，嘴巴较长，两侧刻划出显著的獠牙。从形态上看，该猪头代表了野猪形态，但采用陶塑形式表现，不排除已处于驯化过程，上宅先民可能已经开始饲养家畜。

野猪和家猪体形比例示意图

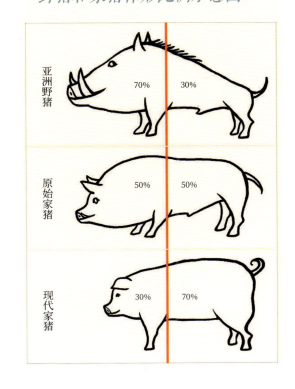

野猪和家猪骨骼形态示意图

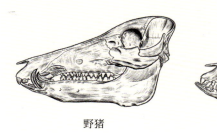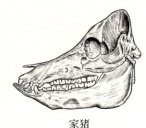

野猪　　　　　家猪

原始艺术与信仰

美来源于生活，史前先民经过反复的生活实践，逐渐产生了审美观念，并创造出了独具特色的艺术品。上宅遗址的动物雕塑和镇江营遗址的人面形陶片是 7000 年前北京先民创造的艺术品，也可能是用来祭祀、通神的巫术用品，反映了他们的原始精神信仰。

石鸮

新石器时代晚期（距今约 7000 ～ 6500 年）

长 2.7、宽 1.8 厘米

平谷区上宅遗址出土

北京市平谷区文物管理所藏

以黑色滑石雕成，贯孔为双眼。鸮，俗称猫头鹰，一般被赋予原始宗教的寓意。

石猴

新石器时代晚期（距今约 7000 ～ 6500 年）

高 3 厘米

平谷区上宅遗址出土

北京市平谷区文物管理所藏

以黑色滑石雕成，头部写实，下部为蝉形，肩部有一个横向的穿孔，可以佩戴，体现了上宅先民的审美和工艺。

上宅文化石龟与红山文化玉龟

上宅遗址石龟和红山文化牛河梁遗址玉龟在形态上相似，年代上石龟可能是玉龟的前身。据此推测，北京和东北地区在新石器时代偏早阶段可能存在相似的原始信仰。

石龟　　　　　　　　玉龟

人面形陶片

新石器时代晚期（距今约 7000 ～ 6500 年）

直径 11 ～ 12.4 厘米

房山区镇江营遗址出土

房山区文物保护所藏

该陶片可能是一种原始信仰或巫术用品，是祭祀或巫师实施巫术时的辅助用具，表达了镇江营先民对神祇或祖先的崇拜。

〔三〕和合共生——雪山一期文化

距今约 5500 年，中国大部分地区进入铜石并用时代早期，相当于仰韶文化晚期，各地区间的文化交流与碰撞加剧，分化与整合趋势并存。距今约 5000～4500 年，北京地区以雪山一期文化为代表。雪山一期文化是多元文化融合的产物，也对周边文化产生了影响，使得西辽河流域与中原地区文化融为一体，对早期中国文化圈的巩固和发展具有重要意义。雪山一期文化时期已出现社会分工，尚无明显的贫富差距。

雪山遗址发掘现场

雪山遗址发现于 1960 年，分别于 1961 年、1982～1983 年进行了发掘。该遗址位于昌平区城西 4 千米处的雪山村，村西北有一座马鞍形的小山丘被称为雪山，雪山遗址因此得名。雪山遗址为新石器时代至青铜时代遗址，其中一期和二期为新石器时代遗存，分别被命名为雪山一期文化和雪山二期文化。

雪山一期文化以最早发现的雪山遗址命名，房山区镇江营、海淀区燕园等遗址也有该类遗存，还广泛分布在河北、天津及西辽河流域等地。雪山一期文化的源头在河北中部的中贾壁、午方等地，在其形成过程中又融合大汶口文化、红山文化等因素，传播到海河流域后，又以北京为基地，继续扩展到原红山文化分布的西辽河流域小河沿等地，还对晋中和内蒙古中南部等地产生影响，使得燕山南北文化融为一体，这对早期中国文化圈的巩固和发展有着重大的历史意义。

大口双耳陶罐

铜石并用时代早期（距今约 5000～4500 年）
高 23.5、口径 24.9 厘米
昌平区雪山遗址出土

雪山一期文化的陶器多数为泥条筑成法制成的平底器，少数带圈足，不见三足器，已广泛使用慢轮制陶技术，许多器物表面留有旋抹痕迹。一般小型器物一次制成，大、中型器物制好器体后再附加耳部。崇尚素面，器表颜色多为红褐或灰褐，斑驳不均，应为开放式氧化焰烧制为主，且火候不够高。此件大口双耳罐为红褐夹砂陶，夹滑石末较多，应为炊煮器或盛食器。雪山一期文化陶器更加多样化，尤其出现豆类饮食器，表明日常生活更加讲究。

大口双耳陶罐

铜石并用时代早期（距今约 5000～4500 年）
高 21、口径 19.3 厘米
房山区镇江营遗址出土

小口双耳高领陶罐

铜石并用时代早期（距今约 5000～4500 年）

高 39、通长 55 厘米

昌平区雪山遗址出土

昌平区博物馆藏

　　高领罐一般用作盛储器，为雪山一期文化河北中部的原生器物，传播到北京地区后，又以北京为基地继续北上到达内蒙古中南部地区，成为当地庙子沟文化的典型器物，体现了各地区间的文化交流与碰撞。北京地区在这一文化交流过程中发挥了重要的纽带作用。

双鋬筒形陶罐

铜石并用时代早期（距今约 5000～4500 年）

高 29.6、口径 30.8 厘米

房山区镇江营遗址出土

北京考古遗址博物馆藏

　　夹砂红褐陶，口下外侧与器壁相接处形成一周凹槽，肩部带双鋬（pàn），即横扳耳。带耳筒形罐在红山文化晚期就已出现，但多为环形竖耳，无横扳耳。雪山一期文化的横扳耳筒形罐是受到红山文化影响，又融合了传统因素而出现的器物，反映了红山文化的南向影响对雪山一期文化形成起到了重要的促进作用。

石斧

铜石并用时代早期（距今约 5000～4500 年）

长 15.5 厘米

昌平区雪山遗址出土

　　雪山一期文化发现的生产工具有石刀、石斧、石凿等，石刀可作为收割工具，是农业生产发展的体现。石斧多用于砍伐，此件石斧的器身、刃部有砍伐时留下的痕迹。

〔四〕 文明初现——雪山二期文化

距今 4500 年左右，中国大部分地区进入铜石并用时代晚期，在海岱地区龙山文化的带动下，迎来了龙山时代。这一时期社会分化日益加剧，逐渐形成多个区域中心和区域文明社会。距今约 4200～3800 年，北京地区是以雪山遗址和镇江营遗址为代表的雪山二期文化，出现了快轮制陶，生活器类复杂多样，已初具文明时代特质。

雪山二期文化与周边地区文化交流示意图

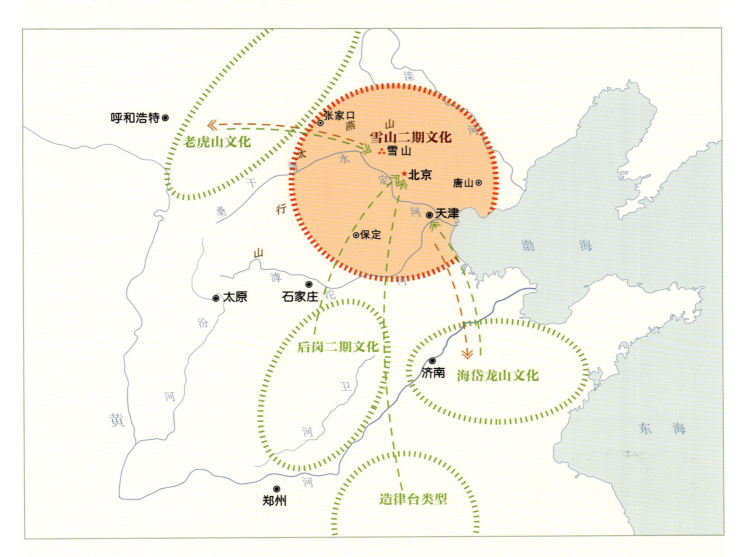

雪山二期文化以最早发现的北京市昌平区雪山遗址命名，房山区镇江营、昌平区燕丹、曹碾等遗址也有该类遗存，还广泛分布在冀中和冀东北地区。北京地区从新石器时代中晚期开始就发挥着沟通周边南北文化交流的纽带作用，到了雪山二期文化这一发展阶段，中原、海岱和北方不同地区的文化交流更加频繁，来自海岱的龙山文化、中原龙山文化和后岗二期文化以及北方的老虎山文化都对雪山二期文化产生了重要影响，使得雪山二期文化成为多元文化融合的结晶。雪山二期文化也对周围产生了看得见的影响，西北向将海岱豫东的折腹盆、高颈壶等文化因素传播到了老虎山文化区域，西南向将源自老虎山文化的陶鬲等文化因素传播到了海岱地区。正是由于北京在这一时期继续发挥南下北上的纽带作用，使得龙山后期中原、海岱和北方地区连结为一体，对龙山时代早期中国文化圈的发展和成熟起到了重要作用。

陶甗

铜石并用时代晚期（距今约 4200 ～ 3800 年）
高 42、口径 24.4 厘米
房山区镇江营遗址出土

  雪山二期文化陶器的专门化程度更高，仅炊器就有鬲、甗（yǎn）、斝（jiǎ）、甑（zèng）、鼎五大类，饮食器有豆、碗、壶、杯等。制陶技艺高超，出现构造复杂的三空足的鬲、甗、斝等器类，广泛使用慢轮制陶，一些中小型泥质陶采用先进的快轮拉坯方法制作，器物更加规整精美，器类空前复杂，是当时生产力水平日益提高的见证。

  甗是一种蒸制食物的炊器，通常由上下两部分组成，上部为甑，用来盛放食物，下部是煮水的袋足鬲，中间束腰处有镂空的箅（bì）子。陶甗出现于新石器时代晚期，商周之际发展出了作为礼器的青铜甗。镇江营遗址出土的雪山二期文化陶甗分为有腰隔（腰部加泥条分隔上下两部分）和无腰隔（腰部为一整体）两种类型，均采用泥条盘筑法制成。此件陶甗无腰隔，上下为一整体。

陶斝

铜石并用时代晚期（距今约 4200 ～ 3800 年）
残高 29.2、口径 29.6 厘米
房山区镇江营遗址出土
房山区文物保护所藏

  陶斝产生于新石器时代，受大汶口文化陶鬶的启发创制而成，是中国史前时期一种造型独特且分布地域集中的生活类容器，主要见于龙山时代的黄河中游及邻近地区。陶斝在其发展过程中形成了釜形斝、罐—盆形斝两大传统，对龙山时代诸文化具有很强的渗透力和凝聚力，苏秉琦先生称其为"文明"火花的象征。陶斝早期为炊器，晚期可能兼有储水等功用，商周时期发展为用作盛酒器和礼器的青铜斝。此件为罐形袋足斝。

折腹陶盆

铜石并用时代晚期（距今约 4200 ～ 3800 年）

高 22.1、口径 32 厘米

昌平区雪山遗址出土

雪山二期文化陶器以夹砂褐陶和泥质灰、黑陶为主，多素面。烧制技术上的进步体现在泥质陶普遍使用封闭式陶窑还原焰烧制，有的可能还用到了渗碳工艺，因此陶器几乎都呈现出灰色或黑色。

平底陶盆

铜石并用时代晚期（距今约 4200 ～ 3800 年）

高 8.5、口径 29.5、底径 22.5 厘米

昌平区雪山遗址出土

双耳陶罐

铜石并用时代晚期（距今约 4200 ～ 3800 年）

高 16、口径 11.2 厘米

昌平区雪山遗址出土

昌平区博物馆藏

陶纺轮

铜石并用时代晚期（距今约 4200 ～ 3800 年）

直径 5.3 ～ 5.6、口径 0.9 厘米

房山区镇江营遗址出土

雪山二期文化发现较多陶质或石质纺轮，反映了北京地区原始纺织业的进步。陶纺轮又分为较大的圆饼形和稍小的厚体算珠状，应与不同的捻线方式有关。

专题：生命之火——北京地区史前人类用火

　　用火是人类独有的行为能力，对人类的生存演化至关重要。火的使用改变了人类的摄食种类和方式，拓宽了食谱，吃到熟食改善了人类的营养，从而促进人类的体质发展和大脑进化。火的使用让人类能够抵御严寒猛兽，延长寿命，从而增加人口数量。火的使用还增强了人类获取并利用自然资源的能力，从石器原料的热处理到陶器和金属工具的发明创造都离不开火。

　　北京地区众多的史前人类活动遗址几乎都发现了用火遗存。最早的用火始于旧石器时代早期的"北京人"，他们会有控制地利用天然火；旧石器时代晚期，王府井遗址的古人类已掌握钻木取火的技术；到了新石器时代中晚期，北埝头遗址的先民已经学会利用火种罐保存火种；铜石并用时代的雪山一期文化和雪山二期文化都发现有用火遗存。因此，史前人类用火是生命之火，也是文明之火，点亮了北京地区人类向文明社会前进的道路。

"北京人"遗址用火遗存

　　"北京人"遗址又称周口店遗址第1地点，在第4文化层发现的灰烬厚达6米，从中发现了大量的烧石、烧骨、木炭以及烧过的野果核，是"北京人"用火的有力佐证。第4文化层还发现有集中用火的部位，其中一处残存有围石圈筑结构，有观点认为是"火塘"，附近也伴有烧骨、烧石和石制品。经科技分析显示"火塘"内的沉积物有高含量的植硅体、钾元素等燃烧产物和超出常规的红度，是长时间高温烧烤所产生的，这是生活在这一时期的"北京人"有控制用火的确凿证据。"北京人"还不会进行人工取火，主要使用天然火。

烧石
旧石器时代早期（距今约 70 万～20 万年）
长 11、宽 7.2 厘米
周口店遗址第 1 地点出土
周口店遗址博物馆藏

烧骨
旧石器时代早期（距今约 70 万～20 万年）
长 5 厘米
周口店遗址第 1 地点出土
周口店遗址博物馆藏

王府井古人类遗址用火遗迹

　　大约在旧石器时代晚期，人们已经掌握了人工取火技术，用火已经成为当时古人类生活中普遍存在的现象。在王府井古人类遗址的上、下文化层均发现有用火遗迹，内含烧骨、烧石、木炭和灰烬等。王府井古人类遗址用火遗存是继山顶洞遗址之后的重要发现，弥补了山顶洞材料遗失的缺憾，对于研究北京地区旧石器时代晚期先民用火的生活方式具有重要意义。

东胡林遗址用火遗存

进入新石器时代，用火已成为人们日常生活中不可或缺的部分，先民还利用火发明了具有划时代意义的陶器，改善了他们的生活水平。东胡林遗址发现有 10 余座火塘。火塘平面大多呈不规则圆形，直径一般为 0.5～1、深 0.2～0.3 米。火塘内堆积有大量兽骨、砾石和石块，有的兽骨和石块有明显的火烧痕迹，中心部位则保存着大量黑色灰烬。火塘底部四周的石块似经过有意排列，大致堆积成大半个圆圈状。有观点认为这可能是先民季节性活动时使用的火塘。

东胡林遗址火塘遗迹

炭屑

新石器时代早期（距今约 11500～9500 年）

门头沟区东胡林遗址出土

火种罐

新石器时代中期（距今约 7200～7000 年）

平谷区北埝头遗址出土

北京市平谷区文物管理所藏

远古先民用火经历了从自然火到人工取火的过程。人工取火时，无论是"钻木取火"还是"击石取火"都颇为不易，因此保存火种常燃不灭尤为重要。先民在反复实践中创造出了保存火种的方法，北埝头遗址半地穴式房址内埋在地下的筒形罐，罐内外有灰烬、炭屑等，是保存火种的有力证据。因燃烧程度不同，火种罐内外的炭灰有明显区别。学会保存火种对于人类社会的发展进步具有重要意义。

北埝头遗址用火遗存

北埝头遗址共发现了 10 余座房址，这是目前北京地区新石器时代保存较为完整、能够了解史前先民居住方式的重要遗迹。房址整体分布于燕山南麓错河（洵河支流）南岸的台地上，每座房址平面大体呈不规则圆形。以 F2 为例，平面为不规则圆形，东西直径 5.6、南北直径 4.6 米。居住面经过烧烤，门道位于东壁中部，西壁附近发现 4 个柱洞，推测在屋壁应当有一周柱子，复原起来可能为木柱撑顶较低矮的圆锥形攒尖顶半地穴式房屋，可以容纳三四个人居住。在每座房址中间底部都埋有一或两个筒形罐（深腹陶罐），其内有灰烬、炭屑等，应是保存火种的火种罐。

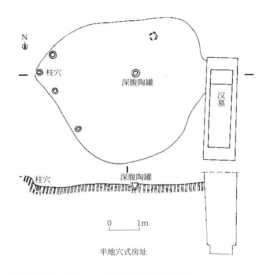

北埝头遗址房址 F2 内火种罐位置示意图

贰

建城之始

夏商周

（公元前 21 世纪~前 221 年）

夏商时期的北京不仅是连接东北与中原地区的咽喉要地，也是文化交汇地带，其区域内文化融合并汇的局面继续发展。周初于北京地区分封诸侯国蓟、燕，这既是北京地区建城史的开端，也是中原礼制文化向北方和东北地区传播的前驱。后来燕吞并了蓟，燕国的建立与逐渐强盛，成为周朝控制北方的锁钥，至战国时期，燕国地跨燕山南北以七雄之一的身份出现在历史舞台。

一 古燕之民

　　《山海经》中称夏代的北京及东北一带为"玄丘"。是北方、中原、海岱三大文化区的交汇地带，其时北京地区南有河北中南部的先商文化和中原腹地的二里头文化，北有内蒙古赤峰的夏家店下层文化，二里头文化可能由北京地区影响到夏家店下层文化，直至商代晚期，北京地区发展成殷商王朝北部的友好方国。

〔一〕 昌平张营遗址——夏商时期的聚落

　　北京地区近年来陆续发现了昌平张营、丰台新宫等夏商时期的聚落遗址，昌平张营遗址分为两期，其中二期聚落遗址相当于夏代晚期和商代早期，绝对年代约为公元前1800～前1300年，遗址分为日常生活区、宗教区和铸铜作坊区，功能区分明显，大致围绕中央小广场，整体布局有序，表明张营遗址社会秩序井然，社会分工明确。

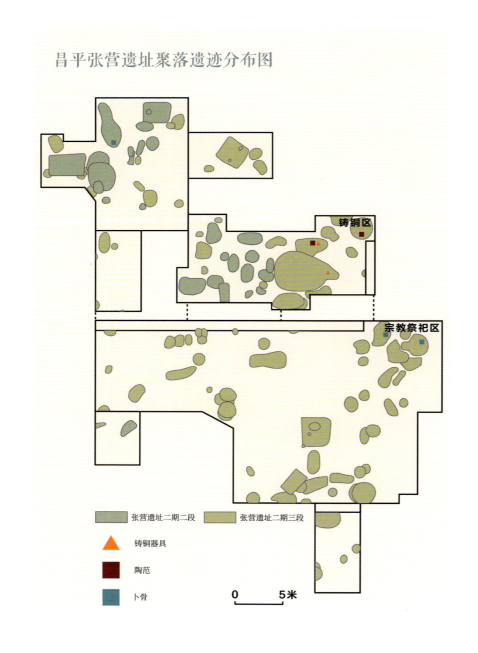

昌平张营遗址聚落遗迹分布图

铸铜区

宗教祭祀区

张营遗址二期二段　　张营遗址二期三段

▲ 铸铜器具

■ 陶范

■ 卜骨

0　　5米

镞范

夏商时期
长 6.3、宽 6、厚 2.3 厘米
昌平区张营遗址 T12 ⑤ 出土
昌平区博物馆藏

房址 F1 平剖面图

昌平张营遗址共有房址 6 座，均为半地穴式建筑，分为方形和不规则圆形，具有一定的区域特征。其中 F1 呈不规则圆形，有较高的"前室"和较低的"后室"，出土的遗物除生活用品和生产工具，还有带灼痕的卜骨 1 件，牛、羊下颌骨和斑鹿、豹等兽骨，甚至有人的股骨碎片，这些特殊的现象或许与宗教祭祀有关。

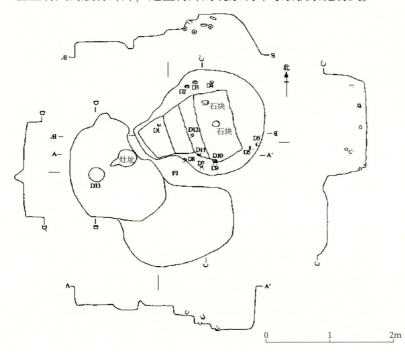

红褐陶鼓腹鬲

夏商时期

高 20、口径 12.7 厘米

昌平区张营遗址 F1 出土

昌平区博物馆藏

红褐陶蛇纹鬲

夏商时期

高 33.3、口径 23.9 厘米

昌平区张营遗址 89H16 出土

蛇纹鬲是中国北方长城地带早期青铜文化中最具特色的一种器类，是朱开沟文化的典型器类，根据目前的考古发现，蛇纹鬲分布相当广阔，西起陕甘地区，东至燕山南北地区，北达俄罗斯外贝加尔地区，长城沿线发现蛇纹鬲最多的地区是内蒙古中南部，张营遗址出土的蛇纹鬲，表明内蒙古中南部地区的青铜文化已经渗透至此。从河北宣化李大人庄同时期遗存中出土的蛇纹鬲来看，这类朱开沟文化因素极有可能是沿着岱海—洋河—南口一线进入北京昌平一带的。

中国北方长城沿线蛇纹鬲比较

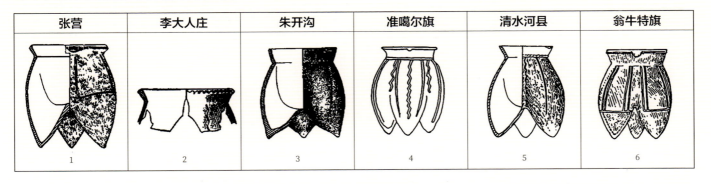

张营	李大人庄	朱开沟	准噶尔旗	清水河县	翁牛特旗
1	2	3	4	5	6

1. 张营 89H16：1　2. 李大人庄 H2：54　3. 朱开沟 QH79：4　4. 准噶尔旗东部　5. 清水河县白泥窑子　6. 翁牛特旗五分地

折腹陶盆

夏商时期

高 15.6、口径 23.1、底径 9 厘米

昌平区张营遗址 M6 出土

昌平区博物馆藏

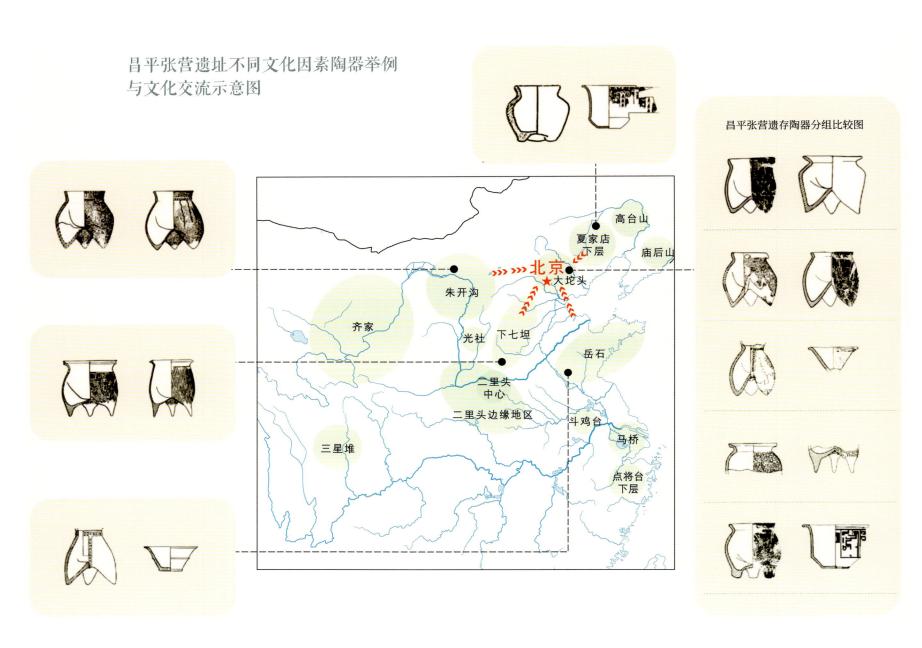

昌平张营遗址不同文化因素陶器举例
与文化交流示意图

昌平张营遗存陶器分组比较图

　　昌平张营遗址中的陶器具有夏家店下层文化、朱开沟文化、岳石文化、早商文化等因素，表明不同的人群在这里交错并存，文化亦随之迁徙、流动，构成了这一地区文化复杂、多元的传统。

〔二〕 平谷刘家河墓葬——商代方国寻踪

商代的北京地区称为燕亳，即文献记载的古燕国，北京地区出土青铜器上的🐒铭族徽应和古燕国有关。🐒铭族徽通常与毚、共、守、寉、辛等组合出现，另外北京地区出土青铜器中还有真等族徽。表明此地应当存在许多具有亲缘关系、文化习俗相近的族系集团与方国，他们深受商朝礼制的影响，并对商朝起着拱卫作用。

商代甲骨文和青铜器铭文中的🐒

商周铜器铭文中的"🐒"被释为"燕"。根据殷墟甲骨卜辞，可知燕部族是祖庚、祖甲时期商王室贞人集团的主要成员之一。商周时期具有"🐒"字部族徽号的青铜器有近百件之多。其中商代的"🐒"器一部据传出土于安阳殷墟，一部即出土于燕国故地，特别是今北京地区。房山琉璃河西周燕国墓地、顺义牛栏山墓地等均出土了由"🐒"组成的复合族氏铭文。

商代北京的方国首领——刘家河墓主人

平谷刘家河商代墓，发现随葬青铜器、金器、玉石器等40余件，数量丰富，随葬的铁刃铜钺、玉斧等在商周时期经常作为王权的标志，结合葬制葬俗以及具有西方草原文化因素的以喇叭口形耳环、两端压扁的臂钏等黄金制品等随葬品，可以推断此墓墓主人生前应为本地高级贵族，或是方国首领。墓葬中出土了成套的商文化青铜礼器，体现了该地区深受商朝礼制影响的文化面貌。

平谷刘家河墓葬随葬器物陈放位置图

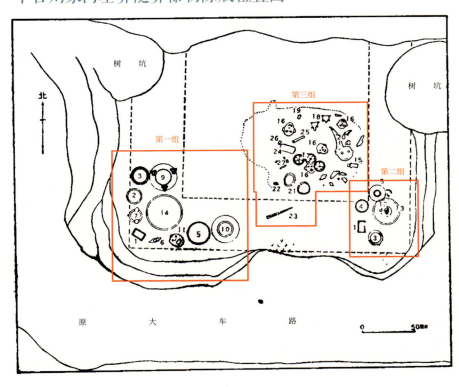

1. 小方鼎　2. 弦纹鼎　3. 饕餮纹鼎
4. 弦纹鼎　5. 甗　6. 爵　7. 爵　8. 卣
9. 三羊罍　10. 饕餮纹罍　11. I式盉
12. II式盉　13. I式盘　14. II式盘
15. 铁刃铜钺　16. 人面形铜泡　17. 铜泡
18. 蟾蜍形铜泡　19. 蛙形铜泡　20. 当卢
21. 臂钏　22. 耳环　23. 笄　24. 玉斧
25. 玉柄　26. 玉璜　27. 绿松石珠

玉斧

商代晚期

长 14.7、宽 7.6、厚 1.2 厘米

平谷区刘家河商代墓出土

铁刃铜钺

商代晚期

长 8.8、刃宽 4 厘米

原件为平谷区刘家河商代墓出土

铜面具（2 件）

商代晚期

长 9.6、宽 10、厚 2 厘米

平谷区刘家河商代墓出土

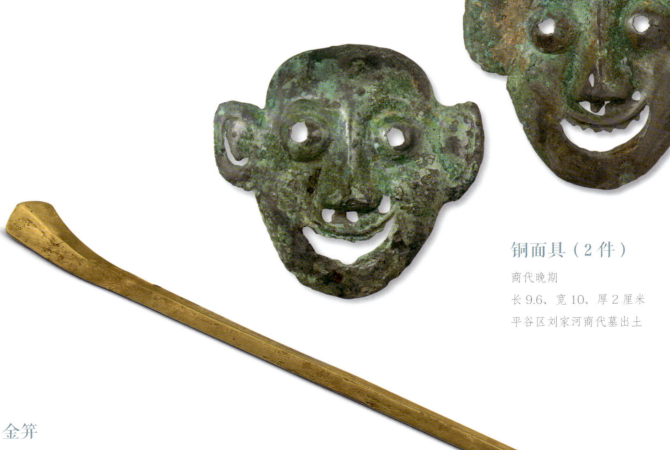

金笄

商代晚期

长 27.5 厘米

平谷区刘家河商代墓出土

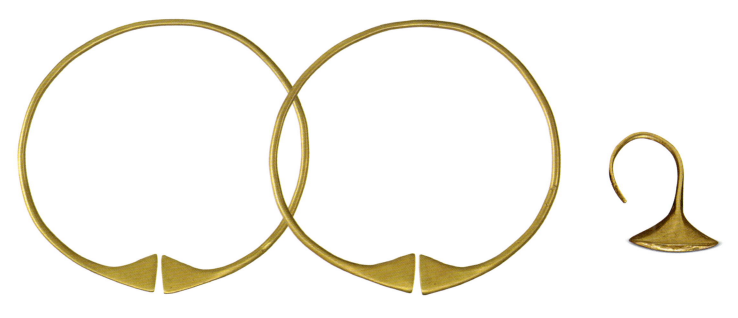

金臂钏（一对）

商代晚期

直径 12.7 厘米

平谷区刘家河商代墓出土

喇叭口形金耳环

商代晚期

通高 3.4、坠直径 2.2 厘米

平谷区刘家河商代墓出土

金臂钏与金耳环作为人体装饰品，均具有北方草原文化因素，在新疆天山北路、甘肃玉门火烧沟、民乐东灰山的四坝文化、朱开沟文化、夏家店下层文化、魏营子文化均有发现，材质有金、铜。而且这类器物在西部地区发现的年代较早，其源头可以追溯到公元前 2000～前 1000

年的中亚地区米努辛斯克盆地的安德罗诺沃文化，自西向东，时代由早到晚，说明北京地区的金臂钏与金耳环应是受到了西方青铜文化因素的影响，体现了处于东亚东缘的北京地区与草原地带的中亚地区存在远距离的文化交流。

夏商时期喇叭口形耳环比较示意图

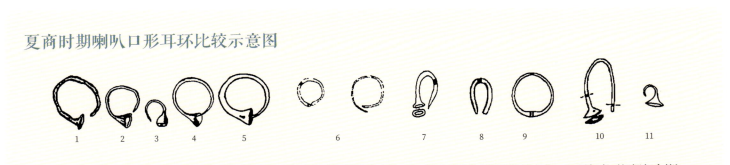

1. 塔吉尔门·塞　2. 西西伯利来的安德罗诺沃文化　3. 托木斯克附近的小台地　4. 中亚西部的安德罗诺沃文化　5. 阿尔泰（红铜包金箔）
6. 新疆天山北路墓地　7. 四坝文化　8. 朱开沟文化　9. 夏家店下层文化　10. 大坨头文化　11. 平谷刘家河

刘家河墓随葬的金饰、玉饰、铜人面饰、铜泡饰以及铁刃铜钺等器物均出土于墓葬底部。葬俗和随葬饰品能体现墓主人的族群认同，墓主人随身佩戴的装饰品以北方风格居多，喇叭口金耳环、金臂钏、铜泡饰等特色最为鲜明，表明墓主人为本地贵族。玉斧、铁刃铜钺与人形面具也是此墓有代表性的器物。斧、钺在殷商时期曾长期作为军事统帅权的象征物，《尚书·牧誓》中有"王左杖黄钺"，而青铜人形面具可能是墓主人与神灵沟通联系的用具。刘家河墓中象征军权的斧钺与代表宗教权威的人形面具共出，表明墓主人应是本地一位拥有军权和神权的首领级人物。

雷纹铜方鼎

商代晚期

通高 14、口长 11、口宽 8.8 厘米

平谷区刘家河商代墓出土

兽面纹铜圆鼎

商代晚期

通高 18.2、口径 14 厘米

平谷区刘家河商代墓出土

弦纹铜圆鼎

商代晚期

通高 16、口径 14.8 厘米

平谷区刘家河商代墓出土

双鸟柱三鱼纹铜盘

商代晚期

通高 21.2、口径 38.6 厘米

平谷区刘家河商代墓出土

弦纹铜甗

商代晚期

通高 31、口径 22 厘米

平谷区刘家河商代墓出土

兽面纹铜爵

商代晚期

高 16、流长 13.7 厘米

平谷区刘家河商代墓出土

兽面纹铜斝

商代晚期

高 24.5、口径 17、最宽 21 厘米

平谷区刘家河商代墓出土

兽面纹铜盉

商代晚期

通高 23、口径 7.3 ～ 8.7、最宽 16.2 厘米

平谷区刘家河商代墓出土

刘家河墓共出土青铜礼器 16 件，出土于墓葬南端的二层台上，并分开摆放，左边为小方鼎、兽面纹鼎、弦纹鬲、卣、盉、盘，右边为小方鼎、弦纹鼎、兽面纹鼎、甄、爵、斝、三羊罍、兽面纹瓿、方口盉、盘。其中小方鼎形体较小，制作粗糙，且云雷纹带上下两侧各饰一条连珠纹，不是商器常见的风格，地方特色浓厚，很可能是模仿中原地区的方鼎又添加本地的纹饰铸造而成。但随葬的"鼎、甄、爵、斝"礼器组合方式与殷墟时期"鼎、甄、爵、觚、斝"的组合有相似之处。表明墓主人生前可能为深受商王朝礼制影响的友好方国首领。

二 燕蓟屏周

周代实行分封制，以同姓诸侯或有功之臣为诸侯王，封邦建国，以拱卫周王室。周武王克商后，褒封先圣之后于蓟，封其弟召公奭于燕。自此，作为北方边陲重地的北京地区被正式纳入周王朝的疆域版图之中，遵循周朝的礼制文化。燕国虽与周王室孤悬远隔，但作为周王朝北部边疆的坚强屏障，最终发展成"地广两千里"的大国，为战国七雄之一，其疆域内不同的文化在融合中继续发展。

燕国基本信息表

国名	爵位	姓	始封燕侯	都城所在地	存灭时间
燕	侯、伯、公、王	姬	克	北京房山区、河北易县等	西周早期初封，燕穆侯七年入春秋（公元前 722 年），献公十二年获麟（公元前 481 年），燕王喜三十三年（公元前 222 年）亡于秦。

〔一〕 封召公于燕

《史记·燕召公世家》载："周武王之灭纣，封召公于北燕。"房山区琉璃河遗址的考古发现，特别是"太保"和"匽侯"的铜器铭文，证明琉璃河遗址就是燕都所在地，是西周燕国的政治、经济、文化中心。因此，琉璃河遗址及其所出土的文物和文字材料为确定燕国的地望、认识燕国的社会结构，了解周王室对北方的经略等提供了实物与文字证据。

燕国的都城

燕国封在何处？因古籍记载较少，自汉代以来就众说纷纭。琉璃河遗址的发掘，尤其是一些带有"匽侯"铭文的青铜礼器的发现，为确定琉璃河遗址是西周燕国始封地提供了文字证据，实证了北京 3000 多年的建城史，明确了北京"城之源"。

董家林古城墙遗址

房山区琉璃河西周燕都城址平面图

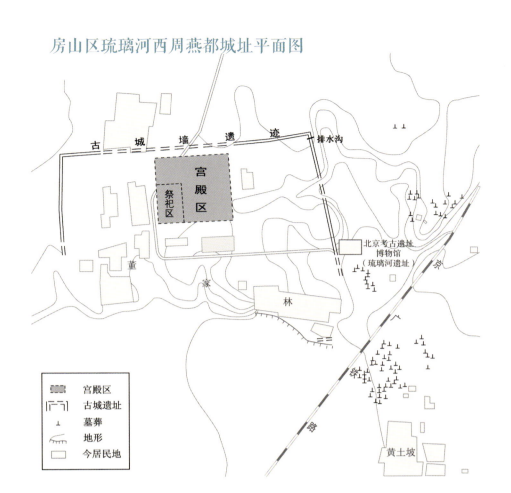

图例：
- 宫殿区
- 古城遗址
- 墓葬
- 地形
- 今居民地

琉璃河遗址城墙东北角排水沟

琉璃河遗址出土陶水管

琉璃河遗址出土筒瓦

堇鼎

西周早期

通高 61.8、口径 47 厘米

房山区琉璃河西周燕国墓地 II 区 M253 出土

　　此鼎腹内壁铸有铭文 4 行 26 字，铭文中"燕侯令（命）堇"的记载，不仅是此鼎命名的根据，也为确定琉璃河遗址的性质提供了文字证据。

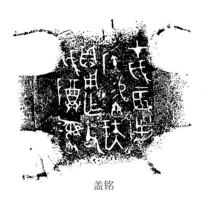

伯矩鬲

西周早期

通高 33、口径 22.9、腹径 24.2 厘米

房山区琉璃河西周燕国墓Ⅱ区 M251 出土

〖中华文明的有力见证〗 北京通史陈列（史前—清代）

攸簋

西周早期

通高 28.5、口径 21、底径 18 厘米

房山区琉璃河西周燕国墓地 I 区 M53 出土

此簋盖内与器底均铸有铭文，内容相同，共 3 行 17 字，铭文中"燕侯赏攸贝三朋"的记载，不仅是此簋命名的根据，也为确定琉璃河遗址的性质提供了文字证据。

复尊

西周早期

高 24、口径 19.5、底径 14 厘米

房山区琉璃河西周燕国墓地 I 区 M52 出土

此尊器内底铸有铭文 3 行 17 字，铭文中"燕侯赏復䌛衣、臣、妾、贝"的记载，不仅是此尊命名的根据，也为确定琉璃河遗址的性质提供了文字证据。

圉鼎

西周早期
通高 33、口径宽 13、口径长 18.2 厘米
房山区琉璃河西周燕国墓地Ⅱ区 M253 出土

此鼎盖内及器底均铸有铭文，内容相同，共3行14字，铭文中"燕侯赐圉贝"的记载，不仅是此鼎命名的根据，也为确定琉璃河遗址的性质提供了文字证据。

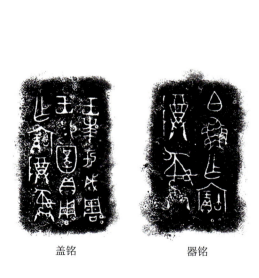

盖铭　　　　器铭

圉簋

西周早期
通高 26.5、口径 13.4、底径 16 厘米
房山区琉璃河西周燕国墓地Ⅱ区 M253 出土

圉甗

西周早期

通高 41.5、口径 25.7 厘米

房山区琉璃河西周燕国墓地Ⅱ区 253 出土

　　房山琉璃河遗址最早发现于 1945 年，1962 年文物部门开始对琉璃河等点进行调查，根据刘李店、董家林遗址出土的陶器残片将该遗址的年代定为西周，并根据董家林古城墙上部夯土包含的辽代瓷片，将城址暂定为辽代。直到 1972 年，文物部门明确了遗址范围，并根据董家林古城墙内包含西周瓦片，将城址的年代改定为西周。1974 ～ 1975 年公布了琉璃河遗址的九座墓葬资料，其中Ⅰ区的 M52 出土的复尊，M53 出土的攸簋，Ⅱ区 M251 出土的伯矩鬲，M253 出土的堇鼎和成套圉器等铜礼器均刻有"匽侯"铭文，而且体量较大、制作精美，侧面反映这一带与燕都有密切联系，这也是运用墓葬铜器铭文研究遗址、城址性质的重大进展。

燕国的燕侯

　　燕国的国君世系，《史记》记载自"召公已下九世至惠侯"均于史无征。燕国第一任国君，是召公还是召公元子亦无定论。琉璃河西周遗址 1193 号大墓中出土的克罍、克盉有铭文"令（命）克侯于匽"，不仅进一步确定了琉璃河西周遗址为初封之燕都所在，而且还确定第一任燕侯为召公奭的元子克，近来，琉璃河遗址新出土的甲骨与铜器铭文进一步证明，燕国初封之际，召公奭曾亲莅燕国。

"成周" 卜甲

西周早期

长 10.3、宽 7.1、厚 1.4 厘米

房山区琉璃河西周燕国遗址出土

　　近年来在房山琉璃河燕都遗址、镇江营商周四期遗址以及昌平白浮墓地均发现西周甲骨，其中 1996 年在琉璃河西周燕国都城遗址 96LG11H108 灰坑中发现三片有字卜甲，一片有"成周"二字。"成周"亦见于何尊"唯王初迁宅于成周……唯王五祀"，"成周"即是成王所迁之"周"，《尚书·召诰》记载："成王在丰，欲宅洛邑，使召公先相宅。"可见洛邑的营建，召公先期的占卜起着重要的作用。所以有学者推测，"成周"之名可能是召公所取，琉璃河遗址出土的这片卜甲可能是召公为"成周"取名的遗物，是召公到达燕国后的遗留，这对琉璃河遗址始建年代、分期和断代提供了新的文字材料。

数字卦卜骨

西周早中期
长 11.2、宽 8 厘米
房山区镇江营遗址出土

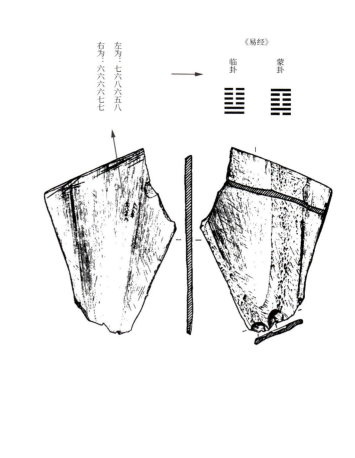

《易经》

临卦　蒙卦

左为：七六八六五八
右为：六六六六六七

召公家族世系

　　西周时期召公家族以及燕侯世系，历史缺载，陈寿（陈公柔、张长寿）、李学勤、曹斌等先生均有研究，朱凤瀚先生根据考古与青铜器铭文材料，大致构建了召公家族的世系结构，以及召公与周王室的关系。

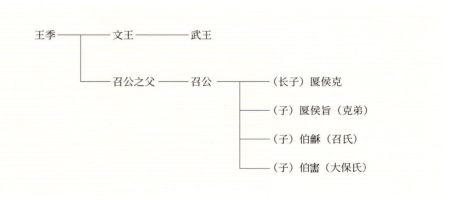

王季 ── 文王 ── 武王
召公之父 ── 召公 ── （长子）匽侯克
　　　　　　　　　（子）匽侯旨（克弟）
　　　　　　　　　（子）伯龢（召氏）
　　　　　　　　　（子）伯宪（大保氏）

琉璃河西周燕国墓地 M1193 复原示意图

　　1986 年 10 月 14 日至 11 月 30 日对 M1193 进行发掘，此墓出土的克罍、克盉铭文记载了周天子册命匽侯的重要史实，堪称周初册命封建诸侯众器之最。克罍、克盉铭文详细记载了周王祭祖、册命、燕侯建燕、入土、作器等分封燕国的仪式，不但为确定第一任燕侯，完善召公家族的世系提供了新材料，而且有助于重新理解西周早期的分封制度。因此，克罍、克盉铭文不仅是北京"城之源"的文字证据，也是周王室分封燕国、经略北方的文字证据，标志着北京地区在西周早期便被纳入周王朝的政治疆域版图。

盖铭

器铭

克罍

西周早期

通高 33、耳间距 27.2、口径 14.2、底径 14.2、腹径 21.7 厘米

房山区琉璃河西周燕国墓地 M1193 出土

克罍、克盉铭文字形对照

罍	盉

王曰：大保，隹乃明乃鬯，享于乃辟，余大对乃享。命克侯于匽，旃羌弋敔雩驭髟。克宷匽入土眔有嗣，用作宝障彝。

盖铭

器铭

克盉

西周早期

通高 27、长 25.7、宽 16、口径 14.4 厘米

房山区琉璃河西周燕国墓地 M1193 出土

克罍、克盉铭文文字隶释

1. 鬯

此字罍盖铭作，盉盖铭作，此字有两种隶释，殷玮璋、张长寿、陈公柔、张亚初、陈平、孙华、方述鑫、林小安、杨静刚、尹盛平诸先生均认为此字应释为鬯，作祭祀或为祭祀中所用的鬱鬯的意思。杜廼松先生虽同意此字释为鬯字，但认为与"畅"通假，有畅达的意思。李学勤、赵光贤、戴春阳、李仲操、朱凤瀚、刘桓、任伟诸先生认为此字应释为心。

2. 对

此字罍盖铭作，盉盖铭为，诸家对此字的隶定存有两种意见，刘雨和李仲操先生把此字隶定为"封"，认为"大封"是封建诸侯之礼。另外诸家则把此字隶定为"对"，李学勤、张亚初、殷玮璋、陈平、孙华、刘桓、方述鑫、赵光贤、戴春阳、林小安、王辉、尹盛平诸先生认为此字为对答称扬的意思。杜廼松先生虽把此字隶定为"对"，但认为"大对"即大合（参加）的意思。张亚初先生也把此字隶定为对，认为是感激涕零的用语。

3. 旃

此字罍盖铭作，盉盖铭作，陈公柔、王世民、李学勤、张亚初、杜廼松、陈平、刘桓、方述鑫、赵光贤、戴春阳、李仲操、朱凤瀚、王辉、林沄、任伟、尹盛平诸先生均释为事，为任使、管理的意思。林小安先生认为旃通"使"，作役使讲。孙华先生认为该字从广从中（中亦声），由字形观之，当为"中"字的繁化，引申为召集、统领之意。刘雨先生把此字隶定为事，释为剸，殷玮璋先生把此字隶定为旃，释为国族名。

4. 马

此字罍盖铭作，盉盖铭为，此字诸家隶定的情况较多，但大多认为是方国或族名。如殷玮璋、陈公柔、刘桓、赵光贤、任伟、杨静刚、尹盛平诸先生把此字隶定为"马"，王世民、孙华、陈平先生隶定为"兔"，张亚初和林沄先生把此字隶定为"狸"。李仲操先生认为此字是页字，为寡字之省，应为地名，其地望当在燕国附近。方述鑫、李学勤、戴春阳、王辉诸先生把此字隶定为"兔"，作为一个人或方国的意思。刘雨先生认为此字当隶定为"豸"，羌豸指羌人所贡献之拴了鼻绳的牛牲，或即拴了鼻绳的羌人牲。杜廼松先生认为此字隶定为"马"，与羌组合，应是指古羌族的一支——马羌。

5. 驭

此字罍盖铭作，盉盖铭作，此字被隶定为驭，杜廼松先生把此字隶定为劝，陈公柔、王世民、陈平、杨静刚诸先生隶定为骏，认为是卜辞中的御方。殷玮璋、张亚初、刘桓、孙华、方述鑫、戴春阳、尹盛平等诸先生隶定为驭，认为是方国和族名，李学勤先生认为是驭人。林沄先生认为驭为抵御之御，李仲操先生认为是统驭的意思。

6. 微

此字罍盖铭作，盉盖铭作，殷玮璋、刘桓、陈公柔、张亚初、刘雨、孙华、方述鑫、陈平、李仲操、赵光贤、戴春阳、杨静刚、王辉、尹盛平诸先生把此字隶定释为党或散，即微，朱凤瀚和任伟先生隶定为微，多指方国或族名，殷玮璋和尹盛平先生认为此微是子姓，属于殷遗民。李学勤先生认为此字为徵。林小安和杜廼松先生把此字隶定为长。林小安先生认为此字与上字组成驭长，是《牧誓》中"我友邦冢君、御事、司徒、司马、司空、亚旅、师氏、千夫长、百夫长"之类。杜廼松先生认为与上一字组成劝长，认为是地名。林沄先生把此字隶定为"彤"，认为彤人在周末周初时，主要活动于辽西的大凌河流域和河北唐山地区的滦河流域。

7. 寏

此字罍盖铭作，盉盖铭作，此字不易识读，张亚初先生认为是寏，与从穴之寏同。刘桓先生认为此字可能是寏字。刘雨先生认为从止从塞。应为来字。陈公柔和戴春阳先生认为不能确识，陈公柔先生认为字意为赴、趋一类的动词。戴春阳先生认为其宀内为殳，下从止，其应为动词，当"至、达、就位"之意。李学勤先生认为塞不易识，当读为"疆垂"之垂。"垂燕"意如疆燕，划定燕的疆界。后改释为宅字。杜廼松先生疑是"寓"之或体。后把此字隶定为寏，疑是"宅"字之或体。任伟先生把此字隶释为寓字。殷玮璋先生认为此字应是国、族名。林小安先生把此字隶定为寏，与陳相似，陳训为师所止，故字从宀从止。陈平和杨静刚先生把此字隶定为寏。陈平先生认为其字义则当不出趋、至二字。后来认为大致可隶定寏、塞字，但其音义却仍在不可确知之数。杨静刚先生认为从"止"进入屋内宀之形，当有进、入之意。孙华先生将此字当隶定为寏。在铭文中用作动词，赶赴的意思。李仲操先生认为此字从宀从桼，罍铭于桼下又从又，实为一字，应释为棶，即来字。韩建识先生认为此字当释为寝字，引申为入住之义。尹盛平先生把此字隶定为寏，从宀从出从止，可能与徙字相类。方述鑫先生认为此字从宀，从止（盉铭不从止），乑声。会意兼形声字，从宀，因封域故从宀，从止，因就封故从止。读作宅，作营建讲。朱凤瀚先生认为此字或从止，不能确识，当是言受封至燕。王辉先生把此字读为宅。刘杨先生把此字释为宅字，并考证了《说文》"乑（垂）"字字形的依据。

8. 司

此字罍盖铭作，盉盖铭作，为此字张亚初和杜廼松先生释隶定为乱，训为治理。盉铭中此字作，张亚初先生把盉铭中的此字隶定为敵，为紊乱意，引申为烦乱。李学勤、刘雨、陈平、孙华、方述鑫，王辉诸先生均把此字释为嗣，厥嗣即有司，指主事的官员。

西周燕侯铜器铭文一览表

名称	器形	铭文	来源	名称	器形	铭文	来源
克罍			M1193：168	燕侯铜泡			M1029
克盉			M1193：167	燕侯盂			喀左出土
燕侯铜泡			M1193	燕侯旨卣			翼城大河口西周墓地 M1：271-1
燕侯铜泡			M1193：211	燕侯旨卣			翼城大河口西周墓地 M1：276-1
燕侯铜泡			M1193	燕侯旨尊			翼城大河口西周墓地 M1：273-1
匽侯戟			M1193：32	燕侯旨爵			翼城大河口西周墓地 M1：267
堇鼎			M253：12	燕侯旨爵			翼城大河口西周墓地 M1：275
圉鼎			M253：11	燕侯觚			翼城大河口西周墓地 M1：268
伯矩鬲			M251：23	燕侯旨鼎			《商周青铜器铭文暨图像集成》4卷 408页
复尊			M52：11	燕侯旨鼎			《商周青铜器铭文暨图像集成》3卷 379页
匽侯戈			M1029：54	燕侯簋			《商周青铜器铭文暨图像集成》9卷 191页
匽侯戟			M1029：52	燕侯簋			《商周青铜器铭文暨图像集成续编》1卷 419页
燕侯铜泡			M52：40	燕侯盂			《商周青铜器铭文暨图像集成》13卷 433页
燕侯铜泡			M252：2	燕侯盂			《商周青铜器铭文暨图像集成》13卷 434页
燕侯铜泡			M252：4	亚盉			《商周青铜器铭文暨图像集成》26卷 170页

燕国的军事

"国之大事在祀与戎"，西周王室维持庞大的军队，燕国也拥有一定的军队，并且燕国的军队周王可以调遣，燕侯甚至召公也需随军出征以藩屏宗周，如大保簋便记载了西周早期录子叿叛周，召公随成王一起讨伐，最后降服录子叿的记载。

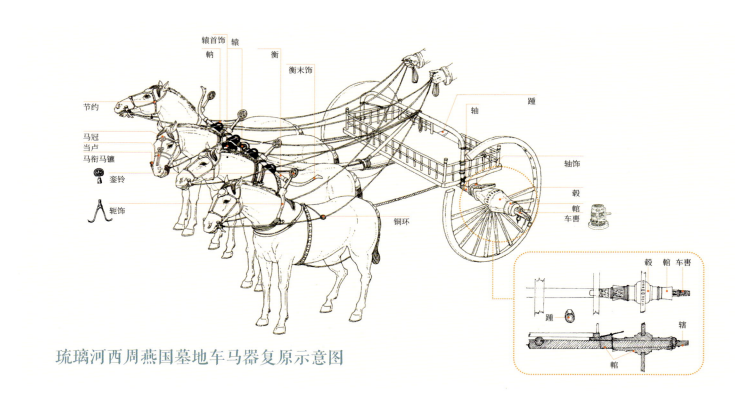

琉璃河西周燕国墓地车马器复原示意图

铜辕首饰

西周早期

高 13.5 厘米

房山区琉璃河西周燕国墓地Ⅱ区
M202CH 出土

铜衡末饰

西周早期

长 17 厘米

房山区琉璃河燕国墓地Ⅱ区
M202CH 出土

铜軏

西周早期

长 20.4 厘米

房山区琉璃河西周燕国墓地Ⅱ区
M202CH 出土

中华文明的有力见证 — 北京通史陈列（史前—清代）

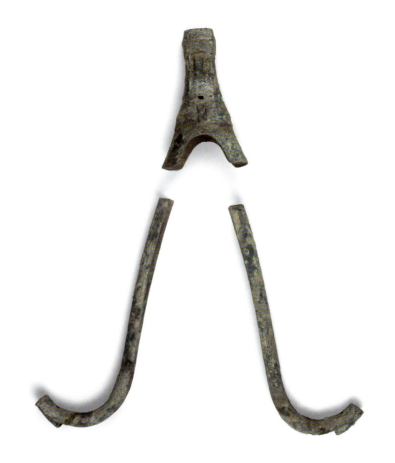

铜銮铃

西周早期

长 18 厘米

房山区琉璃河西周燕国墓地 II 区 M253 出土

铜軛

西周早期

軛首长 16.5 厘米

房山区琉璃河西周燕国墓地 II
区 M202CH 出土

铜軎

西周早期

长 20.5 厘米

房山区琉璃河西周燕国墓地 II 区 M253 出土

铜辖

西周早期

长 10.7、宽 5.7 厘米

房山区琉璃河西周燕国墓地 I 区 M105 出土

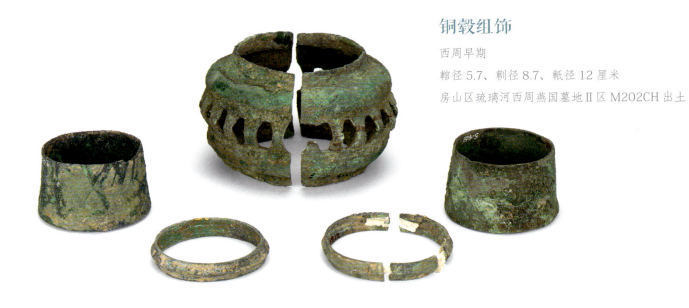

铜毂组饰

西周早期

辋径 5.7、軹径 8.7、軝径 12 厘米

房山区琉璃河西周燕国墓地Ⅱ区 M202CH 出土

铜踵饰

西周早期

长 8.4、宽 6.6 厘米

房山区琉璃河西周燕国墓地Ⅱ区 M202CH 出土

铜軎踏

西周早期

长 21、宽 13 厘米

房山区琉璃河西周燕国墓地Ⅱ区 M202CH 出土

兽面铜饰

西周早期

长 6.8、宽 7.2 厘米

房山区琉璃河西周燕国墓地Ⅱ区 253 出土

铜节约

西周早期

边长 4.2 厘米

房山区琉璃河西周燕国墓地Ⅱ区 M205 出土

铜当卢

西周早期

通长 20 厘米

房山区琉璃河西周燕国墓地 I 区 M52CH1 出土

兽面铜当卢

西周早期

长 28.5 厘米

房山区琉璃河西周燕国墓地 I 区 M105 出土

铜衔镳

西周早期

镳长 10 厘米

房山区琉璃河西周燕国墓地 II 区 M205 出土

兽面纹直内铜戈

西周早期

长 22.8、宽 6.8 厘米

房山区琉璃河西周燕国墓地 I 区 M105 出土

"匽侯舞易"铜盾饰

西周早期

直径 14.5、厚 3 厘米

房山区琉璃河西周燕国墓地 II 区 M252 出土

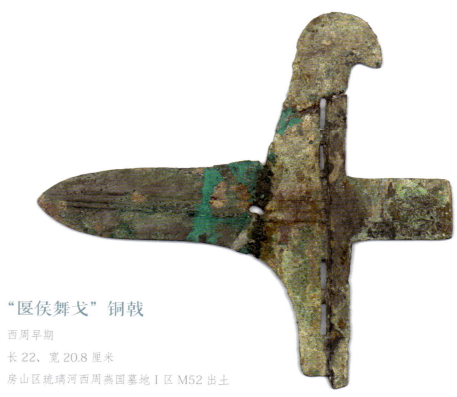

"匽侯舞戈"铜戟

西周早期

长 22、宽 20.8 厘米

房山区琉璃河西周燕国墓地 I 区 M52 出土

戈、戟在战争中的使用方法示意图

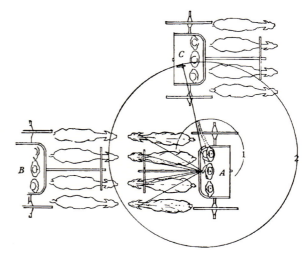

　　1973～1977年发掘的琉璃河西周燕国墓地的61座墓葬中，有16座墓随葬兵器，共随葬兵器79件，其中戈占30件，可见燕国拥有一定数量的军队。另外，琉璃河西周燕国墓地目前发现5座车马坑，随葬车马器的墓葬8座，其中7座墓中均随葬兵器，可见车马在燕国军队所占比例之高，反映了燕国的军队可能是车战兵为主兵，与西周时期车战兵为主兵、步兵为属兵的情形相符。

燕国的社会

　　燕国控制了周王室北部边疆广袤的土地和众多的部族，燕国的贵族与殷商遗民及当地的土著部族杂居共处，各族群之间融合共生，逐渐形成了一个地域宽广、文化丰富的新的文化共同体。与此同时，贵族内部的等级制度、阶层差别则日益显著。

房山琉璃河遗址不同文化因素陶器举例

周文化因素	1	2
商文化因素	3	4
张家园上层文化因素	5	6

1、3、5. 陶鬲 （LG11G33：15、LG11H33：2、镇江营 FZH981：4）
2、4. 陶簋 （LG11H21：6、LG11T2703④：27）
6. 双系罐 （LG11T2505④：8）

陶鬲

西周早期
高 9.4、口径 13.2 厘米
房山区琉璃河镇刘李店遗址出土

陶簋

西周早期

高 15.5、口径 23 厘米

房山区琉璃河西周燕国墓地 I 区 M22 出土

三足陶瓮

西周早期

通高 33.5、口径 21.5 厘米

房山区琉璃河西周燕国墓地 I 区 M54 出土

　　三足陶瓮，因其形状又被称为蛋形瓮，产生于龙山时代晚期，历经夏、商、西周，直到春秋早期才逐渐消失。地域上主要分布在内蒙古中南部、晋陕间的黄河两岸、晋中南及关中地区，西周时期集中分布在宝鸡—临潼一带。伴随着周初分封运动，向外传播，向东至少已进入晋国和燕国封地，向西也影响到了陇东地区。北京琉璃河遗址，目前仅发现一件蛋形瓮，与它共出的还有其他大量周文化因素的器物，它们在当地找不到更早的传统，应该是周初封燕的产物。

原始瓷豆

西周早期

高 9.5、口径 22、底径 10.7 厘米

房山区琉璃河西周燕国墓地 I 区 M52 出土

原始瓷罍

西周早期

高 28.7、口径 13.5、腹径 23.5、底径 11.5 厘米

房山区琉璃河西周燕国墓地 I 区 M52 出土

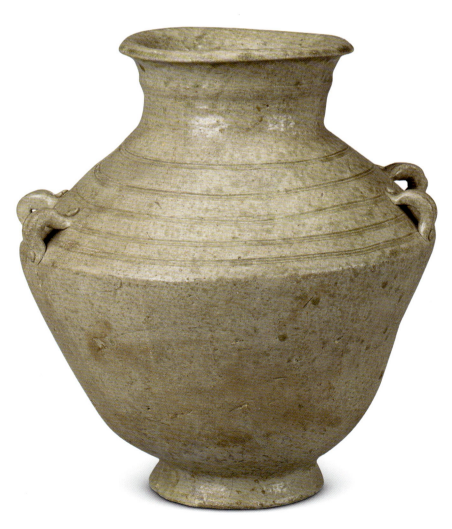

原始瓷器，或称原始青瓷，以往多被称为釉陶。在琉璃河西周燕国的墓地 I 区 M52、II 区 M201、II 区 M202、II 区 M207、II 区 M208 等均有发现，器形主要是豆、罍。目前在陕西、山西、河南、山东等地区墓葬和车马坑也有发现。西周时期出土原始瓷器的墓葬多为大、中型墓葬，器物组合以豆、罍为核心。原始瓷器的类型和数量以西周王朝核心区最为丰富，往周边逐渐变少，呈辐射状分布，而且各地发现的同类原始瓷器器形极为一致，组合也较为固定，推测原始瓷器应当由周王室统一控制分配。

燕国的贵族

　　燕国的贵族墓地可分为三个等级——燕侯墓、高级贵族墓和普通贵族墓，墓葬规格和随葬品等均有鲜明的区分。结合墓葬区位，可以看出燕国贵族家族以宗族形式聚居，实行聚族而葬，包含有一个主干家族与几个血缘关系较近的旁系分支家族。

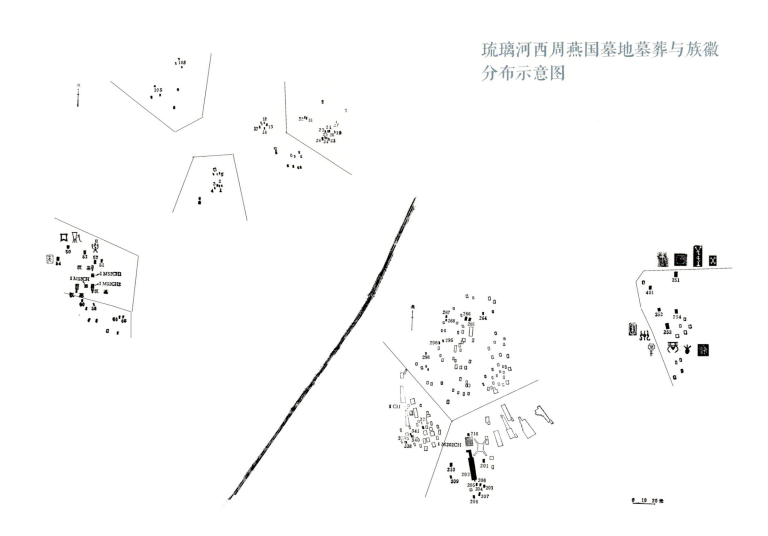

**琉璃河西周燕国墓地墓葬与族徽
分布示意图**

乙公簋

西周早期
通高 28.5、口径 20.5、底径 15.6 厘米
房山区琉璃河西周燕国墓地 II 区 M209 出土

　　此簋盖内与器底均铸有铭文"白（伯）作乙公障簋"2 行 6 字，所以此器命名为乙公簋。

子方罍

西周早期

通高 59、口径宽 12.7、口径长 15.3、
底径宽 7.5、底径长 16.5 厘米

房山区琉璃河西周燕国墓地Ⅱ区 M1149 出土

　　甲骨文中"子族"之"子"是一种特定的身份，指王
族以外的与王有亲近关系的同姓家族，"子"是商代家族
首脑，指该氏之宗族长，"小子"是其分族之长，琉璃河
西周燕国墓地出土这件"子族"之器，表明器主可能为殷
代贵族遗民。

亚其鼎

西周早期

通高 38、口径 30 厘米

房山区琉璃河西周燕国墓Ⅱ区 M253 出土

亚父己爵

西周早期

通高 17、流尾长 14.5 厘米

顺义区牛栏山公社出土

亚父己觚

西周早期

高 21、径 9 厘米

顺义区牛栏山公社出土

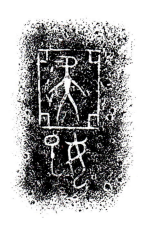

亚妃盘

西周早期

高 10、口径 29.6、底径 17.1 厘米

房山区琉璃河西周燕国墓地 I 区 M54 出土

　　此盘内底铸有铭文 3 字，族徽由亚字形与组成，其中族徽在商代便已出现，北京顺义牛栏山墓地，北京房山琉璃河墓地 II M253 墓均出土与族徽组成的复合族徽，可见此族人群在北京地区活动时间之久。

亚族族徽组合情况

贞人	族徽	族徽（职官）	复合族徽

未爵

西周早期

高 22、宽 17、厚 8 厘米

房山区琉璃河西周燕国墓地 II 区 M253 出土

骨笄

西周时期

残长 37.6、径 1.1 厘米

房山镇江营商周四期 FZH149 出土

象牙梳

西周早期

长 17.8、宽 7 厘米

房山区琉璃河西周燕国墓地Ⅱ区 M202 出土

骨笄与象牙梳既是固定头顶发髻的工具，也具有装饰与区分等级的作用。商周时期，发现数以万计的笄，但是梳子却寥寥可数，可见头上穿插密齿的长梳，比只插发笄的人身份更高。琉璃河西周燕国墓地目前共发现 4 件象牙梳，此件象牙梳出土于琉璃河墓地最高等级的女性墓Ⅱ区 M202，材质贵重，梳身两面饰有精美兽面纹，并且比梳齿部分大很多，表明制作此梳具的主要目的在于展示墓主生前尊贵的身份

贝币

西周时期

最大长 1.5、宽 1 厘米

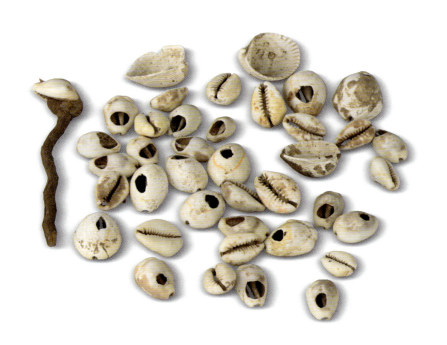

西周时期，燕国发现的天然贝可能为装饰品，如镇江营商周第四期的墓葬，在墓主手腕处出土数枚带孔的贝，应为装饰品。另外，贝也可以作为货币，其单位为"朋"，如堇鼎铭文"大保赏堇贝"，复鼎"赏復贝三朋"，伯矩鬲、圉方鼎、攸簋等铭文也有赏贝的记载。根据西周晚期三年卫盉的铭文，可以确知贝已成为物品交换的中介，即货币。

玉石串项饰

西周早期

房山区琉璃河西周燕国墓地Ⅱ区 M251 出土

云纹玉戈

西周早期

长 55.5、宽 10.5 厘米

房山区琉璃河西周燕国墓Ⅱ区 M205 出土

玉柄形器

西周早期

长 15 厘米

房山区琉璃河西周燕国墓地 I 区 M51 出土

玉柄形器

西周早期

长 8.5、宽 3.5 厘米

房山区琉璃河西周燕国墓地 II 区 M205 出土

柄形器是商周常见的器形之一，以其形状略似器柄而得名。这种器物最早见于二里头文化的墓葬，至殷墟时期使用更为普遍，妇好墓中多达 33 件。玉柄形器的末端有短榫，可能是用来插入其他器物的。最早发现玉柄形器末端有附饰物的是 1957 年发掘的陕西长安张家坡西周墓地。张家坡墓地这种末端有附饰物的玉柄形器共分三种类型，一种是柄形器，一种是扁平长方形，器表两面雕有鸟纹和龙纹的牌饰，一种是扁平长条或扁宽的片状。玉柄形器多出土于墓主胸部或腰部，亦有出土于墓主头骨附近和脚旁的，根据出土位置推断其"殆亦配饰"的可能性较大。琉璃河燕国墓地 I 区 M51、II 区 M205、II 区 M267、II 区 M268 出土的柄形器与张家坡出土的三类相似，出土位置均为墓主胸部和腰部，它们应具有相同的功能。

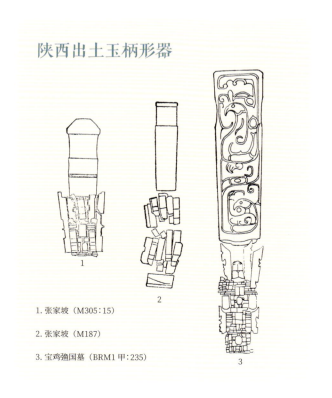

陕西出土玉柄形器

1. 张家坡（M305:15）

2. 张家坡（M187）

3. 宝鸡強国墓（BRM1 甲:235）

铜剑鞘（附剑）

西周早期

长 22.8、最宽 13 厘米

房山区琉璃河西周燕国墓地Ⅱ区 M253 出土

漆豆（复制品）

西周早期

通高 28.3、口径 13、足径 8.5 厘米

原件于房山区琉璃河西周燕国墓地Ⅱ区 M1009 出土

燕国的经济

　　燕国的族属、等级与职业的差异以空间分隔的形式表现出来，贵族及亲族成员皆住于都邑内，从事农耕的土著居民则住于都邑外，镇江营与塔照的平民墓葬及出土的农业、手工业工具表明燕国的统治者没有打乱土著居民的家族组织，亦不强求改变其生活习俗。

庸人——《诗经·大雅·崧高》

石杵

西周早中期

长22、最宽10.5厘米

房山区镇江营遗址 FZH934 出土

石镰

西周早期

长6、宽3.6厘米

房山区琉璃河董家林遗址出土

鹿角镢

西周早中期

长 39、头长 16 厘米

房山区镇江营遗址 FZH605 出土

蚌镰

西周早期

长 7.3 厘米

房山区琉璃河董家林遗址出土

镇江营鹿角镢挖土痕迹

骨铲

西周中晚期

长 11、最宽 5.4 厘米

房山区镇江营遗址 FZH145 出土

骨锥

西周早中期

长 15、最宽 5.6 厘米

房山区镇江营遗址 FZT0808 ④出土

陶纺轮

西周中晚期

径 4.5 厘米

房山区镇江营遗址 FZH827 出土

陶印模

西周早中期

长 9.4、宽 5.2 厘米

房山区镇江营遗址 FZH233 出土

　　西周燕国经济以农业为主，典型的农业工具有刺土和松土的锸与铲，收割农作物所用的石镰、蚌镰和石刀等，但是北京北部山区可能属于畜牧经济。燕国经济的另一重要组成部分是手工业，陶纺轮、骨锥、骨针等表明家庭纺织手工业的存在，陶印模或许是当时装修墙壁等所用的工具。燕国都城一带的贵族手工业区有不少的斧、锛、凿等青铜工具，表明燕国贵族手工业与平民之间的差异。

〔二〕封先圣王之后于蓟

　　武王克商后，褒封先圣王之后于蓟。西周中晚期以后，燕迁都于蓟。至战国时期，燕有三都之盛，蓟城为燕上都。战国蓟城在今天的西城区，现在西城区白云观所在，大概正处于蓟城的西北隅附近。

《礼记》《史记》中有关周初分封蓟国的记载

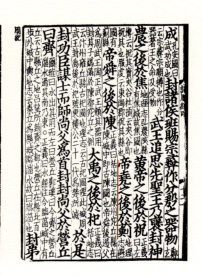

战国的蓟城

从 20 世纪 50 年代至 70 年代考古工作者对燕上都蓟城遗址的具体方位就一直十分关注，并进行了积极探寻。1956 年在会城门村到宣武门豁口一带共发现古陶井 151 座，在白云观以西水井最密集的地方，6 平方米的范围内重叠竟达 4 处之多，推测宣武门豁口一带应与战国时期的蓟城关系密切。1972 年在今西城区韩家胡同发现厚约 2 米的战国时期燕文化层，包含有细绳纹陶片，侈口宽沿陶片，燕国明刀币 10 余枚，饕餮纹半瓦当 2 件。其中细绳纹陶片与这一地区战国燕文化古陶井圈残片类似，为寻找燕上都蓟城的位置增添了新的物质材料。但是，关于蓟城位置的推测还有待今后更新的、更有力的考古资料的检验。

北京西城区战国水井遗迹分布示意图

陶井圈

战国秦汉时期

高 41.5、径 59 厘米

西城区陶然亭出土

陶瓦当

战国晚期

长 15.3、宽 7.3 厘米

西城区韩家潭图书馆出土（今韩家胡同）

〔三〕 燕国拓疆

　　春秋战国时期的燕国，北有戎狄，南有诸夏，内有子之之乱，兼有山戎侵扰，一度有灭国之虞。至燕昭王时期，招贤纳士，整顿纲纪，却东胡，筑长城，建三都，置五郡，拓疆千里。燕国上都蓟城一跃成为北疆军事重镇、交通枢纽和政治文化中心。

燕侯世系与在位年表

约公元前 11 世纪	召公	公元前 586 年	昭公 13	公元前 361 年	文公 29
	克——旨	公元前 573 年	武公 19	公元前 332 年	易王 12
		公元前 554 年	文公 6	公元前 320 年	王哙 9
	召公已下九世至惠侯				燕王哙禅位子之
公元前 864 年	惠侯 38	公元前 548 年	釐公 4	公元前 311 年	昭王 33
公元前 826 年	釐侯 36	公元前 544 年	惠公 9	公元前 278 年	惠王 7
公元前 790 年	顷侯 24	公元前 535 年	悼公 7	公元前 271 年	武成王 14
公元前 766 年	哀侯 2	公元前 528 年	共公 5	公元前 257 年	孝王 3
公元前 764 年	郑侯 36	公元前 523 年	平公 19	公元前 254 年	王喜 33
公元前 728 年	穆侯 18	公元前 504 年	简公 12	公元前 222 年	秦灭燕
公元前 710 年	宣侯 13	公元前 492 年	献公 28		
公元前 697 年	桓侯 7（诸侯表作"公"，世家作"侯"）	公元前 464 年	孝公 15		
公元前 690 年	庄公 33	公元前 449 年	成公 16		
公元前 657 年	襄公 40	公元前 433 年	湣公 31		
公元前 617 年	桓公 16	公元前 402 年	釐公 30		
公元前 601 年	宣公 15	公元前 372 年	桓公 11		

燕文化与燕国疆域变迁示意图

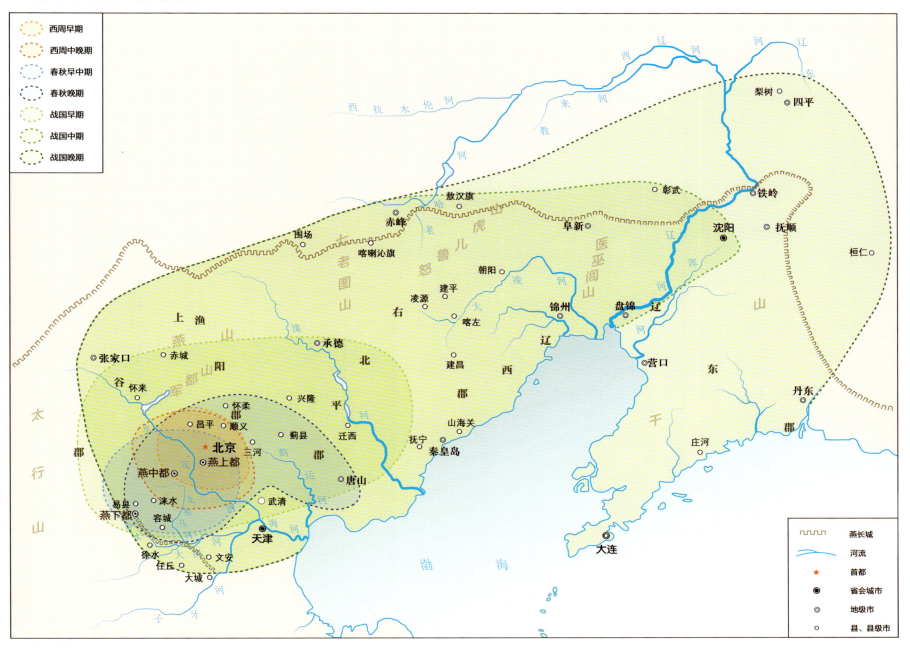

图例：
- 西周早期
- 西周中晚期
- 春秋早中期
- 春秋晚期
- 战国早期
- 战国中期
- 战国晚期

燕长城
河流
★ 首都
◉ 省会城市
◎ 地级市
○ 县、县级市

"吾阳"砖铭拓片

怀柔区城北东汉墓出土砖铭，为确定战国时期渔阳郡的位置提供了文字资料。

燕下都遗址

城墙

宫殿

《史记》中有关齐桓公北伐山戎救燕的记载

山戎是中国北方一支古老的少数部族。自西周晚期，山戎逐渐强盛，因燕为其近邻，双方战事较多。燕庄公二十八年（公元前663年）山戎侵燕，齐桓公救燕北伐，既获山戎之俘，又得其宝，给予山戎毁灭性的打击。进入战国后，山戎势力开始衰落，最迟到战国晚期，终于被燕和中原文化融合。

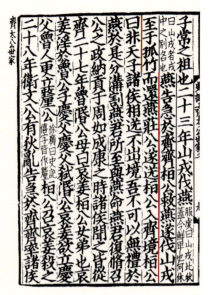

《天府广记》中记载的"黄金台"

清孙承泽《天府广记》卷37记载："燕王为郭隗筑台，今在幽州燕王故城中，土人呼为贤士台，亦曰招贤台。"燕昭王筑黄金台广纳天下贤才、博大开放、兼容并包的精神，形成中国文化史上独有的黄金台现象。

房山乐毅墓碑（望诸君墓）

汉武梁祠"荆轲刺秦王"画像石

燕昭王时期，招贤纳士，营郭隗宫，筑黄金台，苦心经营二十余年，终有乐毅伐齐，一雪前耻，秦开却胡，拓疆千里，并设置了上谷、渔阳、右北平、辽西、辽东五郡，修筑长城，建立了上都、中都和下都，以便南御诸夏，北抚戎狄。

铜剑

战国时期

通长 55.2、宽 4.7 厘米

西城区陶然亭公园出土

长胡三穿铜戈

战国早中期

长 28.3 厘米

兽面纹铜矛

战国时期

高 17.2、口径 2 厘米

怀柔区各项工程工地出土

铜镞

战国时期

最长 9.5 厘米

怀柔区社东帽湾出土

剑、戈、矛、弓箭在步兵与骑兵中的使用方法示意图

铜镞

战国时期

长 21.7 厘米

西城区花柳树工地出土

　　春秋战国时期，中国的军队开始出现骑兵，《史记·苏秦列传》记载燕国有十万军队，骑六千匹，而秦国有兵员百余万，骑只有万匹。可见燕国骑兵之强，轻捷迅速的骑兵，忠心耿耿的良将，励精图治的君王，使位于东北一隅、"几灭者数矣"的燕国，最终成为"地广两千余里"的大国，但终因远离中原无法左右天下，而自保独安，存活至战国最后。

燕国的经济

　　燕国疆域广阔，自然条件优越，境内的平原地区适宜农耕，沿海则有盐渔之利。铁器时代的到来也给燕国带来意义深远的社会和政治影响。随着冶铁技术的兴起，冶铁业成为重要的新兴手工业部门，铁制农具得以大量生产和使用，促进了农业发展；而手工业的发展推动了社会分工，又促进了商业的发展和城市的繁荣。

铁镐

战国时期

长 18.8 厘米

顺义区蓝家营出土

铁铲

战国时期

长 10.7、宽 6 厘米

顺义区蓝家营出土

铁镰

战国时期

长 24.5、宽 3 厘米

顺义区蓝家营出土

　　燕国的冶铁业非常发达，战国时期的燕下都 21 号遗址出土铁制工具多达 1678 件，河北兴隆铁器冶铸作坊遗址仅铁范就有 87 件，包括锄、镰、镢、斧、凿、车具等，铁范可以反复使用，生产效率高，产品整齐划一，可见燕国冶铁业的发达程度。而铁器的大量使用对燕国社会经济的发展起到很大的促进作用，尤其是各种铁制农具，坚硬锋利，可广泛用于深翻土地，中耕除草以及收割，不但扩大了耕地面积，也提高了单位面积的产量，为燕国的强盛提供了物质保障。

燕国货币流通示意图

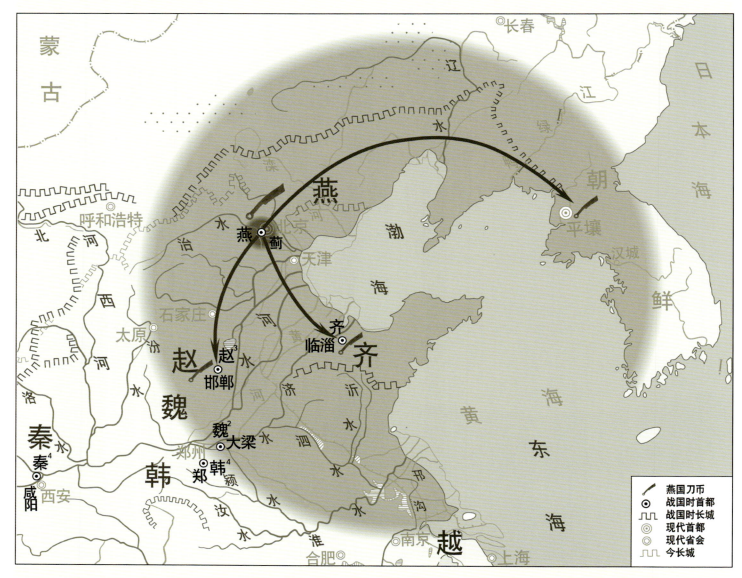

尖首刀币

仿铸币

安阳布

明刀币

新铸币

右匽新冶布　镇坪布　坪阴布　益昌布　坿化小布

燕国圆钱

匽彡　匽化　一化　吉字

尖首刀币

春秋中晚期

长 16.3 厘米

延庆区军都山玉皇庙墓地出土

尖首刀币

战国时期

长 15.3、宽 2.2 厘米

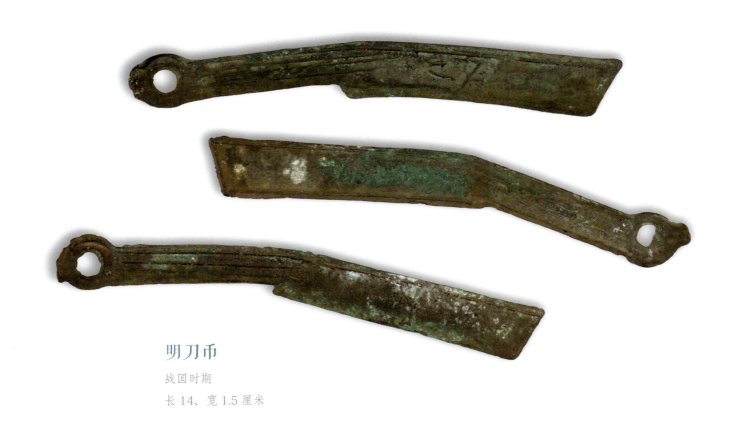

明刀币

战国时期

长 14、宽 1.5 厘米

　　刀币是燕国的主要铸币形式，燕国刀币由尖首刀币递变发展而来，上铸"明"字，实为古"燕"字——"匽"之省略。燕国后来又新铸布币与圆钱。随着商品经济的发展，金属货币的铸造和流通变得很广泛。春秋战国之际以及整个战国时期，燕国的货币不仅在燕都所在的腹地流通，而且在其邻近地区和燕文化影响所及地区都有广泛分布，包括今天的北京、天津、河北、内蒙古、辽宁、吉林、山西、山东、河南、陕西、甘肃等地，甚至远及朝鲜半岛南部、日本九州等地，反映了燕国商品经济的发达与繁荣。

燕国的思想文化

　　春秋战国时期，燕国的思想文化观念发生了重大变化。在一些贵族墓葬中大规模使用仿铜陶礼器，并有所创新，如燕下都 16 号墓出土了数以百计的仿铜陶礼器和仿铜编钟。另外，仿铜陶礼器也出现在低等级的墓葬中，如怀柔城北墓地、昌平松园墓地等。这些仿铜陶礼器，既缩减了开支又保持了形式，表明周代早期用以维持和表现贵族等级秩序的礼制发生了变化，反映了礼制文化的下移。

铜阙形饰中的燕国礼乐图

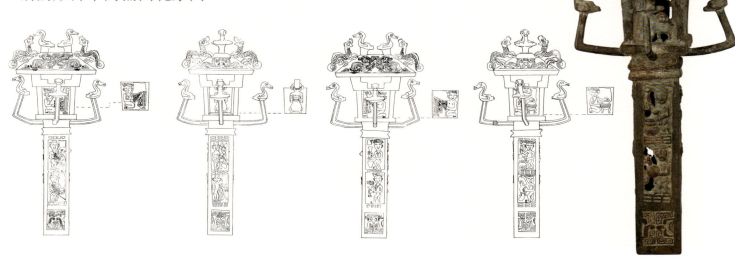

朱绘陶鼎

战国时期

通高 40.5、口径 29 厘米

昌平区松园战国墓 M2 出土

朱绘陶簋

战国时期

通高 37、口径 20.5 厘米

昌平区松园战国墓 M2 出土

燕式鬲的演变

春秋早期	
春秋晚期	
春秋战国之际	
战国早期	
战国中期	
战国晚期	

绳纹陶鬲

战国时期

高 26.5、口径 10 厘米

昌平区松园战国墓 M2 出土

朱绘陶盨

战国时期

高 10.6、口径 11.2 ～ 21.5 厘米

昌平区松园战国墓 M2 出土

朱绘陶豆

战国时期

通高 33.3、口径 18.3 厘米

昌平区松园战国墓 M2 出土

小口刻纹陶豆

战国时期

通高 40.3、口径 6.5 厘米

昌平区松园战国墓 M2 出土

朱绘陶盘

战国时期

高 17.8、口径 37 厘米

昌平区松园战国墓 M2 出土

朱绘陶匜

战国时期

高 15 厘米

昌平区松园战国墓 M2 出土

朱绘陶壶

战国时期

通高 71、口径 18.3～19、底径 24.3 厘米

昌平区松园战国墓 M2 出土

小口鼓腹铜鼎

战国时期

通高 23.5、口径 8.7 厘米

丰台区贾家花园战国墓出土

豆形铜灯

战国时期

高 15.3、口径 14.5 厘米

丰台区贾家花园战国墓出土

"胜"铜钫

战国时期

通高 40.5、口径 11.5、

腹径 22.7、底径 13.7 厘米

丰台区贾家花园战国墓出土

　　燕国思想文化观念的变化不但产生了仿铜陶礼器，也产生了新的器类。仿铜陶礼器在春秋晚期零星出现，至战国时期蔚为大观，器类包括鼎、豆、壶、盘、匜、簋、盨等。其中鼎、豆、壶均带覆钵形盖，彼此以子母口吻合，壶有圆腹圆矮颈和扁腹方高颈之分，后者如昌平松园墓所见。铜礼器器类包括鼎、豆、钫、敦、匜、匕、勺等，其中鼎、豆、钫、敦均有盖，子母口相扣，如丰台贾家花园墓所见。战国时期燕国的仿铜礼器和铜礼器鼎、豆、壶、盘、匜继承了春秋时期的基本组合，而方座簋、敦、钫、长颈扁壶是战国中晚期以后才新出现的。

〔四〕 多元融汇

　　燕山南北自古以来便是多民族聚居、交流的地区，中原文化与北方畜牧文化在此碰撞、交流。两周时期，燕与中原文化在燕山南北广为传播，促进了此地区不同文化、不同民族的交往、交流与融合。

西周时期的文化融合

　　西周时期，位于北京南部的燕国是周王室的同姓封国，尊奉周文化和中原礼制，而位于北京北部的昌平山前地带既是分隔北方草原与西周燕国腹地的重要关口，也是燕文化与北方畜牧文化碰撞的前沿阵地，因此，昌平白浮墓地不仅显示了燕文化北扩的路径，其随葬品也充分体现中原文化与北方畜牧文化的交流与融合。

昌平白浮 M2 出土不同文化因素器物对比图

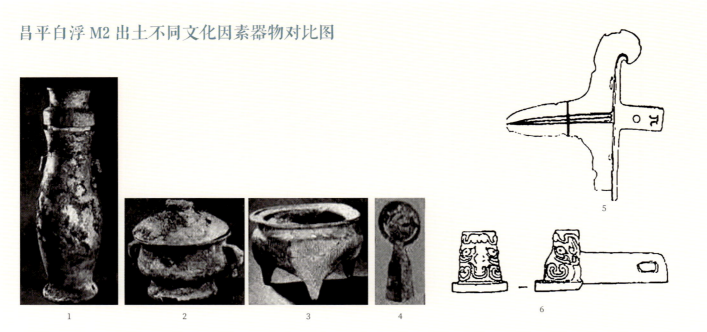

中原文化器物（部分）
1. 铜壶（M2:1）　2. 铜簋（M2:26）　3. 陶鬲（M2:26）　4. 铜銮铃　5. 铜戟（M2:35）　6. 铜辖（M2:49）

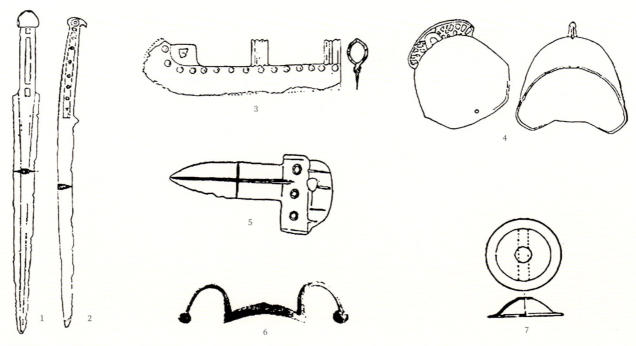

草原文化因素器物（部分）
1. 青铜短剑（M2:7）　2. 鹰首铜刀（M2:40）　3. 三銮铜刀（M2:24）　4. 铜胄（M2:10）　5. 管銎铜戈（M2:20）
6. 铜弓形器（M2:3）　7. 铜泡（M2:24）

马首铜剑

西周早中期

长 33.5、宽 4.4 厘米

昌平区白浮西周木椁墓 M3 出土

鹰首铜剑

西周早中期

长 25、宽 3.2 厘米

昌平区白浮西周木椁墓 M3 出土

鹰首铜刀

西周早中期

长 39.5、宽 2.8、厚 1.3 厘米

昌平区白浮西周木椁墓 M2 出土

铃首铜匕首

西周早中期

长 26.5、宽 5.5、厚 4.5 厘米

昌平区白浮西周木椁墓 M3 出土

三銮铜刀

西周早中期

高 24.4、宽 6.1、厚 2.6 厘米

昌平区白浮西周木椁墓 M2 出土

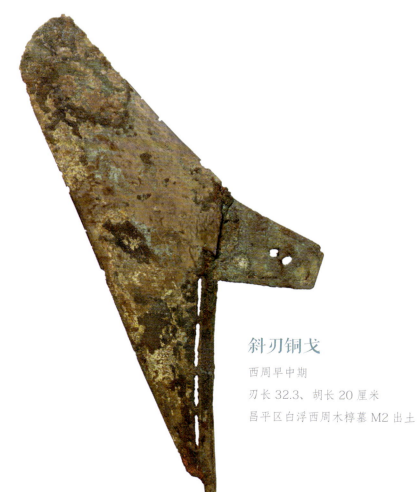

斜刃铜戈

西周早中期

刃长 32.3、胡长 20 厘米

昌平区白浮西周木椁墓 M2 出土

铜胄

西周早中期

通脊高 25、直径 25 厘米

昌平区白浮西周木椁墓 M2 出土

铜弓形器

西周早中期

长 37.5 厘米

昌平区白浮西周木椁墓 M2 出土

管銎铜斧

西周早中期

长 11.6、宽 8 厘米

昌平区白浮西周木椁墓 M2 出土

管銎铜戈

西周早中期

高 9.9、宽 19.5、厚 3.2 厘米

昌平区白浮西周木椁墓 M2 出土

带翼铜戈

西周早中期

高 7、长 22.5、厚 2.5 厘米

昌平区白浮西周木椁墓 M3 出土

铜戟

西周早中期

高 23.5、长 21、厚 0.8 厘米

昌平区白浮西周木椁墓 M2 出土

铜戟

西周早中期

长 19.5、宽 21.5 厘米

昌平区白浮西周木椁墓 M2 出土

　　1975 年在昌平白浮村发现保存基本完好的 3 座墓葬，出土陶器、铜器、有字甲骨等 600 多件，根据铜器上的铭文和甲骨文可以判断墓主或许与古燕部族联合体中的古晋国有关，为殷遗民性质的墓葬，属燕文化范畴。但是墓葬中的蘑菇首铜剑、鹰首铜剑、马首铜剑、铃首铜匕、鹰首铜刀、三銎铜刀、管銎铜戈、管銎铜斧等北方系的青铜武器和工具却基本不见于琉璃河西周燕都遗址，其中管銎戈是中原式戈与北方因素的融合体。

三足鼎

西周晚期

口径 17 厘米

延庆区西拨子村窖藏出土

　　1975 年，在北京市延庆县西拨子村东河滩沙窝地发现相当于西周中期至中晚期青铜器窖藏坑一处，共出青铜器 53 件，包括生活用具、生产工具、兵器和装饰品四类。其中铸饰重环纹的器物口沿残片属于典型的燕与中原文化因素，尤其 11 件渐次减小的三足鼎与西周晚期的"列鼎"制度相似，更具深意，这表明北京地区的北方畜牧文化大约在西周中晚期即已同燕和中原文化发生接触与交流，并开始吸收燕和中原文化的某些有益因素。

东周时期的文化融合

　　春秋中晚期，燕文化进入较为成熟的阶段，与北部山区的玉皇庙文化形成南北对峙的局面。玉皇庙文化墓葬中出土有覆面铜扣、直刃短剑、动物形牌饰等独具特色的器物，金质璜形饰和金耳环等北方系的珍贵饰品，以及燕文化和中原文化因素的铜礼器、车器、兵器和陶器等。随着时间的推移，燕和中原文化对玉皇庙文化的影响由少到多，由简单到复杂，直至战国中晚期燕文化最终统一燕山南北。

延庆玉皇庙文化墓地

玉皇庙 YYM18 出土器物

虎形金饰

春秋早中期

长 3.5、宽 2.2、厚 0.27 厘米

延庆区军都山玉皇庙墓地 YYM18 出土

北京市考古研究院藏

覆面铜扣

春秋中晚期

直径 1 厘米

延庆区龙庆峡龟山东坡墓地出土

铜鍑

春秋早中期

通高 23.3、腹径 21.3、足径 11.4 厘米

延庆区军都山玉皇庙墓地 YYM250 出土

北京市考古研究院藏

双耳三足陶罐

春秋中晚期

通高 15、口径 9.5、腹径 15.3 厘米

延庆区军都山葫芦沟墓地 YHM36 出土

北京市考古研究院藏

兽首铜短剑

春秋晚期

长 24.5 厘米

延庆区军都山玉皇庙墓地 YYM224 出土

几何纹铜短剑

春秋早期

长 17.1 厘米

延庆区军都山玉皇庙墓地 YYM13 出土

扁球首铜短剑

春秋中期

长 26 厘米

延庆区军都山玉皇庙墓地 YYM52 出土

铜削刀

春秋中晚期

残长 17.5 厘米

延庆区龙庆峡龟山东坡墓地出土

几何纹铜锥管

春秋中晚期

长 9.3 厘米

延庆区龙庆峡龟山东坡墓地出土

铜锥

春秋中晚期

长 11.9 厘米

延庆区出土

螺旋状金耳环

春秋早中期

直径 1.8 厘米

延庆区军都山玉皇庙墓地 YYM2 出土

喇叭口形金耳环

春秋晚期

直径 1.8 厘米

延庆区军都山玉皇庙墓地 YYM156 出土

璜形金饰

春秋晚期

径长 16.4 厘米

延庆区军都山玉皇庙墓地 YYM151 出土

　　玉皇庙文化墓葬中目前共发现金质璜形饰 12 件，主要分布在北京、河北北部以及辽宁西部地区。另外在内蒙古包头西园墓地、和林格尔新店子墓地、甘肃永昌的西岗墓地亦有零星的发现，表明玉皇庙文化与它们之间应有一定的文化联系。

公元前 2200～前 221 年中国北方地区考古发现金属璜形器分布示意图

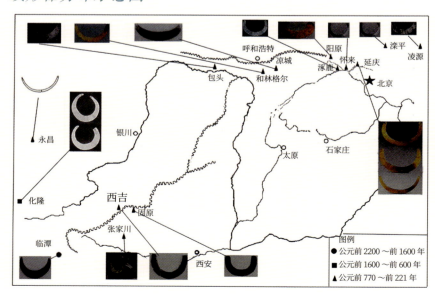

虎形铜牌饰

春秋晚期

长 4.6 厘米

延庆区军都山玉皇庙墓地 YYM161 出土

马形铜牌饰

春秋晚期

长 7.5 厘米

延庆区军都山玉皇庙墓地 M344 出土

奔鹿形铜牌饰

春秋晚期

长 4.4 厘米

延庆区军都山玉皇庙墓地 YYM174 出土

羊形铜带钩

春秋早中期

长 5.7 厘米

延庆区军都山玉皇庙墓地 YYM18 出土

龟背形铜带钩

春秋早中期

长 4.5 厘米

延庆区军都山玉皇庙墓地 M250 出土

螭虎纹铜带钩

春秋晚期

长 4.7、宽 3.1 厘米

延庆区龙庆峡龟山东坡墓地出土

螭虎纹铜带钩

春秋晚期

长 5 厘米

延庆区军都山玉皇庙墓地 YYM158 出土

兽面纹铜带钩

春秋晚期

长 6.1 厘米

延庆区军都山玉皇庙墓地 YYM325 出土

玉皇庙文化分布于冀北山地和燕山山脉周围地带。北京地区的玉皇庙文化遗存主要有延庆的玉皇庙墓地、西梁垙墓地、葫芦沟墓地、龙庆峡龟山东坡墓地等。玉皇庙文化内涵别具特色，与燕和中原文化迥异，除拥有特点鲜明的埋葬制度和独特的殉牲、覆面习俗之外，还拥有一套独具特色的器物群，如早期骑马民族的原始青铜镳，手制夹砂红褐陶器群，以动物纹为主要装饰的直刃匕首式青铜短剑，有演变序列可寻的青铜削刀、青铜马具、青铜工具，半浮雕的动物形金、铜牌饰与带饰，男女老幼都佩戴的弹簧形金、铜耳环和各色串珠项链，以及多种多样的写实动物纹青铜带钩、带扣等。玉皇庙文化与燕文化由于经济互通、文化交流、人口流动等原因而产生互动与交融是不可避免的。

重环纹铜鼎

春秋早中期

通高 19.5、口径 21.8 厘米

延庆区军都山玉皇庙墓地 YYM22 出土

弦纹铜敦

春秋早中期

高 15、口径 22.1 厘米

延庆区军都山玉皇庙墓地 YYM2 出土

蟠螭纹铜罍

春秋早中期

高 28、口径 23.6 厘米

延庆区军都山玉皇庙墓地 YYM2 出土

单耳三角云纹铜铆

春秋早中期

高 6.8、口径 8.8～11.5 厘米

延庆区军都山玉皇庙墓地 YYM18 出土

兽耳三足铜铆

春秋早中期

通高 5.8、口径 9.9～12.2 厘米

延庆区军都山玉皇庙墓地 YYM2 出土

三角云纹铜匜

春秋早中期

通高 15.7、通流长 27.8 厘米

延庆区军都山玉皇庙墓地 YYM2 出土

中华文明的有力见证 —— 北京通史陈列（史前—清代）

金贝币

春秋晚期

均长 1、宽 0.7 厘米

延庆区龙庆峡龟山东坡墓地 M30 出土

铜龙形饰

春秋晚期

断为两截，大长 7.1、小长 3.4 厘米

延庆区龙庆峡龟山东坡墓地 M30 出土

　　燕与中原文化对玉皇庙文化的影响是长期、频繁的，范围广泛，渠道多样。在春秋早中期，主要有青铜礼器、漆器、丝织品等，如玉皇庙 YYM18、YYM2、YYM250 等墓随葬的铜礼器；春秋晚期至战国早期，扩展到铜车器、铜剑、制陶术，后来吸收了金贝币和尖首刀币，如延庆区龙庆峡龟山东坡墓地 M30 随葬的金贝币；战国早期至战国中晚期，又扩展到驯养家猪，并改变殉牲习俗与埋葬习俗等，如西梁垙墓地、龙庆峡龟山东坡墓地的南北向墓，与燕文化墓向相同。表明玉皇庙文化固有的传统习俗与燕和中原文化融为一体，对认识北京地区中华民族共同体的形成提供了新的视角。

北方重镇

秦汉至隋唐五代

（公元前 221 ~ 公元 960 年）

　　"秦王扫六合，虎视何雄哉"，公元前 221 年，秦灭六国，结束战国纷争的局面，建立起空前统一的中央集权国家，同时将郡县制推向全国，广修驰道、直道，建立起四通八达的"高速公路网"。北京地处居庸关大道、太行山东麓大道、滨海大道和古北口大道的交汇点上，"南通齐赵，东北边胡"，是中原地区与蒙古高原、东北平原碰撞、相通的孔道。境内设置的郡县跨越燕山南北，农耕区与游牧、渔猎地区的交流互通更为频繁，故司马迁称燕地为"勃、碣之间一都会"。千余年间，北京凭借处于农牧交界、交通冲要的地理区位优势，一直是历代王朝所倚重的北方军事重镇和推动中华民族共同体形成的民族交往融合中心。

一 镇边徕远

秦置郡县，延祚千年，今北京地区分属上谷、渔阳、右北平、广阳四郡，辖地跨越燕山南北，成为中央王朝东北方向的重镇。魏晋南北朝时期，北方少数民族不断南下，北京地区渐呈融汇之势，先后有羯、鲜卑等少数民族在此建立政权，鲜卑慕容部建立的前燕政权还曾一度以蓟城为都。隋唐之际，幽州成为中央政权经略东北的军事基地。作为农耕文明抚接游牧、渔猎文明的前沿，北京的军事重镇功能体现在既是北向防御的门户，也是南向拓展的跳板。

〔一〕 郡国并行

汉承秦郡县制，又以"郡国并行"之制作为补充，蓟城就曾四度为诸侯国都城，四度为郡治首府。汉初，燕王封地"跨州连郡"，随着朝廷"削藩"政策推进，广阳顷王刘建受封时，所辖已仅数县而已。与此同时，郡县制不断推进，中央政令传达如臂使指，北京地区作为边郡的军事地位在不断上升。今北京及周边地区尚有部分汉代城址遗存，多是当时的郡县治所及诸侯国都城所在，也是具备军事功能的城防设施。这些城址的断壁残垣，见证着郡县制的推行对于维护国家统一的重要作用。

三大地理单元交汇点的路—城—人

公元前 221 年，秦统一全国，这是中国历史上从未有过之大变局。中华民族共同体的发展，从此就有了精神内核——统一。这一时期的北京，太史公马迁有一个很精炼的概括，"燕亦勃碣之间一都会，南通齐赵，东北边胡"。他这里讲的都会，因"会"而都，包含三个层次：

第一，不同地理单元的交汇，是中原地区与蒙古高原、东北平原碰撞、交通的孔道；第二，是不同生产生活方式的交汇，农耕、游牧、渔猎三种生产生活方式也在不断发生碰撞；第三，是交通道路的交汇点。

秦汉统一王朝之下，北京的地理区位优势通过道路的修筑得以加强。秦始皇广修驰道、直道，构筑起当时的"高速公路网"，很多地方旦夕可至。北京处在居庸关大道（北边道）、太行山东麓大道、滨海大道和古北口大道的交汇点上。沿着居庸关大道出上谷郡可达蒙古高原，并与秦直道连通；沿着滨海大道出碣石，向东北到达辽东郡，就可以控制东北平原；向南可达齐楚膏腴之地；而太行山东麓大道则将燕蓟地区与中原腹地联通；古北口大道联系辽西郡。沿着这些大道，诸多城址星罗棋布，直到今天，部分城址的断壁残垣仍然可见。

秦统一全国后，推行郡县制。从开始的三十六郡到四十八郡（也有学者认为是四十六郡）。郡县制的设置，使得中央的政令传达能够非常顺畅，如臂使指。当时的燕地，和我们现在北京政区比起来要大得多，设置有广阳、上谷、渔阳、右北平、辽西、辽东六郡，六郡的设置已经跨越了燕山南北。

北京地区汉代城址分布图

　　上谷郡的郡治沮阳，位于今张家口市怀来县官厅水库附近，现存大段夯土城墙。上谷郡下辖军都县，位于今昌平马池口镇；夷舆县，位于延庆县城东北十千米的古城村；昌平县位于今海淀区清河街道朱房村。西南的房山地区，沿太行山东麓的邯郸广阳道路，有蔡庄、长沟（西乡侯刘容侯国城）、窦店（良乡县）、广阳（广阳县）、芦城（阴乡县）等几座古城。以上古城址至今尚保存有夯土城墙。渔阳郡及其辖县则是通向东北地区的交通节点。

　　城址周边往往会有较为集中的墓葬群，汉代人"事死如事生"，虽然城址仅保留断壁残垣，但墓葬出土文物却是汉代北京人生活的镜像写照。

兽面纹半瓦当

战国

高 9、长 14.5 厘米

房山区蔡庄故城采集

　　蔡庄古城位于房山区南拒马河南岸的一块台地上，与河北省涞水县交界。该城筑城年代约在战国后期，汉代沿用，应是一处屯兵驻防的军城。

"万岁"瓦当

汉

直径 16 厘米

海淀区清河汉城遗址出土

刻花砖

汉

长 11、宽 10 厘米

海淀区清河汉城遗址出土

云纹瓦当

汉

直径 16 厘米

海淀区清河汉城遗址出土

　　清河汉城遗址位于海淀区清河镇西清河北岸的朱房村，为汉代昌平县县治所在。万泉河在城南与清河相汇，古代蓟城通往居庸关的大道由此经过，地理位置十分重要。

陶鼎

西汉

通高 30.5、口径 20 厘米

怀柔区城北汉墓出土

彩绘博山盖陶壶

西汉

通高 68.5、口径 21 厘米

怀柔区城北汉墓出土

陶盒

西汉

通高 18.5、口径 23.6 厘米

怀柔区城北汉墓出土

**怀柔区城北东汉墓
出土铭文墓砖**

怀柔城北曾发现东周到东汉墓葬七十余座，同时在墓地之南，发现了大面积古代遗址。东汉墓葬中发现与"渔阳"相关的铭文墓砖，砖上刻有隶书十九字，为"吾阳成北千无不为孝廉河东公府掾史五曹治"，因"吾"与"渔"同韵，"成"为"城"的简笔，学者推断前五字应为"（吾）渔阳城北（千）阡"，墓地位置恰在战国到汉代的渔阳城之北。推测战国到汉代的渔阳郡，应位于今怀柔城区之下及周围。

路县故城

汉代路县故城位于通州区潞城镇古城村，是两汉时期路（潞）县的治所（东汉改"路"为"潞"）。

路县故城的发掘切开了一个历史断面，完整揭露了汉代县城的规制。故城整体全部埋藏在地下，经科学发掘，基本确定了城址的位置、范围和形制。城址平面近似方形，北墙基址长 606、东墙基址长 589、南墙基址长 575、西墙基址长 555 米，总面积约 35 万平方米。城墙基址残存高度约 1.9 ～ 2.5 米，底部宽约 18 米，顶部残存宽度约 13 ～ 15 米。城内中心有主干道一条，南北向，城墙基址外有城壕遗存，宽度约 30 米。

路县故城遗址分布图（截至 2016 年底）

—— 城墙上边线
—— 城墙下边线

东城墙北段的正摄影像

幽州潞县县丞艾演墓志拓片

据志文记载，墓主人艾演，兰陵人，生前曾任唐幽州潞县县丞，卒于唐开成二年（837 年），葬在"潞县甄升乡古潞城南一里"。该墓的发掘有助于定位汉代路县县治的位置。东汉至唐，已改"路"为"潞"，"古潞城"为唐人指称前代人所居住的"路城"。由墓志记载可见，艾演墓北侧，今潞城镇古城村古城遗址当属汉代路县县治，同时证明唐代潞县县治已迁往他处。

墓室铺地方砖

东汉

边长 46、厚 7 厘米

通州区潞城镇胡各庄村 M8 出土

　　砖面为菱格纹地，四角分别有一个凸起的钱币纹，中间从右至左三列篆书"位公卿、乐未央、大吉昌"。该墓砖出土于路县故城南部的胡各庄村一座东汉墓。

　　截至 2020 年底，路城遗址已发掘古墓葬 9700 余座，其中以两汉时期的墓葬数量最多，且多为中小型墓葬，这与路县故城遗址作为县级治所的年代相吻合。

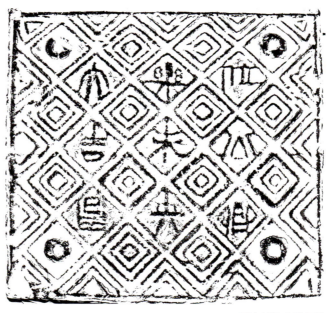

墓室铺地方砖拓片

燕地诸侯王

西汉时期，诸侯王的地位经历了从"跨州连郡"到"衣食租税"的过程。第一任同姓燕王刘建，燕地六郡尽为燕国封地。汉景帝一朝，诸侯王国封地变易最大，在"削藩"政策下，王国数量虽然增加，封地却渐次缩小，尾大不掉之势彻底改观。此时的燕国，已只辖广阳一郡。汉武帝分封刘旦为燕王时，一郡之地亦不可尽得，但燕地边陲重镇的地位，客观上仍然为刘旦谋反蓄力。其后各代燕王（广阳王），虽已不具问鼎的实力，但仍保有一定的荣宠。汉宣帝分封刘旦之子、广阳顷王刘建时，广阳国已仅辖四县。但刘建墓，仍然使用了当时最高等级的葬制——"黄肠题凑"。

汉武帝分封刘旦为燕王策书：

燕刺王旦赐策曰：呜呼！小子旦，受兹玄社，建尔国家，封于北土，世为汉藩辅。呜呼！薰鬻（xūn yù）氏虐老兽心，以奸巧边氓。朕命将率，徂征厥罪。万夫长，千夫长，三十有二帅，降旗奔师。薰鬻徙域，北州以妥。悉尔心，毋作怨，勿作棐德，勿乃废备。非教士不得从征。王其诚之！

——（东汉）班固《汉书》卷六十三《武五子传》

汉代燕地诸侯王世系表

时间	封国	人名	受封原因	备注
高祖元年至高祖五年 （公元前 206 ~ 前 202 年）	燕国	臧荼	异姓功臣	故燕将，本为项羽所立，都蓟。后归汉，汉高帝五年八月反，高祖自将击之。
高祖五年至高祖十一年 （公元前 202 ~ 前 196 年）	燕国	卢绾	异姓功臣	高帝五年封为燕王，都蓟城，是汉高祖所封八个异姓王之一。在位七年，高帝十一年亡入匈奴。
高祖十二年至高后七年 （公元前 195 ~ 前 181 年）	燕国	刘建	高祖子	高帝子，都蓟城，在位十五年病卒，谥灵王。吕后杀其子，无后，国除，改为燕郡。
高后八年 （公元前 180 年）	燕郡			北京地区第一次实行郡县制治理，时间不到一年。
高后七年至高后八年 （公元前 181 ~ 前 180 年）	燕国	吕通	吕雉侄孙	吕后病卒后，汉诛诸吕，吕通被杀。
文帝前元年至文帝前元二年 （公元前 179 ~ 前 178 年）	燕国	刘泽	高祖从祖昆弟	以助诛诸吕有功，由琅琊王徙封为燕王，都蓟城。在位二年卒，谥敬王。
文帝前元三年至景帝前元五年 （公元前 177 ~ 前 152 年）	燕国	刘嘉	刘泽之子	在位二十六年卒，谥康王。
景帝前元六年至武帝元朔二年 （公元前 151 ~ 前 127 年）	燕国	刘定国	刘嘉之子	在位二十四年，武帝元朔元年（前128 年）坐禽兽行自杀，国除，复改为燕郡。
武帝元朔二年至武帝元狩四年 （公元前 127 ~ 前 119 年）	燕郡			北京地区第二次实行郡县制治理，时间九年。
武帝元狩六年至昭帝元凤元年 （公元前 117 ~ 前 80 年）	燕国	刘旦	武帝子	武帝元狩五年（前118 年），复置燕国，次年四月，立皇子刘旦为燕王，仍都蓟城，在位三十八年。昭帝元凤元年刘旦谋反，事败自杀，国除，改置广阳郡。
昭帝元凤二年至宣帝本始二年 （公元前 79 ~ 前 72 年）	广阳郡			北京地区第三次实行郡县制治理，历时八年。
宣帝本始元年至元帝初元四年 （公元前 73 ~ 前 45 年）	广阳国	刘建	燕王刘旦子	汉宣帝时改为广阳国，封刘旦子刘建为广阳王，在位二十九年卒，谥顷王。
元帝初元五年至成帝朔元年 （公元前 44 ~ 前 24 年）	广阳国	刘舜	刘建之子	立二十一年卒，谥穆王。
成帝阳朔二年至哀帝建平四年 （公元前 23 ~ 前 3 年）	广阳国	刘璜	刘舜之子	立二十一年卒，谥思王。
哀帝建平四年至王莽新朝始建国元年（公元前 3 ~ 公元 9 年）	广阳国	刘嘉	刘建之子	立十二年，王莽新朝始建国元年被贬，改为广有郡。
王莽始建国元年（公元 9 年）	广有郡			新莽统治时期，北京地区第四次实行郡县制治理，时间十七年。

马蹄金

西汉
高 2.6、长 5.6、宽 5.1 厘米
怀柔区崎峰茶村出土

马蹄金因形似马的蹄壳而得名，具有货币性质，但流通极为有限，多做礼仪之用。汉代分封各地的诸侯王需献"酎（zhòu）金"往长安以祭祀宗庙，目前经考古发现的马蹄金也确实多出现于诸侯王墓葬中。"酎金"的成色、重量有严格要求，稍有差错，就会受到严厉惩罚，《汉书·食货志》载，"至饮酎，少府省金，而列侯坐酎金失侯者百余人"，即所谓"酎金夺爵"，这也是中央王朝削夺诸侯王权力的措施之一。

北京地区诸侯王墓

　　1974年，原红星炼油厂在丰台区大葆台村进行储油罐埋藏施工时，意外发现汉代广阳王刘建夫妇的墓葬。大葆台汉墓的发掘，第一次向世人展示了"黄肠题凑"这一汉代高等级墓葬形制的真容。2000年发现的老山汉墓，该墓虽未使用黄心柏木，却也是等级不凡的题凑葬制，应该是汉代诸侯王级别的墓葬，发掘者推断墓主人可能是燕王刘旦的王后。该墓出土的大量漆器，保存情况良好，这在北方地区墓葬中极为罕见。这两座诸侯王级别汉墓的发现，也证实了史书记载燕地汉代诸侯王的沿袭情况。

大葆台汉墓发掘现场

老山汉墓发掘现场

大葆台一号墓墓葬复原

　　黄肠题凑是汉代葬制的最高等级，只有皇帝、诸侯王和皇帝特赐的大臣可以使用，大葆台汉墓使用的黄肠题凑，与史书中的记载最为符合，"以柏木黄心致累棺外，故曰黄肠；木头皆向内，故曰题凑。"即用规格相同的木枋沿与墓壁垂直的方向层层垒置于棺外，形成一圈木墙一样的结构，所有木枋的一方端头都朝向墓室中心。

　　刘建墓有南北两条墓道，以南墓道为主。墓坑呈覆斗形，坑底构筑题凑椁室。椁室上下四周铺木炭和白膏泥。椁室布局是先在墓底四周隔出两重回廊，然后在椁房内侧垒筑题凑木墙，再在木墙内构筑椁房和棺房。棺房内置三套棺。棺房门前至木墙南壁置前室，发现有几榻、六博棋等，前室和棺房的地面加铺一层枋木板，高出周边椁室20厘米，表示这是置棺和祭奠礼仪所在。前室的前后左右应各有一门。前门设在题凑木南墙中间，前有过道通车马库，后门通棺房，左右两侧门通内椁房。

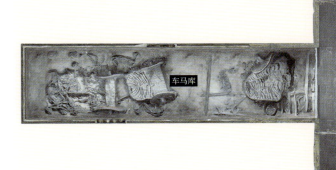

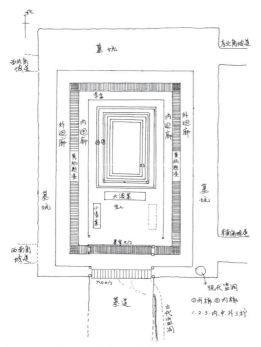

老山汉墓平面示意图（王武钰 绘）

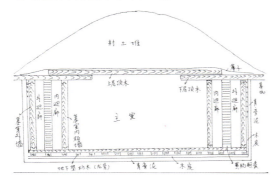

老山汉墓剖面示意图（王武钰 绘）

"黄肠题凑"葬制中的柏木

西汉

单根长 89、宽 11.5、厚 11 厘米

丰台区大葆台汉墓出土

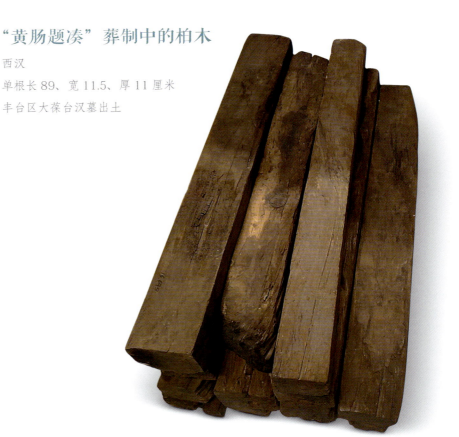

"渔"字铁斧（复制品）

西汉

高 10.6 厘米

丰台区大葆台汉墓出土

呈梯形，顶有长方形直銎，由銎至刃部逐渐扩展，两侧略带弧形。斧身有铸缝，銎部铸有两圈凸棱，刃部锋利，斧面光洁呈暗红色，一面铸有微微凸起的"渔"字。《汉书·地理志》记载："渔阳郡，秦置。莽曰通路。属幽州。……有铁官。""渔"字标记的铁斧可能为渔阳郡铁官作坊的产品。

漆案

西汉

高 35、长 238、宽 99 厘米

石景山区老山汉墓出土

汉代人一般席地而坐，家具也多为低矮造型，其中食案最为多见。此案为木质胎，案面及足以褐漆为底色，面板四边饰以朱绘芸纹，侧面以朱漆描绘云纹。竖枨上装饰朱绘三角纹和云纹。漆色鲜亮，画工细腻，线条纤丽流畅，是汉代漆器中的精品。

漆笥

西汉

高 33、长 80、宽 56 厘米

石景山区老山汉墓出土

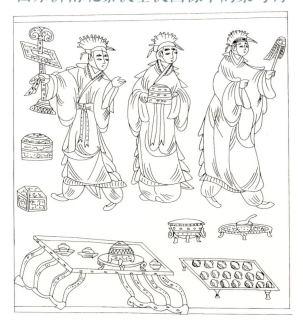

　　笥（sì）是汉代常用的贮物之器，汉画像石上多有描绘，多长方形，器盖与器底相套合，目前出土所见有平顶盖与盝顶盖两种。本器为盝顶盖，盖顶有柿蒂形衔环一对，左右前后皆有提环。盖顶及四壁绘云气纹。汉代人"事死如事生"，下葬常用竹（木）笥盛放随葬器物，马王堆汉墓一号墓就出土有平顶竹笥 48 件，竹笥上的墨书签牌上标出了内部盛放的物品名称。1979 年江苏扬州西湖乡胡场一号西汉墓出土漆笥 14 件，笥上漆书藏物名称："肉一笥""脯一笥""鲍一笥"等。老山汉墓这件虽无自名铭文，但根据同类器形可以推断当为盛放随葬衣物的漆笥。

荒帷

西汉

长 235、宽 47.5 厘米

石景山区老山汉墓出土

荒帷专指装饰棺木的布帛。棺木外先以木竹类材料结成形似居室的框架，即所谓"墙柳"。覆于墙柳之上的布帛称"荒"，缝于四周者称"帷"，形似帐幕。墙柳、荒帷的使用，象征了逝者生前的居室。

此棺罩为荒帏的顶部绣饰，所用锁绣翔凤纹是西汉继长寿、信期、乘云几大名绣纹后的又一新品种。绣纹方形单位中间由花穗、旋纹构成的翔凤单元，上下左右拼合，两端绣有特别的塔形边饰，构成一组专门设计的大型贴合纹样。绣工高超细腻，每厘米绣9、10针，绣面平齐匀整，是汉代绣品中的杰作。

陕西梁带村芮国墓地出土荒帷复原图

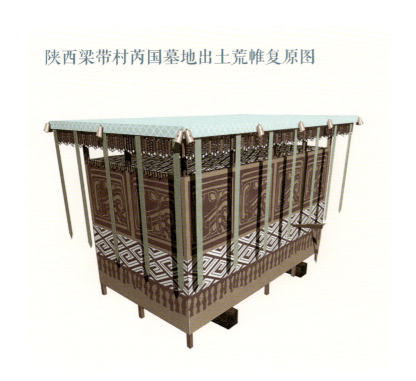

荒帷纹饰

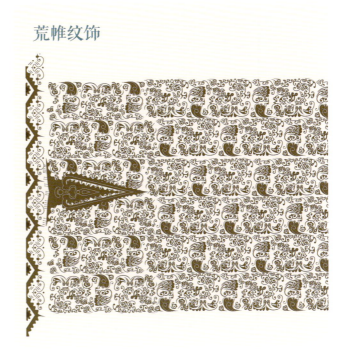

彩绘黑陶壶

西汉

通高 64.5、口径 20.5、底径 20 厘米

石景山区老山汉墓出土

彩绘红陶壶

西汉

通高 63、口径 20、底径 20.3 厘米

石景山区老山汉墓出土

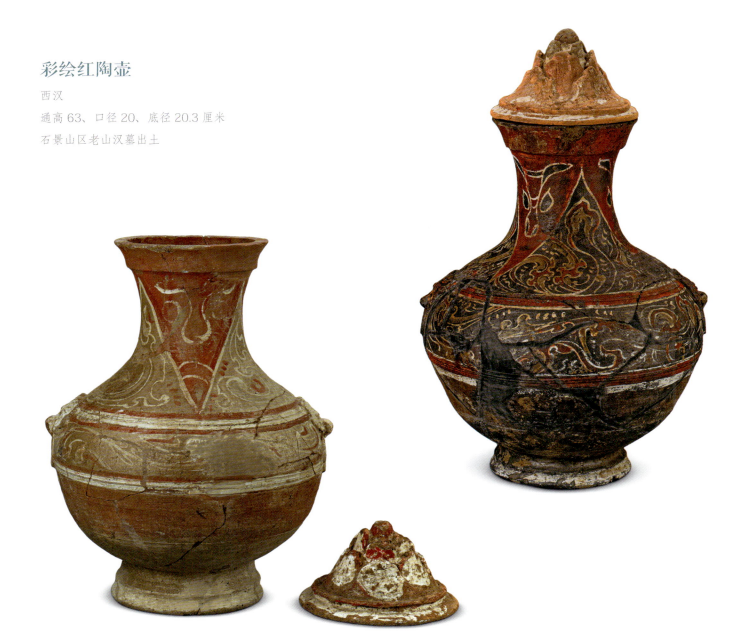

劝耕渔阳

秦汉时期，北京地区的经济发展与全国大体保持一致，出现种植水稻的最早记载，铁器大量用于农业生产，还在怀柔（汉属渔阳郡）发现铸币遗址。东汉初，渔阳太守张堪于狐奴（今北京市顺义区牛栏山附近）开稻田八千余顷，当时有童谣曰："桑无附枝，麦穗两歧。张君为政，乐不可支。"

东汉时期北京农业

林果区
农耕区
东汉张堪开水田区

注：本图以东汉永和五年（140年）图为底图

五铢钱

汉

直径 2.5 厘米

丰台区卢沟桥街道出土

五铢钱范

西汉
高 2.3、长 13、宽 7.4 厘米
怀柔区龙山出土

　　1986 年文物部门在怀柔区调查发现一处铸币遗址，清理出一批五铢钱铸造范模。今怀柔地区汉时属渔阳郡所辖，《后汉书·刘虞公孙瓒陶谦列传》记载，东汉末幽州牧刘虞"开上谷胡市之利，通渔阳盐铁之饶，民悦年登，谷石三十"。盐铁为国计民生之根本，渔阳郡不仅有"盐铁之饶"，汉武帝之前，各郡国仍可私铸五铢，足见当时渔阳地区经济繁荣之盛景，这也成为汉初分封燕地的各代诸侯王蠢蠢欲动的经济根由。公元前 113 年，汉武帝将铸币权收归中央，开始统一冶铸五铢钱。新铸的五铢钱重如其文，成为当时唯一合法流通的货币。由于五铢钱制的稳固，从汉武帝中期到隋代为止的六七百年间，五铢钱基本是全国统一使用的标准货币。

五铢钱范

西汉
高 10、最宽处 12、最窄处 4、厚 3 厘米
怀柔区龙山出土

铁制农具

　　汉代铁制农具已大量使用，1957 年海淀区清河镇西汉后期冶铁遗址中出土大量铁农具，其中就有耧车组件——铁耧脚。耧车为播种用农具，史载汉武帝时搜粟都尉赵过发明三脚耧，"三犁共一牛，一人将之。下种挽耧，皆取备焉。"所谓"三犁"就是三角耧犁，每角下套有一铁制耧脚。耧角中空，上通耧斗，斗中盛种子。播种时，牵引耧犁，一边开沟，一边下种，种粒自耧斗经耧角下播。一次播种三行，行距一致，下种均匀，开沟、下种、覆土三道工序一次完成，大大提高了播种效率和质量。汉武帝末年，因长期征伐，民力凋敝。汉武帝下罪己诏，改弦更张，恢复生产。赵过任搜粟都尉期间，创行代田法，改良推广铁农具，政绩颇著，对于武帝末年农业生产恢复起到了重要促进作用。

铁锄头

西汉
宽 13.5、高 6.5 厘米
海淀区清河汉城遗址出土

铁耧脚

西汉
长 10 厘米
海淀区清河汉城遗址出土

汉墓出土明器

　　"何为盘中餐，五谷与六畜"，汉代北京地区已普遍种植五谷、豢养六畜。经对通州路县故城遗址中出土样品的研究，确认其中包含麻、大豆、小麦、稻米、粟、黍、红豆七种农作物，皆在"五谷"之列。《史记》记载："燕有鱼、盐、枣、栗之饶"，路县故城遗址中发现有栗子皮、桃核、杏核等。汉墓中出土的各类明器，如生活器具、人物及各类动物形象的陶器，是当时社会生产生活情形的另一种写照。

路县故城出土的炭化作物种子

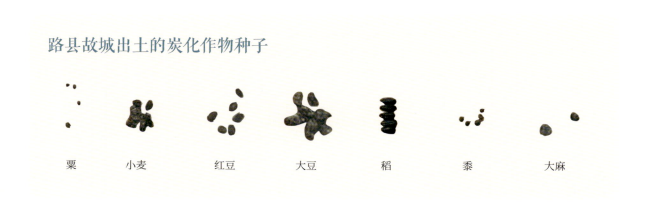

| 粟 | 小麦 | 红豆 | 大豆 | 稻 | 黍 | 大麻 |

绿釉陶厨俑

东汉
高 24、宽 11 厘米
平谷区唐庄子汉墓出土

　　头戴圆帽，身穿斜领短衫，高挽两袖，屈膝而坐，身前放一短俎，作剖鱼状。

绿釉陶碓（残）

东汉

高 17、宽 30 厘米

平谷区西柏店汉墓出土

　　明器。施低温绿釉，底座后端（即操作处）的四角，各有一向上的支柱残痕，推测支柱上面还应有一扶手。碓为稻谷脱壳工具，大约发明于西汉，使用时踏碓人用足踏下杠杆将碓举起，利用重力作用为稻谷脱壳。

绿釉陶磨

东汉

高 18.5、宽 22 厘米

平谷区西柏店汉墓出土

　　明器。通体施低温绿釉。磨扇仅有一块，架设在一方形台的十字（穿孔）架上，磨台下连着漏斗，并用四柱支架支撑。

绿釉陶灶

东汉

高 20.8、长 26.6、宽 19.8 厘米

平谷区西柏店汉墓出土

　　明器。灶上安放三釜，前面两个较小，后面一个较大，上有一甑。灶的后面和右侧有围屏，后围屏中间有一根与灶面垂直相连的立柱，象征烟囱。

弦纹陶仓

汉

高 27、口径 10 厘米

朝阳区高碑店乡大土坨出土

绿釉陶井

东汉

高 33、底径 12 厘米

平谷区西柏店汉墓出土

明器。上为梯形架，下为圆井圈，梁架上附有簇菊式花纹。

绿釉陶狗

东汉

高 42、长 55、宽 14 厘米

丰台区黄土岗二台子汉墓出土

红陶胎，较粗松。外施绿釉，釉面富有光泽。陶狗造型作昂首竖耳状，双目凝视前方，短方嘴，上唇宽大。四肢直立，尾卷曲，躯体肥硕，神态安详。颈部有项圈，头后有环以套拴绳，可见为家圈养之驯狗。造型具写实风格，艺术价值较高。

陶鸭

汉

高 18 厘米

海淀区清河汉墓出土

陶鸡

汉

高 18.8 厘米

海淀区清河汉墓出土

　　汉代的循吏在扶植农民生产时，亦着眼于家庭副业。如西汉宣帝时，龚遂任勃海郡太守，"劝民务农桑，令口种一树榆，百本薤（xiè）（薤，葱蒜类植物，茎和嫩叶可食），五十本葱，一畦韭，家二母彘，五鸡。秋冬课收敛，益蓄果实菱芡。"汉墓中出土的各类动物形明器应是这一社会发展现象的具体写照。

绿釉陶楼

东汉

通高 92 厘米

丰台区黄土岗村二台子汉墓出土

　　高大的陶楼形象常见于东汉墓葬明器，汉画像石中也有描绘，是东汉豪强地主庄园经济发展的产物。《后汉书·仲长统传》记载："豪人之室，连栋数百，膏田满野，奴婢千群，徒附万计。"聚族而居的豪强之家，往往修筑坞堡以自卫，坞堡内楼台林立，还设有武库和岗楼式的望楼，半常备和常备的私兵部曲日夜巡逻。坞堡内的家族势力，转而成为东汉末年各方势力割据的根基，甚而有"百楼不攻"之说。

汉墓出土铜器

秦汉时期的青铜器逐渐摆脱礼器的功用约束，从"庙堂之器"向着"生活之器"转化，由"为神造物"变为"为人造物"。这一时期的青铜器，器形多样，尺寸不拘，作为实用器，其造型样式有了更大创作空间。

铜泥筩

东汉

高 10.5、底径 2.9 厘米

丰台区黄土岗村二台子汉墓出土

圆筒形，有盖，盖与器身原本应有链子连接。泥筩（tǒng）是贮存封泥的器物，曾有自铭同类器物出土。1966 年，陕西省博物馆曾在西安征集到一件前凉升平十三年（369 年）的同类器物，器底铭文为"灵华紫阁服乘金错泥筩"。泥筩加盖，可减少水分的蒸发，使封泥保持一定的湿度，确保使用时"柔软可塑"。部分泥筩还有与筩身相连的铜匕或铜杵，用于从筩中取泥或填泥。在封泥变干加液体时，也可用之搅拌使泥中水分均匀、湿度均衡。

封泥

汉

高 1、直径 2.1 厘米

扁平圆形。边缘不规则。正面印有阳文篆书"齐武库丞"四字印文。背面残缺。

鸭形铜砚滴

汉

高 10、长 13.5、宽 7.5 厘米

海淀区清河出土

砚滴又称水滴、水注，磨墨时专门用来往砚台添水的用具。器作鸭形，背负一注水器。鸭头部微低，缩颈，拱背。颈下系一条环带用以固定背部水柱。尾部翘起，双足落地。此器造型栩栩如生，富于动感，鸭的双翅以阴刻来展现其羽毛的质感。汉代以雁、鸭为造型的器物，常见于灯和香熏等器，以鸭为造型的砚滴实属少见。

四乳四鸟纹铜镜

汉

直径 11.8 厘米

海淀区清河镇出土

汉代铜镜中的精品，镜背铭文记载了铜镜铸造相关技术。半球形纽，圆座，纽座外由短直线与短弧线环绕，两周栉齿纹中为铭文和纹饰区。纹饰区以四乳区分为四区，每区设置一只禽鸟。栉齿纹外有一圈锯齿纹，一圈折线纹。该镜铭文"桼（七）言之始自有纪，炼冶同（铜）易（锡）去其宰（滓）"，记载了铜镜铸造过程的相关技术。"炼冶同易去其宰"中的"同""易""宰"，分别通"铜""锡""滓"。铜镜主要含有铜、锡、铅三种金属成分，"滓"意为渣滓，也意在说明开采出来后的铜矿石需要入炉冶炼，去除其他杂质。

鎏金铜刷柄

汉

长 12.2 厘米

延庆区延庆镇西关村出土

柄作烟斗状，内应有刷毛，已朽烂。从出土情况来看，多与铜镜、梳等梳妆用具同出，可能用来清理梳子中的腻垢，或为镜刷，用来清理铜镜。

铺首衔环耳铜甑

汉

通高 27、口径 23.9 厘米

北京清河汉城遗址出土

蒸煮器皿，分为上下两部分，上部称甑，用来放蒸物，下部称釜，用来煮食。甑敞口平底，底部有箅孔，釜敛口，鼓腹平底。釜口居于内，甑足环于外，蒸汽不易泄漏，效率得以提高。

铜鐎壶

汉

高 14.2、通把长 25.5 厘米

西城区陶然亭西出土

温酒器，扁圆腹，有盖，流端作鸟首形，可持长柄置于炉上。江苏盐城三羊墩汉墓鐎壶出土时尚放置在铁炉之上，足证其为温煮器。后逐渐演化为炊煮器。《史记·李将军列传》集解引孟康曰："以铜作鐎器，受一斗，昼炊饭食，夜击持行，故云刁斗。"这里的刁斗已不再是温酒器，而是炊器了，多用在军中，且因有柄可持击之以夜行。

铜銷

汉

高 11.5、口径 21.5 厘米

延庆区延庆镇西关村出土

銷的器形与盆类似而稍高，敞口，腹微鼓，腹以上器壁较直，肩、颈不太明显，平底，肩部三道凸弦纹，两侧附铺首衔环一对。銷多见于汉代，是一种温煮器皿或制作面食的炊器。江苏省徐州狮子山汉墓出土的一件铜銷盛着搓澡石，并有"沐浴"铭文，是用来加热沐浴用水的。銷与盆不易区分，满城汉墓的两件相同器物分别铭曰盆和銷。銷常有刻铭，用作计量标准器，如海昏侯的"食官銷"。

镂空盖单柄三足铜熏炉

汉

高 8.7、通长 14.5 厘米

延庆区延庆镇西关村出土

带有长錾的铜熏炉，可以称为行炉。炉为三足鼎形，附以半球形炉盖，盖顶开大圆孔，盖面也满布镂孔，有如网格。虽然炉底不通风，但炉盖通风极好。盖与底以活纽连接，方便启合。河北满城汉墓出土的铜行炉，还附有提笼，行炉置于提笼内，一套器物精巧别致。

铜博山炉

汉

高 12、口径 6.3 厘米

延庆区城关镇西关村出土

铜提梁炉

汉

高 6、口径 8 厘米

海淀区清河镇出土

炉两侧有双提链，既可悬挂又可平置。两链顶部由璜形龙首衔环提梁联结在一起。盆为圆形，折沿，斜壁，平底，三蹄形足。

鸟兽纹耳杯形铜灯

东汉

高 6.3、底径 6 ～ 10.3 厘米

房山区城关顾册村出土

该器呈耳杯形，造型精巧，上盖与底以活纽相连接。上盖打开后，可见盖内中心有支钉，用以固定火柱。灯火熄灭后，上盖扣合的同时，剩余的灯油可由盖上的流形出口回流到器底。器盖上线刻有神兽纹。

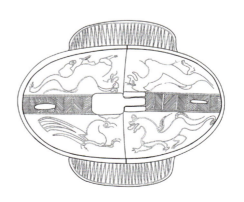

谷纹青玉璧

西汉

外径 14.1、内径 4.6 厘米

丰台区四路通汉墓出土

夔龙纹白玉佩

西汉

长 11.7 厘米

丰台区四路通汉墓出土

双螭纹韘形佩

西汉

长 10.2、宽 8.3 厘米

东城区出土

　　韘（shè）形佩也称为鸡心佩，是从韘演变而来，原本作拉弦开弓之用，后演化为配饰。白玉质，土浸。片状，两面均有纹饰。主体呈鸡心形，中间圆穿，穿边缘起墙。穿下部一面微凹。表面刻阴线卷云纹及鸟纹。鸡心两侧出廓，各镂雕一只体态腾挪翻卷、攀援蛇行的螭虎。螭虎面短宽，眼睛的上眶线与鼻相连，为汉代螭虎的典型形象。

幽州书佐秦君神道柱

东汉

柱通高 225、额高 48 厘米；
柱础长 81、高 30 厘米
石景山区上庄出土
北京石刻艺术博物馆藏

神道柱为石阙构件。阙在西周时已经出现，为建筑群的一部分，一般竖立于城市、宫殿、陵墓、祠庙、宅邸、官署、关隘前，作为导引标志，代表着建筑群的入口。该组汉代石阙构件发现于石景山上庄村东，计 17 件，包括石表、石柱、石柱础、石阙顶等，复原后，可组合出双石阙。其中神道柱表额上的铭文为"汉故幽州书佐秦君之神道"。书佐是州郡县属吏中的卑微小吏，每月薪俸仅三百六十钱，小吏的墓表立双石阙显然是一种破坏礼制的僭越行为。石阙铭文记立阙时间为"永元十七年四月，□令改为元兴元年，其十月鲁工石巨宜造。"时值汉和帝刘肇在位，属东汉中后期。东汉王朝立国，离不开包括幽州在内的河北豪强支持，"幽州突骑"更是协助光武帝刘秀扫灭群雄，登基称帝，故而东汉王朝对幽州豪强多所宽宥。东汉中后期，中央王朝对幽州地方的控制更是松弛。秦君后人为其立双石阙的僭越行为正是这种时代大潮的反映。

该组石阙的艺术风格与成就亦值得关注，郭沫若先生曾说："（石阙）柱形、纹饰、文字、雕刻等都具有相当高度的艺术性。"有学者指出，这种多棱石柱应该是受到域外文化影响，包含有西方古典石柱的因素，进入路径则有陆上丝绸之路与海上丝绸之路两种可能。

梁思成《图像中国建筑史》中汉石阙数种

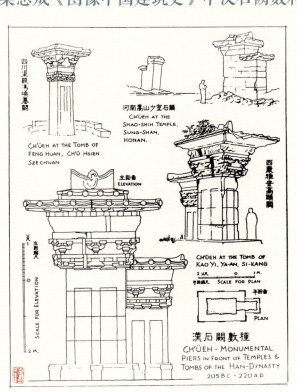

〔二〕刺史督镇

魏晋十六国北朝时期，三百多年间动荡频仍，幽州蓟城虽屡遭兵燹，但始终是各政权所倚重的军事重镇。东汉末，袁绍、曹操先后据有蓟城。曹操以蓟城为据点，伐辽东三郡乌桓，最终稳定北方局势。曹魏时期修筑的引永定河水工程——戾陵堰、车箱渠，灌溉蓟城南北，惠泽数百年之久。西晋于此设置护乌桓校尉，用以稳定东北边境。西晋末年幽州刺史王浚与鲜卑段部联姻，以抵抗羯族石勒。而石勒统治幽州地区时，也曾鼓励农桑，疏通河道。鲜卑拓跋部建立的北魏政权据有幽州后，以幽州为重要战略据点，于 439 年统一北方，为隋唐大一统局面的出现奠定基础。

魏晋南北朝时期占据幽州的各政权

319 年，羯族石勒建立后赵，314 年杀西晋幽州刺史王浚，316 年据有幽州。

337 年，鲜卑慕容皝建立前燕，350 年入蓟城，352 年都蓟城。

351 年，氐族苻健建立前秦，370 年灭前燕，占据幽州。

384 年，鲜卑慕容垂建立后燕，385 年后燕军进驻蓟城。

386 年，鲜卑拓跋珪建立北魏，397 年占有蓟城。

534 年，北魏分裂为东魏、西魏，虽仍然为拓跋鲜卑元氏为帝，但东魏（534～550 年）为契胡高欢控制，西魏（534～557 年）为宇文泰控制，幽州属东魏。

550 年，鲜卑（或汉人鲜卑化）高洋建立北齐，于幽州建东北道行台。

557 年，东胡宇文觉禅代西魏称帝，建立北周，在蓟城设幽州总管府。

577 年，北周灭北齐，统一北方。

581 年，隋灭北周。

护乌桓校尉

西晋司马彪著，南朝梁刘昭注补《后汉书补志》中关于"护乌桓校尉"的记载："护乌桓校尉，比二千石，本注曰：'主乌桓胡'，应劭汉官仪曰：'拥节长史一人，司马二人，皆六百石，并领鲜卑，客赐质子，岁时互市焉'。《晋书》曰：'汉置东夷校尉以抚鲜卑'。"

护乌桓校尉是汉武帝时为了管理乌桓、抵御匈奴始设立的官职，其职责是监领乌桓大小事务并对其实行羁縻统治和日常管理。驻上谷郡宁城（今属张家口）。东汉时，护乌桓校尉同时监领鲜卑。曹操曾借助乌桓鲜卑兵力统一北方。魏文帝时派牵招为护鲜卑校尉，屯昌平，田豫为护乌桓校尉，屯蓟城。入晋后，幽州刺史或都督幽州诸军事兼领护乌桓校尉，幽州刺史王浚就曾负责乌桓事务。

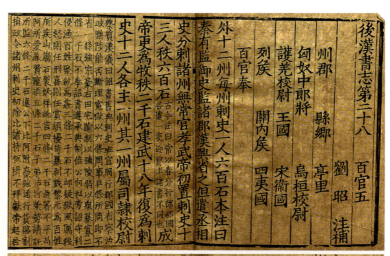
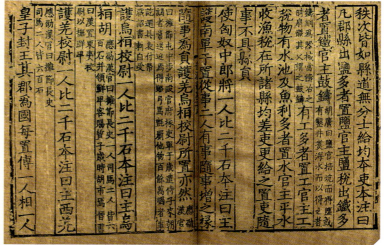

少数民族官印

　　东汉、魏、晋时期我国北方的游牧民族不断内迁。原来生活在西北的氐族和羌族，由西向东迁入陕西关中；分布在蒙古草原上的匈奴族和羯族，由北向南迁到山西一带；而鲜卑族有一部分迁到辽宁，另一部分迁到陕西及河套地区。西晋时，山西、陕西内迁的各族人口已经占当地总人口的一半。西晋王朝对归附的各部族首领多加以册封，敕封号、官印。这些印章是魏晋南北朝民族大融合的物证。

"晋匈奴归义王"驼纽金印

西晋

高 2.5、印面边长 2.3 厘米

　　驼纽，印面方形，白文篆书"晋匈奴归义王"六字。字体遒劲，布局规整。印铸造而成，印纽骆驼呈跪卧状，双峰，低首，尖嘴，眼、耳、口鼻、头和身上的鬃毛等处刻划洗练，腹下有穿孔，用于佩系印绶。此印系晋时中央朝廷颁发给降服归义的匈奴首领的官印。

"晋归义氐王"铜印

西晋

高 3、印面边长 2.4 厘米

　　兽（似驼）纽，印面方形，白文篆书："晋归义氐王"。文字刻划粗拙，印纽形似骆驼，跪卧状，头顶部一绺鬃毛，领首，尖嘴，圆眼，背有峰，腹下有穿孔，周身毛发刻划简率。此印应为魏晋时期中原朝廷颁发给降服归义的西北少数民族首领的官印。

"晋鲜卑率善邑长"铜印

西晋

高 3、印面边长 2.4 厘米

戾陵堰、车箱渠

　　三国时魏国征北将军刘靖于嘉平二年（250年）造戾陵堰，开车箱渠，引㶟水（今永定河）"灌田岁二千顷"。这是北京历史上第一个大型农业水利工程。西晋时期又加以改造，"所灌田万有余顷"，北魏、北齐时继续予以修治，使戾陵堰和车箱渠发挥效益达二三百年。

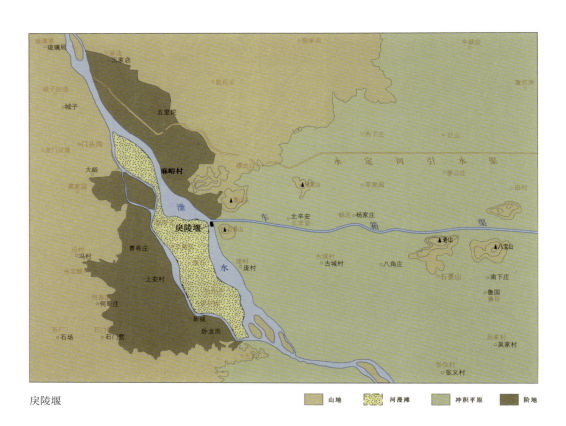

戾陵堰

| 山地 | 河漫滩 | 冲积平原 | 阶地 |

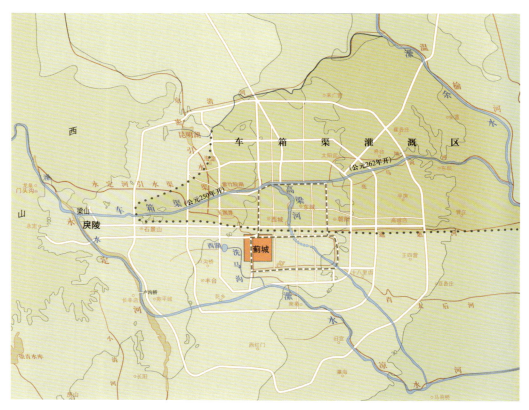

车箱渠灌溉图

"漕防"龟纽铜方章

三国·魏

高1.3、印面边长1.2厘米

一 中华文明的有力见证 —— 北京通史陈列（史前—清代）

陶牛车

晋

车厢高 17.6、长 20.7 厘米；牛高 17、长 22.5 厘米

房山区城关出土

　　魏晋南北朝时期，牛车开始广泛使用，西晋皇帝的大驾卤簿中就有牛车，而公卿大臣在日常也多乘坐牛车。乘坐者在车厢内或坐或卧，加之牛车行进平稳，乘坐的舒适度增加，这对于不拘礼数，讲求个人舒适的魏晋门阀士族来说，比马车更为适宜。发现于山西太原的北齐东安王娄睿墓，其墓室壁画就清晰描绘了当时装饰豪华的牛车。

北齐东安王娄睿墓壁画中的牛车形象

黄釉陶俑

西晋

高 21.3、底 9.3～10.2 厘米

房山区小十三里村出土

黄釉陶俑

西晋

高 21.1、底 9.2～10.7 厘米

房山区小十三里村出土

釉陶俑

西晋
通高 22、通长 9.5、通宽 6.6 厘米
房山区小十三里村出土
房山区文物保护所藏

"别部司马"铜印

西晋
高 1.8、长 2.6、宽 2.6 厘米
房山区小十三里村出土
房山区文物保护所藏

别部司马是东汉至三国时代别营的统兵官名，刘备、孙坚、关羽、张飞、曹仁、夏侯渊、黄盖等著名历史人物，都曾做过"别部司马"。东汉末年，兵制受到破坏，别部司马的隶属也发生了较大变化。由于东汉兵制对别部司马的领兵数并没有作出严格规定，加上别营、别部司马属于比较特殊的编制，具有很强的独立性，朝廷和各大割据势力也就将其作为收编流散武装、增强自身实力的手段和工具。在东汉末年争霸战争中，别营、别部司马为各方霸主争夺势力范围，发挥过十分重要的作用。

黄釉陶榼

西晋
高 6.4、长 27、宽 17.5 厘米
房山区小十三里村出土

榼是一种内部分成多格的食器，产生并流行于魏晋南北朝时期，有方形和圆形两种，可以盛放水果、点心或饭菜，具体应根据不同的场合而定。"榼"之名出自江西南昌东湖区西晋吴应墓中的一件内部分格的方形漆器，底部用朱漆书"吴氏榼"三字。榼的器形口部为子母口，底多为圈足，也可以口底层层相叠，叠摆使用。

长柄青铜熨斗

西晋
口径 17.7、残长 38.5 厘米
通州区土桥出土

青铜熨斗为古代熨衣用具，汉魏时期流行。斗中放置炭火，熨衣使之服帖。南朝梁简文帝诗《和徐录事见内人作卧具》有"熨斗金涂色，簪管白牙缠"句；《南史·何敬容传》记："衣裳不整，伏床熨之"；唐代王建有诗云："每夜停灯熨御衣，银熏笼底火霏霏"；唐代张萱《捣练图》中亦有仕女手持熨斗熨缯的场景。

"泰始七年"款长方砖

西晋泰始七年（271 年）
长 29、宽 14 厘米
顺义区马坡镇大营村出土

砖上有"泰始七年夏四月作砖"字样铭文。"泰始"是晋武帝司马炎的年号，泰始七年即 271 年。

傅隆显墓志底

北齐武平二年（571 年）
长 52、宽 22、厚 14 厘米
怀柔区围里村出土

志文"大齐武平二年岁次辛卯十一月乙巳朔十六日庚申渔阳郡功曹二代郡正解褐平北将军幽州治中土垠雍奴路渔阳四县县令傅隆显铭"。墓主人傅隆显为渔阳郡下辖土垠、雍奴、路、渔阳四县县令。该墓是北京地区发现的第一座有纪年的北齐墓葬。

专题：纵横北疆——西晋幽州刺史王浚

　　西晋末年，匈奴、鲜卑、羯、氐、羌等少数民族大量进入中原地区，幽州地区处在应对民族纷争的最前沿。西晋王朝鉴于汉魏、魏晋异姓禅代，转而大封同姓王，却又酿成司马氏同姓"八王之乱"，中央政衰，此时的幽州刺史一职，极易养成地方专擅势力。王浚（251～314 年）经营幽州达十四年之久，期间将女儿嫁给鲜卑首领，以姻亲巩固了与乌桓、鲜卑的联盟；与并州刺史刘琨互为犄角，抗击羯族石勒侵扰，晋室加封其为大司马。但在匈奴攻陷西晋都城洛阳、俘晋怀帝时，王浚无意匡扶晋室，反欲取而代之。随着羯族石勒势力发展，乌桓、鲜卑两部也日渐与王浚离心。加之王浚为政苛暴，于314 年石勒攻陷蓟城后被杀。

弩机的结构

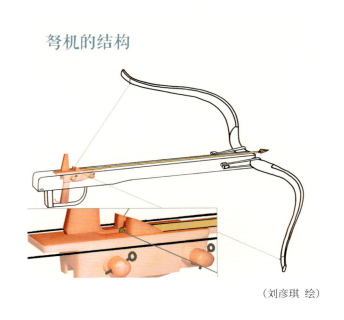

（刘彦琪 绘）

王浚家族世系简表

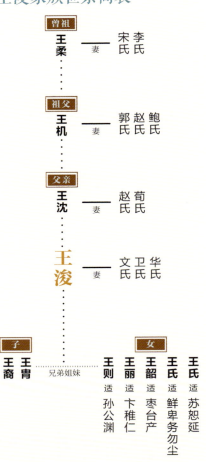

曾祖		
王柔	妻	宋氏 李氏

祖父		
王机	妻	郭氏 赵氏 鲍氏

父亲		
王沈	妻	赵氏 荀氏

王浚 妻 文氏 卫氏 华氏

子			女				
王裔	王胄	兄弟姐妹	王则 适 孙公渊	王丽 适 卞稚仁	王韶 适 枣台产	王氏 适 鲜卑务勿尘	王氏 适 苏恕延

铜弩机

西晋

高 17.7、长 14.5 厘米

石景山区八宝山华芳墓出土

　　弩机是弩的核心构件，安装于弩后部，用来固弦发射。两汉、魏晋墓葬中发现的弩机，多置于逝者头部附近，可能是当时人认为这种兵器具有辟邪的厌胜功用。

中华文明的有力见证——北京通史陈列（史前—清代）

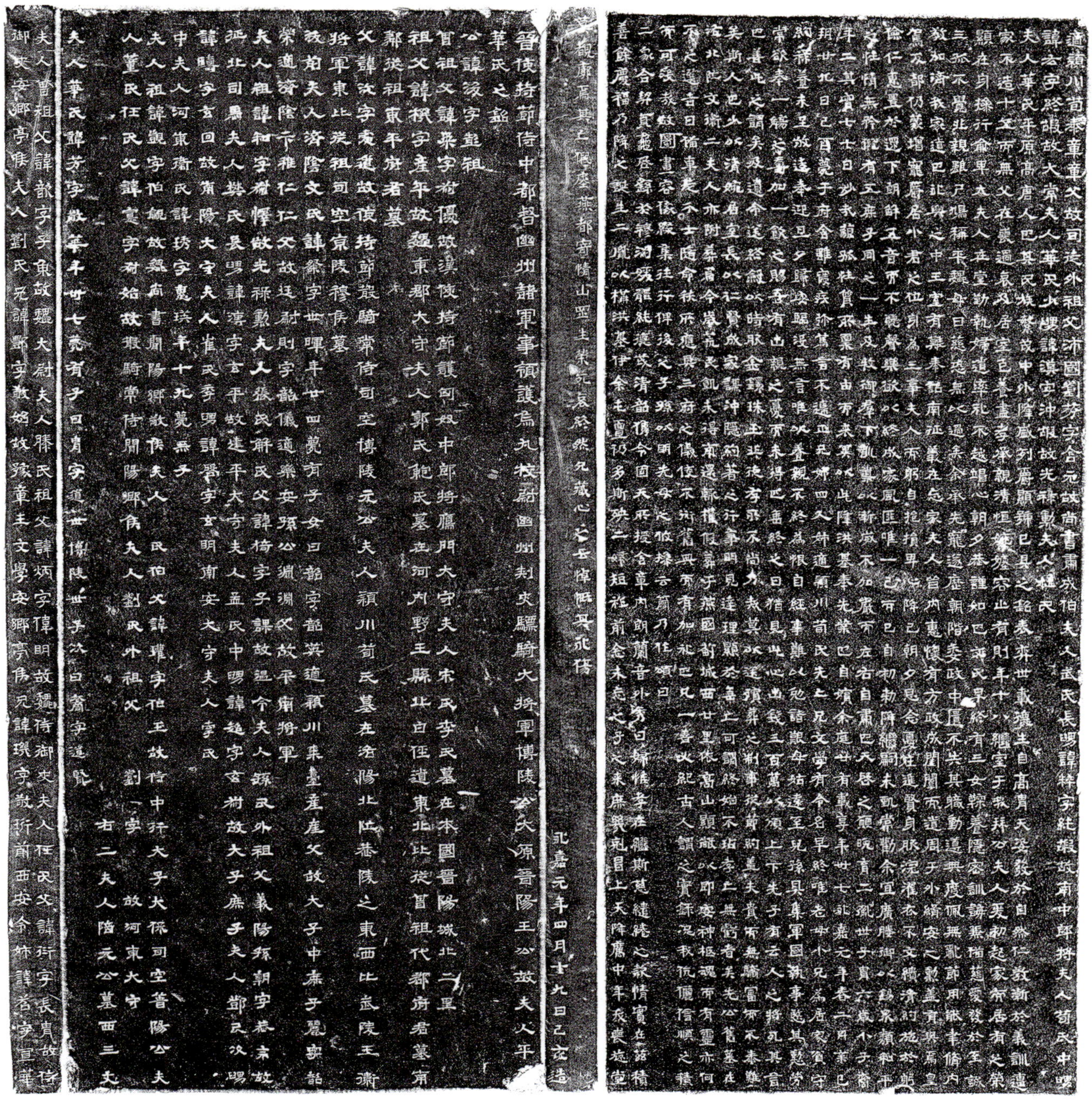

幽州刺史王浚夫人华芳墓志

西晋

长 131.2、宽 57 厘米

石景山区八宝山华芳墓出土

　　华芳是西晋幽州刺史王浚的第三任夫人。墓志四面环刻，共计 1630 字，详细追述了王浚及其三任夫人及后代子女的郡望、家世。王浚本人为汉晋之际太原王氏后人，曾祖王柔曾为东汉护匈奴中郎将，其父王沈在魏晋嬗代中有功，家族地位迅速攀升。其三任夫人，以平原华氏郡望最盛，华芳曾祖华歆在汉魏之际名声赫赫，《三国志·魏书·钟繇传》载："时司徒华歆、司空王朗，并先世名臣。文帝罢朝，谓左右曰：'此三公者，乃一代之伟人也，后世殆难继矣！'"王浚正是利用通婚进一步抬升了王氏家族的声望。该墓志铭呈现了西晋以来世家大族以婚姻为纽带，建立和巩固门阀制度的社会现实。

银铃

西晋

高 4、直径 3.5 厘米

石景山区八宝山华芳墓出土

球形铃身有以银丝捏成的 8 个乐人形象，乐人之间的连弧和圈状花纹原嵌有红、蓝宝石。乐人之下系小铃，铃之纽座饰成兽形。八个乐人分为四组：两人捧排箫；两人持管或作持喇叭状；两人扬手做捶击状，其中一人腹前尚存圆形小鼓；两人举手横于鼻下左方，似为吹笛的形象。魏晋士人喜佩铃，《三国志·吴书·甘宁传》说他"负毦带铃，民闻铃声，即知是宁"。《晋书·清河王覃传》："初，覃为清河世子，所佩金铃欻生（光）隐起如麻粟。"1998年南京仙鹤观 6 号东晋墓中曾出土一件八子银铃，腹径 2.7 厘米，素面，应悬之铃被简化成了八个小银球。

银铃展开图

骨尺

西晋

长 23.8、宽 1.8、厚 0.5 厘米

石景山区八宝山华芳墓出土

尺两面均分刻十寸，其中一面在寸的刻度内还刻有十分。在寸和五分的分度线上，刻一至三个圆形纹。尺的一端有穿孔，以为系绶之用。华芳墓志载："（华芳）假葬于燕国蓟城西廿里"，据该尺折算，晋代一里合今 435.6 米，二十里即 8712 米，以此推算出西晋蓟城西城墙的位置在今西城区会城门附近。

铜熏炉

西晋

高 10 厘米

石景山区八宝山华芳墓出土

熏炉是古人熏香、取暖的用具，有洁室、驱虫、清洁衣被等功用。魏晋时期，熏香作为一种高雅的习惯，在上层社会中风行。葛洪《抱朴子》云："人鼻无不乐香，故硫黄郁金、芝兰苏合、玄胆素胶、江离揭车、春蕙秋兰，价同琼瑶。"其中提到的香料很多都是通过丝绸之路运入中国的。根据《魏书》卷一○二记载："波斯国，都宿利城，在忸密西，古条支国也……出郁金、苏合、青木等香。"《广志》曰："迷迭出西域。""佩之香侵入肌体，闻者迷恋不能去，故曰迷迭香"。曹植、曹丕和建安七子都是熏香的忠实拥趸，他们还曾写下《迷迭赋》互相唱和。

〔三〕节度幽州

隋唐运河凿通后，幽州成为用兵辽东的根据地，幽州城也发展为仅次于长安、洛阳的大型州府城。"唐开元天宝间，地气自西北转东北之大变局也"，唐廷内外军事力量开始出现重大调整，节度使逐渐掌握地方军政大权。为控制和防御日益强大起来的契丹和奚，幽州节度使势力日重，渐成诸节度使之首，至安禄山时，已身兼范阳、卢龙、河东三镇，《资治通鉴》记载仅范阳一镇，即辖有九州，统兵九万余人。势重一方的安禄山于 755 年在蓟城南誓师反唐，"安史之乱"爆发。

幽州城坊

唐幽州城平面示意图

隋唐大运河以幽州为终点，幽州城地位迅速上升，已属大型州府城，规制仅次于都城，《太平寰宇记》载："蓟城南北九里，东西七里，开十门"，据此可知，唐幽州城是一座南北略长、东西略窄，平面呈纵长方形的城池，周长 32 唐里，约合今 12 千米，城内设十字街，构成规整的里坊式格局，坊之间设坊墙，"百千家似围棋局，十二街如种菜畦"。西南隅是幽州州治所在，不设里坊。东南隅的悯忠寺，今虽只有残碑可寻，但位置正是今天的法源寺所在，对于判定幽州城的方位有重要作用。

唐景福年间重修悯忠寺想象复原图（傅熹年绘）

悯忠寺位于唐幽州城东南之铜马坊，建于唐初。贞观十九年（645 年）唐太宗征伐辽东返回途中欲建寺以祭奠阵亡将士，但未能实现。武后万岁通天元年（696 年）追感先帝之志，建悯忠寺。唐僖宗中和年间，幽州节度使李匡威在寺内建观音阁，当时有"悯忠高阁，去天一握"的说法，极言悯忠阁之高耸非常。今法源寺的位置恰是唐悯忠寺所在，但唐时建筑已无存。此图依据傅熹年《北京法源寺的建筑》绘制，是为唐末至辽天禄四年（950 年）观音阁被焚前悯忠寺的想象图。全寺分三路，左右为塔院及诸院，后部为僧房，此外还有蔬圃、库厨等。通过此图可大致反映唐代悯忠寺的宏大规模。

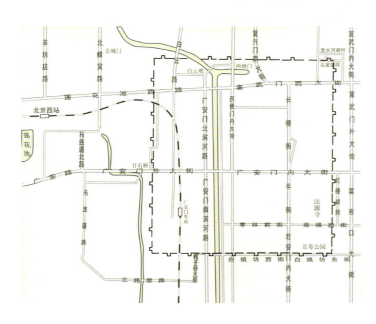

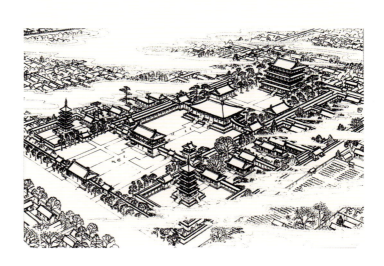

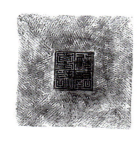

仵钦墓志所见唐太宗、唐玄宗征伐辽东事：

长毂亘野，雷动玄兔（玄菟郡）之郊。高锋□云，电照狼河之曲。

景操高列，威策骋于三韩。

龙朔元年，坝江道敬奉天规，承威问罪。

君沉戈画鹢，瞻独鹜于星楼。水剑浮龙，竞先鸣于月峡。

隋代运河示意图

　　大运河以洛阳为中心，北抵涿郡，南至余杭，连接了海河、黄河、淮河、长江和钱塘江五大水系，将江南经济富庶区域与国都联系起来，"今自九河之外，复有淇（永济渠）、汴（通济渠），北通涿郡之渔商，南运江都之转输，其为利也博哉。"隋代运河以涿郡（幽州）为终点，沟通南北之外，更直接的原因是为征伐辽东运送粮草。随着运河凿通，幽州地区的经济、军事地位愈加重要，边地重兵，中央王朝控制不力，节度使制度便可养成骄兵悍将。杜甫曾作诗描述过当时的渔阳地区漕运畅通后边兵势重的景象："献凯日继踵，两蕃静无虞。渔阳豪侠地，击鼓吹笙竽。云帆转辽海，粳稻来东吴。越罗与楚练，照耀舆台躯。主将位益崇，气骄凌上都。边人不敢议，议者死路衢。"

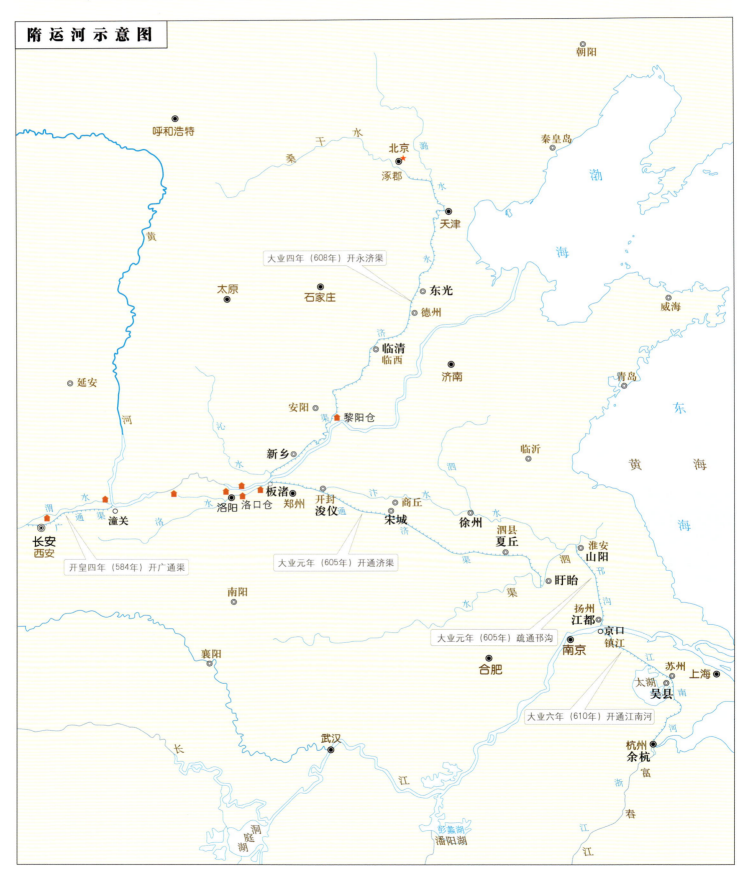

"大业元年造" 款摩羯形陶脊兽

隋大业元年（605 年）

残高 7.4、长 18.3 厘米

西城区白纸坊出土

陶脊兽底部刻有"大业元年造"字样，大业为隋炀帝的年号。该陶脊兽的出土地点白纸坊，为隋唐幽州城的南城墙附近。

根据以下四方唐代墓志及房山石经等文字记载，可推定唐代幽州城的东城墙在今西城烂缦胡同与法源寺之间的南北一线，西城墙在今白云观西土城台至小红庙村之南北一线，北城墙在今白云观西至头发胡同一线，南城墙在今西城白纸坊东西街一线。

王郅墓志："起坟于蓟县姚村南一里之原"……

姚子昂墓志："葬于幽州城东南六里燕台之原"……

范阳卢夫人赵氏墓志："葬于府城西北十里樊村之原"……

仵钦墓志："迁柩于城东北五里之平原"……

唐贞元六年故瀛洲司马兼侍御史王郅墓志

唐贞元六年（790 年）

志长 63.5、宽 62.5、厚 13 厘米

丰台区南苑出土

唐建中二年故棣州司马姚子昂墓志

唐建中二年（781 年）

志长 51、宽 50.5、厚 5 厘米

东城区安乐林出土

渔阳鼙鼓

　　唐玄宗天宝十四载（755 年）十一月，安禄山在幽州起兵反唐。"安史之乱"历时七年，致使人口大量丧失、国力锐减，为唐由盛而衰的转折点。平叛过程中的势力角逐，最终形成藩镇割据的局面，安史旧部所控区域为"河朔三镇"——魏博、成德、范阳（又称幽州、卢龙）所辖，三镇节度使更是桀骜难制，节帅更替不断，其中幽州地区的藩帅更换最为频繁，叛乱平定至唐末近一百五十余年间，共发生约二十起变乱，相继有近三十位藩帅先后承接。期间刘怦、刘济、刘总祖孙三代出任藩帅的三十六年间政局较为平稳。

安史之乱形势图

　　《资治通鉴》载："范阳节度临制奚、契丹，统经略、威武、清夷、静塞、恒阳、北平、高阳、唐兴、横海九军，屯幽、蓟、妫、檀、易、恒、定、漠、沧九州之境，治幽州，兵九万一千四百人。平卢节度镇抚室韦、靺鞨，统平卢、卢龙二军，榆关守捉，安东都护府，屯营、平二州之境，治营州，兵三万七千五百人。"

　　755 年，安禄山在范阳起兵反唐。此后，安禄山率兵南下，渡黄河，攻占洛阳。然后，西下潼关，直取长安。唐玄宗入蜀避乱，太子李亨北上灵武求救兵。最终，唐政府在回纥军队的援助下，利用镇守西北地区的精兵平定了叛乱。

"右领军"铜鱼符

唐

长 5.5、宽 1.9 厘米

　　符是古代朝廷传达命令或征调兵将的凭证，早期为虎形，称虎符。唐朝为避先祖李虎的名讳，改用鱼形符，称鱼符。鱼符分为左右两半，鱼嘴有孔，可穿系悬挂，内侧注明佩符人身份或鱼符的使用范围，有些鱼符中缝处刻有"合同"两字，榫卯形，可相契合。

　　唐前期实行府兵制，统领府兵的十二卫中就有左右领军卫，全国各地所有的折冲府都是中央十二卫的下属机构。遇有战事，将领临时指派，与属兵不相统属。战事结束，府兵归田，将领还朝。府兵制的基础是均田制在全国的推行，可以确保兵源。但随着土地兼并日益严重，均田制遭到严重破坏，兵源无法保障。此时的唐王朝，面临着西边的吐蕃和东北的两番——契丹与奚。唐睿宗景云二年（711 年）四月，任命贺拔延嗣为河西节度使，自此，军制出现重大变革，以府兵制为基础的行军制逐渐转化为留镇驻守制。随着节度使从掌握地方军政到掌控一方，唐王朝的统治也从极盛开始走向中衰。

无垢净光宝塔颂

原碑在北京法源寺。张不矜撰，苏灵芝书，左行。碑文原为阿谀安史叛军之辞，唐肃宗至德二年（757年）史思明降唐反正时将阿谀安禄山之辞改为向唐肃宗尽忠。碑上挖痕犹存，史思明复叛。从碑刻内容可知，安禄山、史思明虽为粟特胡人，崇尚祆教，但也利用佛教教义为自己张目，房山石经中就有安史二人刻经记载。

史思明墓

"安史之乱"的"史"就是指史思明父子。唐乾元二年（759年），史思明杀安禄山之子安庆绪，于范阳（今北京）称帝，更国号大燕，建元顺天，自称应天皇帝，后被其子史朝义所杀。史思明墓位于北京市丰台区王佐镇，地面原有高大覆斗状封土堆。墓葬毁坏严重。

铜坐龙

唐

高 16.4 厘米

丰台区王佐镇史思明墓出土

应为驱邪辟凶的"伏龙"，作为随葬品，当属镇墓兽之类。类似形象在敦煌佛爷庙湾唐代墓葬铺地砖中也有发现。敦煌文书法藏P.3594《宅经》中有所谓"土公、伏龙、飞廉、地囊所在，不得动土"。由此知"伏龙"属择吉术中的神煞。以其当值，定期伏于堂、庭、垣、隅、灶等处，以保平安。伏龙可伏阳宅，亦可伏于阴宅，即墓葬，用以驱邪辟凶。

史思明墓共出土玉册44枚（段），其中8枚完整。汉白玉质，形制规整，均为长条形，每枚均刻字，满刻为11字，共计252字，字口填金，行书体，每枚上下两端1.5厘米处有小孔用来穿缀。这44枚包括谥册、哀册各一套，其中7枚背后刻划有浅细的"哀"字。谥册，多是歌功颂德的文字，说明确定谥号的理由，而哀册的内容则是表现孝子的哀慕之情。玉册中有"帝朝义孝乃因心亲惟"字样，成为判定墓主人身份的关键证据，同时两次出现的"昭武"字样，应该是当时议定的史思明的谥号。以"昭武"为谥号，应该与史思明的族属有关。安禄山与史思明都是粟特人，属于史籍中记载的"昭武九姓"。

粟特人属于伊朗人种的中亚古族，他们原本生活在中亚阿姆河和锡尔河之间的泽拉夫珊河流域，即古典文献所说的粟特地区（Sogdiana，索格底亚那），其主要范围在今乌兹别克斯坦。粟特人长期受其周边的强大外族势力所控制，先后臣属于波斯、希腊、塞琉古王朝、康居国等。在粟特地区的大大小小的绿洲上，渐渐聚集成为一个个大小不同的城邦国家，其中以撒马尔干（Samarkand）为中心的康国最大，此外还有安国（布哈拉 Bukhārā）、东曹国（苏对沙那 Sutrūshana / Ushrūsana）、曹国（劫布呾那 Kapūtānā）、西曹国（瑟底痕 Ishītīkhan）、石国（赭时 Chach）、米国（弭秣贺 Māymurgh）、何国（屈霜你迦 Kusānika）、史国（羯霜那 Kashāna）等，不同时期，或有分合，史称"昭武九姓"。

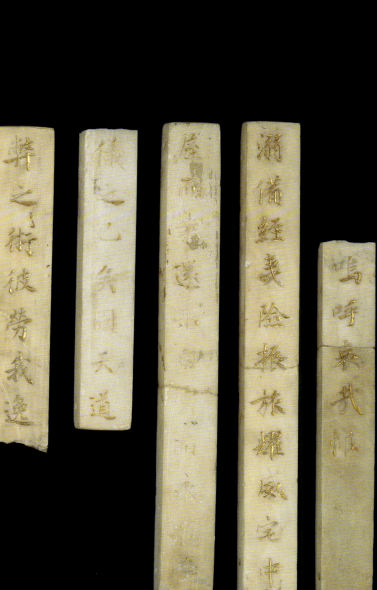

铜牛

唐

高 20.5、长 29.5 厘米

丰台区王佐镇史思明墓出土

嵌金铁马镫

唐

高 21.4 ～ 21.7 厘米

丰台区王佐镇史思明墓出土

镫座为镂孔椭圆形。铁质已生锈，所嵌金箔有脱落，但仍能看到残留的花鸟蝴蝶图纹。

鎏金铜铺首

唐

长 14、宽 10.4、环径 7.8 厘米

丰台区王佐镇史思明墓出土

山形玉饰件

唐

高 10.5、长 18、厚 0.5 厘米

丰台区王佐镇史思明墓出土

彩绘陶俑

唐

高 32 厘米

丰台区王佐镇史思明墓出土

　　红陶质，原有彩绘大部分已脱落，立姿，头戴帷帽，面部丰满，两手握拳拱于胸前，原似执物。身披翻领斓袍，两袖下垂于身体两侧。侧袍下垂至足，仅露足尖。内装也似斓袍类，束腰，下摆与外斓披袍同垂至地。

　　此俑不似寻常随葬俑，应是葬仪中所指"蒿里老人"。古人所谓"蒿里"者，是指人死后灵魂所归之处，故常于墓中西北角置蒿里老翁。史思明墓因残毁严重，无法判断俑人的出土位置。南唐李昇陵的后室曾发现一件类似俑人，头戴风帽，脸上有皱纹，领下有长须，身穿圆领长袍，两手叉于胸前，与史思明墓出土的这件陶俑极为相似，学者将李昇陵出土的这件头戴风貌俑确认为"蒿里老人"。

刘济墓

　　刘济（757～810年），幽州昌平（今北京昌平区）人，任幽州节度使。其墓位于房山区长沟镇，规模较大。墓葬坐北朝南，全长34米，由斜坡墓道、墓门、前庭、前甬道、东西耳室、东西壁龛、主室、东西侧室、后甬道及后室十部分组成。出土墓志一合，志盖为盝顶式，阴刻篆书"唐故幽州卢龙节度观察等使中书令赠太师刘公墓志之铭"。

　　"安史之后，范阳非国家所有"，安史旧部所在的"河朔三镇"——魏博、成德、范阳（又称幽州、卢龙），独揽一方军政，节度使往往非由朝廷任命，多为父死子继或军将拥立，史称"河朔故事"。其中刘怦、刘济、刘总祖孙三代相继出任幽州节度使，前后长达三十余年。根据史籍及墓志记载，刘济在任幽州节度使期间，"最务恭顺"，扼守边防，抵御契丹与奚的袭扰。同时，教化民众，当时的幽州地区吸引了不少科举失意的士人。并听从朝廷号令，出击成德镇，颇有战绩，"天子赐以宝剑金甲彤弓卢矢"。刘济身死，唐朝廷亦给予极高荣宠，唐宪宗为之"辍朝五日"，宰相权德舆为其撰写墓志。但从刘济墓的规模形制来看，仍多所僭越。

刘济墓志盖拓片

玉饰件

金饰件

棺床细部

刘济夫人张氏墓志盖

刘济墓墓葬形制三维影像图

〔二〕 多元融汇

"南通齐赵，东北边胡"，特有的地理区位使得北京地区成为民族融合的舞台。"幽州胡马客，绿眼虎皮冠"，不同民族的衣食住行、风俗好尚、宗教信仰乃至婚姻血缘等，多元并存，彼此渗透，融汇共生，展现了中华民族共同体形成过程中"海纳百川"的雄浑气势。

〔一〕 无远弗届

秦汉统一局面的出现，促进了域内民族间的深入交往，汉唐时雄浑开放的胸襟，也在不断吸收域外文化的因素。"无远弗届"，持节远行的使者，为官为宦的胡人，将统一王朝的风范远播。四方文化交流融汇，社会风尚在存异中趋同。魏晋清谈，隋唐国色牡丹，成一时风尚，幽州虽地处一隅，亦莫能外。

论博言墓志、墓志盖

唐咸通六年（865 年）
边长 60 厘米
石景山区老古城街出土
石景山区文物研究所藏

墓主论博言（804～865 年），吐蕃人，吐蕃著名政治家禄东赞的族裔，曾任幽州节度押衙（掌领仪仗侍卫）、檀州（今北京密云县）刺史等职。论博言娶汉人之女为妻，其家族已在唐朝边境定居、为官达四代之久，已成为唐朝的世袭望族。他与多任幽州节度使交往密切，与志文撰写者张建章为"世旧通家、衙幕兄弟"，日常生活、丧葬习俗也深受中原文化影响，故其墓志盖遵循唐代规制，盝顶式，四周刻十二辰像，宽袍朝靴，怀抱生肖，四角刻牡丹花纹。吐蕃贵族子弟世代在唐朝生活、为官，反映了唐蕃和亲后，各民族间的交往更加频繁和深入，统一多民族国家继续向前发展。

中华文明的有力见证——北京通史陈列（史前—清代）

蓟州刺史兼御史大夫张建章墓志

唐咸通七年（866 年）

志边长 99、厚 16 厘米

西城区德胜门外冰窖口出土

张建章（806～866 年），中山北平（今河北顺平县）人。墓志中记载了张建章出使渤海国的经过。渤海国是当时我国东北地区靺鞨族建立的地方民族政权。唐大和六年（832 年），渤海国王大彝震为了表示对唐朝的友好，派使节赴幽州"来聘"。次年，安次（今河北省廊坊市）县尉张建章以兼职瀛州（今河北省河间市）司马的名义，代表幽州大都督府"回聘"渤海国。大和八年（834 年），抵达上京龙泉府（今黑龙江省宁安市渤海镇），受到国王大彝震的隆重接待。前后历时三年，著有《渤海记》，记述渤海的五京建置、官制情况以及风土人情。张建章使聘渤海，既是唐朝地方政府的军政代表，更是民族融合与文化交流的使者。

海淀区八里庄唐王公淑墓壁画牡丹芦雁图

据墓志，八里庄墓为唐故幽州节度判官兼殿中侍御史王公淑（太原人，卒于848年）及其夫人吴氏的合葬墓。墓中北壁上绘以大幅牡丹花为中心的牡丹芦雁图。丰盛胡同墓也曾发现唐墓。墓主为唐亲事虞侯、银青光禄大夫李殷辅（祖籍陇西，卒于889年），墓志中称所葬之地为幽都县礼贤乡胡村，墓中壁画上亦有牡丹。

唐人尚牡丹，谓之"国色天香"，当时长安、洛阳的宫廷寺观、富贵庭院、百姓民宅莫不种植牡丹，而唐人春赏牡丹，"遨游之士如狂"。幽州地区唐墓中的牡丹图纹，反映了边郡重镇幽州对"牡丹国色"的追捧风尚，与当时的政治中心长安和洛阳无异。

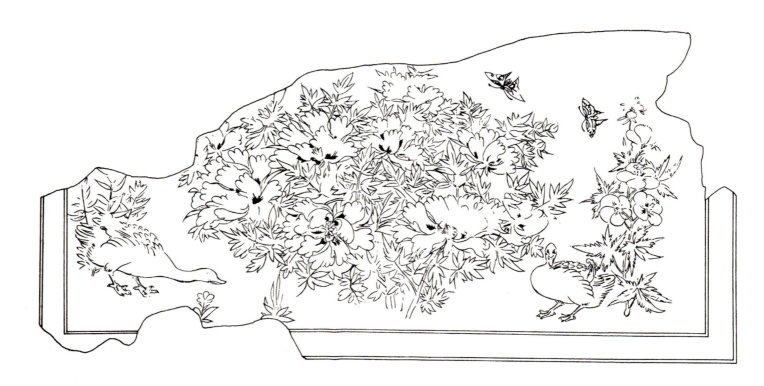

南北朝时期，进入农耕地区的少数民族将自己的服饰文化带入中原，同时也接受了中原汉族的服饰传统。天监元年（502年）进入北魏的褚绪在参加北魏元会看到大臣的服饰时曾作诗加以讥讽："帽上著笼冠，裤上著朱衣，不知是今是，不知非昔非。"诗文虽含嘲讽之意，却也真实反映了当时北方地区服饰上南北融合的特点。随葬俑人的容貌及服冠配饰，是分别民族属性的重要依据。汉晋之际的胡人俑，其面貌捏塑不甚清晰，但体现胡人特征的部分往往一望而知，如头戴尖顶帽。隋唐胡人俑的塑造则面貌清晰，神形各异的胡俑往往有本可依，可以根据其体貌、数量、职业、分布状况、服饰等方面的特征，辨认其种族与国别，是当时多元文化交流、多民族交往的历史见证。

汉画像石中的胡人

沂南北寨汉画像石墓墓门横额"胡汉交战图"左侧头戴尖顶帽的胡人形象。

灰陶男俑	釉陶俑	釉陶俑
汉	北朝	北朝
高24厘米	高21厘米	高18.7厘米
西城区阜外百万庄出土	海淀区景王坟一号墓出土	海淀区景王坟二号墓出土

红陶男立俑

唐
高 23 厘米
西城区陶然亭出土

"幽州胡马客，绿眼虎皮冠"，李白的诗句，真实记录了当时幽州地区胡人往来的景象。该俑着幞头，翻领袍服，连鬓胡修剪整齐，属典型的胡人形象。

陶俑

唐
高 35 厘米
海淀区香山慈幼院出土

虽着盔甲，但腹部袒露，应非武士俑，而应归入袒腹胡俑范围。有学者认为隋唐出现的袒腹俑应为表演幻术（魔术）的西域胡人。幻术表演者常常不用道具而是袒露肚腹，以示不藏不掖，迷惑观众，实际只是一种障眼戏法。《旧唐书·音乐志》说："大抵散乐杂戏多幻术，幻术皆出西域，天竺尤甚。"《新唐书·西域传》记载"拂林，古大秦也，居西海上，一日海西国。……多幻人，能发火于颜，手为江湖，口蟠眊举，足堕珠玉。"这是唐人对西域、天竺、大秦（东罗马帝国）表演魔术"幻人"的真实记录。

唐代幽州地区羁縻府州

州名	族称	领户
顺州	东突厥突利可汗部	天宝时，户 1064，口 5157
瑞州	东突厥乌突汗达干部	天宝时，户 195，口 624
燕州	粟末靺鞨突地稽部	天宝领户 2045，口 11603
慎州	粟末靺鞨乌素固部	天宝领户 250，口 984
夷宾州	靺鞨愁思岭部	领户 130，口 648
黎州	粟末靺鞨乌素固部	天宝领户 569，口 1991
鲜州	奚饶乐府部落	天宝领户 107，口 367
崇州	奚可汗部落	天宝领户 200，口 716
归义州	奚李诗琐高部落	开元二十年（732 年）领部落 5000 账（户）
顺化州	奚族部落	领户待考
玄州	契丹曲据部（即隋时李去闾部）	天宝领户 618，口 1333
威州	契丹内稽部	天宝领户 611，口 1869（初领户 729，口 4222）
昌州	契丹松漠部	天宝领户 281，口 1088
师州	契丹、室韦部落	天宝领户 314，口 3215
带州	契丹乙失革部	天宝领户 569，口 1990
归顺州	契丹松漠府弹汗州部（纥便部）	天宝领户 1037，口 4469
沃州	契丹松漠部	天宝领户 159，口 619
信州	奚乙失活部	天宝领户 414，口 1600
青山州	契丹曲据部	天宝领户 622，口 3215
凛州	降胡	领户 648，口 2187
归义州	新罗	领户 195，口 624

当时的幽州，容纳了突厥、靺鞨、奚、契丹、杂胡、室韦、新罗等至少七个民族数十个部落和二十一个侨治蕃州，可考蕃户在天宝年中至少两万多，约占该州汉蕃总户的三分之一。其实，因蕃州户籍"多不上户部"，史籍漏计的蕃户更不在少数。

何府君夫妇合葬墓壁画

唐

长 150、宽 120 厘米

西城区陶然亭唐墓出土

何府君墓反映了安史之乱前后中亚粟特人入居幽州的情形。墓主人何数及其妻康氏都属粟特人，应为中亚"昭武九姓"的何姓与康姓。何数生前任北平卢龙府（治柳城，今辽宁朝阳）别将，其子何令璋为史思明手下的大将，官任游击将军、轻车都尉等职。故该墓墓志首题"大燕柳城何府君墓志"，"大燕"为史思明叛唐后自立的国号，柳城为营州治所，面对着契丹和奚两个东北强蕃。唐廷正是利用了善战的粟特胡人来防御两蕃的入侵，却也种下了安史之乱中胡人将领起而叛唐的祸端，安禄山、史思明及诸多叛将均为柳城胡人。墓志中还使用了史思明的年号"顺天"。

薛府君墓志盖

唐

边长 80、厚 9 厘米

西城区姚家井唐墓出土

该墓志盖发现于西城区姚家井，志盖镌刻"大唐故信州刺史河东薛府君墓志之铭"，四周及盖石四侧均刻有宝相花纹。墓中还发现五个汉白玉人身兽首十二支神石刻立像，即辰龙、巳蛇、未羊、酉鸡、亥猪。此处的信州可能为武则天时期寄治于幽州范阳县，用以安置奚乙失活部的羁縻州。墓主人可能是长期镇守幽州、营州的河东薛氏家族后人。

石刻十二辰龙像
唐
高 40.3 厘米
西城区姚家井唐墓出土

石刻十二辰马像
唐
高 32 厘米
西城区姚家井唐墓出土

石刻十二辰蛇像
唐
高 34.2 厘米
西城区姚家井唐墓出土

石刻十二辰羊像
唐
高 35 厘米
西城区姚家井唐墓出土

石刻十二辰鸡像
唐
高 31.8 厘米
西城区姚家井唐墓出土

　　我国传统配饰重玉器而轻金银，随着域外文化的深入影响，金银器的使用日渐广泛。日常器用，从材质到色彩、纹饰，保持华风的同时，受其他民族及域外文化的影响也在逐渐显现。

银钗

晋

长 15.5 厘米

顺义区砖厂出土

银钗

晋

长 24 厘米

顺义区砖厂出土

银钗

晋

长 17.7 厘米

顺义区砖厂出土

银钗

晋

长 23 厘米

顺义区砖厂出土

　　钗为固定发髻之用，东汉到魏晋南北朝时期成为女子最常用的首饰，有骨钗、玉钗，也不乏金银制品。细圆的一根金丝或银丝弯过来成两股做成钗的脚，钗梁有宽有窄，几乎都是素面无纹。钗脚有短有长，长者在20厘米上下，短者约略减其半或者更短。长钗短钗常一起出现，有时又是两两各自成对。钗的插戴，一种是在高耸的云髻顶上插成一排。另一种是斜插在鬓边，第三种是一边一支安在发髻之下。从西晋时期开始，随着礼仪的制度化，钗与簪的组合逐渐成为女性的新头饰。不同长短的钗、簪以近乎对称的样式构成了一个完整的组合，展现出此时的贵妇们庄重而不失华丽的头面装饰。

金镯

北朝

直径 6.6 厘米

顺义区临河村北朝墓出土

镯是妇女在小臂所戴饰物，当时称跳脱、条脱，垂手时则落到腕部。后世多称臂钏或腕钏。

金臂钏

唐

长 20.2、宽 1.9 厘米

昌平区羊坊出土

蝉纹金珰

北朝

长 5、宽 4.8 厘米

顺义区临河村北朝墓出土

南北朝时期，进入农耕地区的少数民族将自己的服饰文化带入中原，同时也接受了中原汉族的服饰传统。蝉纹金珰是汉晋以来高级官吏特用的冠前饰物，状如"山"字形。主体图案为一蝉的形象，图案的空隙处镂切出孔，背后以素面金箔衬垫。冠着金珰是当时的一种时尚。"金"表达"金取坚刚，百炼不耗"之意，蝉意味着"居高食洁，口在腋下"的高洁品质。从鲜卑三燕文化控制的东北地区到东晋都城建康，均有蝉纹金珰发现。

蝉纹金珰佩戴示意图

玻璃钵

西晋

最宽处约 11、最高处约 7.8 厘米

石景山区八宝山华芳墓出土

　　该器吹制成型，碗面装饰有热工艺加工粘贴的椭圆形乳丁，底部刺则是趁热用钳子夹出。从工艺和造型来看，属萨珊玻璃，是萨珊王朝时期（226～651 年）伊朗高原生产的玻璃器，由丝绸之路进入我国，这也是西晋蓟城处于多种文化交汇之区的重要见证物。这类玻璃器在当时也被称为"琉璃碗""琉璃铃""琉璃杯"。晋时潘尼作《琉璃碗赋》"济流沙之绝险、越葱岭之峻危"，大英博物馆藏敦煌帛画中也有菩萨手托玻璃钵的形象，可见陆上丝绸之路确是这类玻璃器进入中国的通道之一。目前，两晋南北朝时期的西域玻璃制品，除中国境内有发现外，也见于朝鲜半岛及日本。

新疆库车县阿艾石窟主室东壁药师琉璃光佛手托玻璃药钵

白釉蓝彩碗

唐

高 4、口径 9.6

朝阳区大北窑出土

　　白地蓝彩陶器属于唐三彩中比较特殊的一类，以白色瓷土为胎，往往采用铅白釉和蓝彩装饰低温烧成，蓝彩原料多为钴蓝。器形有罐、盂、壶、钵、盒等，以实用器为主，最早出现于唐高宗年间墓葬。钴蓝装饰最早产生于埃及和西亚，采用钴蓝作为陶瓷装饰，与丝绸之路上的东西交流密切相关。

参 北方重镇——秦汉至隋唐五代

〔二〕崇佛重道

佛教于公元 1 世纪前后传入我国。魏晋北朝时期，佛教流布以北魏为盛。此时的幽州地区，有相关佛教遗存及记载。至唐代，幽州地区分布着众多佛寺，据学者统计，幽州城及其所辖县的佛寺有 37 座。而房山石经的刻布，更是佛教历史上的盛举。作为多元文化融汇之地的幽州，佛教文化影响到各族群、各阶层的精神世界。唐玄宗李隆基继位至穆宗长庆四年的百余年间是房山刻经的鼎盛时期。开元二十三年（735 年），唐玄宗曾亲自注释佛教经典《金刚经》，并将其颁布佛寺，并声称："不坏之法，真常之性，实在此经。"

潭柘寺

潭柘寺始建于西晋愍帝建兴四年（316 年），是佛教传入北京地区后修建最早的一座寺庙。始创时规模不大，名嘉福寺。流传有"先有潭柘寺，后有北京城"的说法。

北魏太和石造像

北魏
高 250、宽 119、足厚 40 厘米
北京石刻艺术博物馆藏

北魏太和二十三年（499 年）雕造，是北京现存最早的石佛造像，由一块椭圆形石刻成。造像原有高约半米的莲花台座，石佛赤足立于莲花台座上，高 1.65、宽 1.16 米，螺形髻，面部慈祥，端庄丰满，神态自若。左手自然下垂，右手屈肱胸前，斜披袈裟，袖口垂地，下系羊肠大裙，衣褶凹凸分明，自然流畅。其后为火焰纹背光和圆形项光，背光上分层刻有忍冬纹、火焰纹。项光内圈雕刻一圈坐佛，外圈及主尊身侧刻有吹、拉、弹、唱、歌舞伎乐人 14 尊，形态逼真、造型生动。石佛腰部以下两侧还有两尊菩萨。背光的背面雕有 12 排 124 尊小佛像。石像下方有"太和廿三年三月十五日阎惠端为皇帝、太皇太后造像"字样，为造像年代提供了依据。从造像年代和风格来看，应与山西云冈石窟属同一时代。

舍利函

隋

青石函：高 16.2、长 30、宽 29.5 厘米；盖长 30、宽 29.5、
厚 7 厘米

汉白玉石函：高 13.5、长 15、宽 14.5 厘米

银函：高 4、长 4、宽 4 厘米

羊脂玉函：高 1.2、长 1.5、宽 1.5 厘米

房山区石经山雷音洞出土

　　舍利函发现于房山石经山雷音洞原佛座后下方竖穴内，按各层函铭文记载，函内舍利原有 3 粒，隋大业十二年（616 年）安置。石函共有五层，最外面的大石函为汉白玉石制成，函盖及里面共刻铭文 262 字，记载了明万历二十年（1592 年）在石经山发现三颗佛舍利的情况。第二层为青石函，盖上刻"大隋大业十二年岁次丙子四月丁巳朔八日甲子于此函内安置佛舍利三粒愿住持永劫"36字铭文。第三层为汉白玉石函。第四层为镀金银函，四周线刻青龙、白虎、朱雀、玄武四神图案，其内有木质彩绘香珠 1 颗，珍珠 8 粒。第五层为白玉制成，做工精巧玲珑。

青石函

汉白玉石函

"大代"款铜鎏金释迦牟尼佛像

北魏

高 33、宽 19.5 厘米

延庆区出土

　　北魏拓跋部初建国时国号为"大代"，拓跋珪继代王
后改国号为魏，史称北魏。此像通体鎏金，结跏趺端坐，
头部高昂，饰涡旋状发型，顶有高肉髻。面颊丰腴，大眼
细长，神态威严。身着袒右肩袈裟，胸前衣上饰折带纹，
衣纹写实厚重。右手施无畏印，手势亲切自然。四足座床
浑朴稳重，其正面和两个侧面刻画飞鸟、蔓叶、胡人装束
的供养人、卷云等纹饰和图案，座后刻有"大代"等铭文。
体现了北方鲜卑民族雄阔健硕的形象特征和文化气质，代
表了北魏金铜造像的极高艺术水平。

银函

羊脂玉函

云居寺

　　云居寺始建于隋末唐初，是佛教经籍荟萃之地，寺内珍藏的石经、纸经、木版经号称"三绝"。

　　"石刻佛教大藏经"始刻于隋大业年间，僧人静琬等为维护正法刻经于石。石经山雷音洞四壁所嵌石经，即为静琬始刻。

雷音洞

雷音洞贞观二年题记

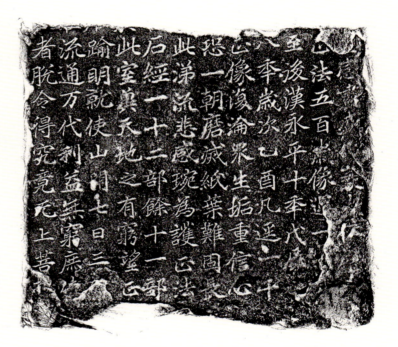

雷音洞武德八年题记

　　静琬（？～639年）为隋幽州智泉寺僧，于隋大业中，"发心造石经藏之，以备法灭"。现雷音洞门楣上有静琬于唐贞观二年（628年）和八年（634年）两次刻经题记，另在雷音洞前面的石栏板下发现唐高祖武德八年（625年）题记。以上题记记载了静琬曾主持镌刻《大涅槃经》一部，刻81石，《华严经》一部，刻177石。

金仙公主塔，该塔后壁上刻文记述了唐玄宗第八妹金仙公主向云居寺赐经本和施田产之事，塔内雕刻佛像、供养人、金刚力士等。

金铜佛像

　　唐人崇佛，寺庙、石窟、壁画中的佛陀造像成为众生参拜的对象，同时，各地也出土有众多金铜佛造像，以为日常供奉之用。1978年密云县十里堡公社河漕大队（今十里堡镇河槽村）出土八尊唐代金铜佛像。该组造像沿袭了北魏以来佛陀置于四足座床之上的结构造型。坐姿造像，座床四足凝重，站姿造像，座床四足则纤细灵动。幽州地区药师佛信仰深厚，这八尊造像中就有两尊药师佛像。两尊像均呈站立姿势，手印和持物完全一致，左手举于左肩，右手持锡杖，其造型样式明显与莫高窟唐代壁画上流行的药师佛像一致。另有四尊造像的头光工艺十分相似，均为顶端一个细长、高耸的尖柱，风格统一。

铜鎏金阿弥陀佛像

唐永隆二年（681年）
高 14.4 厘米
密云区十里堡镇河漕村出土

　　阿弥陀佛像。背光呈舟形，镂雕华丽繁复、刻工精美，外沿装饰舞动的熊熊火焰，头光和背光的外层用几个单独花朵间隔，内层是盛开的莲花，镂空的表现形式宛如太阳辐射光辉一般。阿弥陀佛双手捧钵，全跏趺端坐在高台之上。身下是四足座床承托的束腰式莲花坐，坐床上刻有"永隆二年九月十日佛弟子赵九平为□□□敬造阿弥陀佛一铺合家供养佛时"，是该组金铜造像中唯一有具体纪年的，对研究造像风格分期和北京地区的宗教习俗有重要的作用。

榆林窟第 025 窟药师佛形象

铜药师佛像

唐

左通高 13、右通高 15.6 厘米

密云区十里堡镇河槽村出土

这两尊像均为佛陀造型，肉髻高隆，左手举起捧钵；右手持锡杖，身着袒右肩袈裟站立在莲台之上。这种造型的佛陀应是药师佛，是唐代盛行的佛教崇奉题材，但在铜造像中并不多见。

铜鎏金观音菩萨像

唐

通高 13.5 厘米

密云区十里堡镇河槽村出土

观音菩萨造像。此像通体镀金，菩萨头戴高冠，身材纤细，帔帛自然下垂与台座相连。左手持净瓶，右手高举杨枝，扭转身姿站立，下承高大的四足坐床。头光顶部有高耸尖柱，十分醒目。

铜鎏金观音菩萨像

唐

通高 8.4 厘米

密云区十里堡镇河槽村出土

　　观音菩萨造像。此尊镂空的头光顶上置阿弥陀佛像，观音头戴花冠，身饰帔帛和连珠纹璎珞，身姿扭动，站立在莲花中升起莲台之上。

铜鎏金观音菩萨像

唐

通高 13.5 厘米

密云区十里堡镇河槽村出土

　　观音菩萨造像。帔帛、净瓶等细节处理到位，十分精细，下承的四足坐床较为高大，四足纤细。

铜鎏金观音菩萨像

唐

通高 13.5 厘米

密云区十里堡镇河槽村出土

　　观音菩萨造像。此像没有装饰头光，发髻高束，面庞长圆，颈饰项链，左肩斜披长链，帔帛绕身飞舞，腰间系带，双腿并拢立于莲台之上。莲台两侧装饰应是帔帛垂下部分与莲台底部莲茎的结合，对称排列，繁复精美。下承的四足坐床床体高大，床足细长。

铜观音菩萨像

唐

现高 10.5 厘米

密云区十里堡镇河槽村出土

　　观音菩萨像。这尊像略带锈色的材质和整体的风格与两尊佛陀立像相仿，做工较为粗糙。

铜走龙

　　李唐王朝以老子李耳后裔自居，对道教多所崇奉。铜走龙可能是古时道教投龙仪式中所用法器。投龙祭祀活动来源于道教的天、地、水三官信仰。古代帝王惯用"沉埋"形式祭祀山川。在唐代逐步形成了沉埋金（铜）龙、玉简的固定礼仪，将写有愿望的文字玉简、玉璧、金（铜）龙、金纽等一起用五彩缤纷的丝线捆扎起来投入名山大川中，作为升度之信，以奏告"三元"。

铜走龙

唐

高 10、长 20、宽 1 厘米

房山区孔水洞出土

房山区文物保护所藏

铜走龙

唐

高 10、长 19、宽 1 厘米

房山区孔水洞出土

房山区文物保护所藏·

铜走龙

唐

高 9.2、长 14.8、宽 1 厘米

房山区孔水洞出土

房山区文物保护所藏

铜走龙

唐

高 9.3、长 19.5、宽 1 厘米

房山区孔水洞出土

房山区文物保护所藏

万佛堂与孔水洞

　　万佛堂位于北京市房山区云濛山南麓孔水洞出口处，始建于唐，现存建筑为明万历年间重建无梁殿，殿内镶嵌"文殊普贤万菩萨赴会图"石刻一堂，31块汉白玉高浮雕组成，为唐代石刻艺术的杰作，石刻后代有移位与补刻。孔水洞是隋唐时期重要的宗教场所，洞内不仅保存有佛教遗迹，唐代道教投龙仪式也曾在这里举行。洞内曾发现隋大业十年（614年）刻经和隋代石佛雕像。开元年间，唐玄宗曾遣人三次来孔水洞投下走龙和玉璧用以祈福还愿。

《大房山投龙璧记》拓片

铜走龙

唐
高 9、长 19.8、宽 1 厘米
房山区孔水洞出土
房山区文物保护所藏

铜走龙

唐
高 9.5、长 19.8 厘米
北京矿务局房山煤矿出土

铜走龙

唐
高 9.7、长 20 厘米
北京矿务局房山煤矿出土

肆

建都之始

辽金

（916 ～ 1234 年）

从公元 9 世纪开始，我国东北地区古老的民族契丹和女真相继崛起。契丹人建立了辽（916～1125 年），女真人建立了金（1115～1234 年）。辽升幽州为南京，金则于此建中都。辽金时期完成了北京由陪都向一代王朝都城的递升演进。这种质变，不仅使北京地区的政治、经济及军事中心地位得到进一步巩固，也为后来元、明、清等大一统王朝定都北京奠定了基础。

一 燕台翼京

辽天显十三年（938年），辽太宗耶律德光升幽州为南京。辽南京与上京、东京、中京、西京并称为辽五京。虽是辽的陪都之一，但北京开始以都城的面目出现在历史舞台，城市性质发生了质的变化。辽南京在辽五京中最为富强，有"兵戎冠天下之雄，与赋当域中之半"的说法。

〔一〕 幽燕风云

唐末，我国古老的北方民族契丹日渐强大，首领耶律阿保机统一各部。神册元年（916年）耶律阿保机称帝，国号契丹。天显十一年（936年，后唐清泰三年），后唐的河东节度使石敬瑭建立后晋。为回报契丹的帮助，石敬瑭将包括幽州在内的燕云十六州献于契丹。燕云十六州割让给辽朝之后，后周、北宋初的统治者都试图收复，但均未成功。统和二十二年（1104年，北宋景德元年），宋辽达成"澶渊之盟"，南北双方迎来长期和平的局面。

鎏金银面具
辽
通高 31、宽 22.2、厚 0.15 厘米
房山区金陵遗址出土

面部覆罩金属面具、躯体用锦彩络缠或银铜丝网络，是契丹贵族常用的饰终之仪。面具依据逝者生前的面貌制造。有金、银、铜等材质，依据死者身份不同而不同。此面具由银片锤錾而成，再施以鎏金，面部轮廓清晰，头发后梳，眉骨突出，双目闭合，神态安详。耳部和耳垂上边各有一个小圆孔，应是系带所用。此种面具在内蒙古、辽宁等墓葬多有出土，是一种反映契丹人容貌的特殊物证。

灰陶契丹俑

辽

男俑高 50.3、女俑高 51.5 厘米

昌平区南口镇陈庄村辽墓出土

　　出土于墓主骨灰龛前左右两侧，男左女右。男俑站姿，头部微昂起，髡发，阔鼻，颧颊丰满。身着左衽圆领长袍，肩部有花头纽扣。腰部系带。双手揣于腹前。脚穿尖头靴子。女俑站姿，髡发，顶盘灵蛇髻，眼睛微垂视，阔鼻，颧颊丰满。身着圆领衫，外套对襟短袄，腰间系带。下身着褶裙，脚穿圆头鞋。立体呈现契丹人形态样貌的遗存较为稀少，这两件灰陶俑非常珍贵。

铜鸣镝

辽

长 3.5、宽 2 厘米

　　游牧、渔猎民族号称"引弓之民"，都依赖并善做弓矢。鸣镝是射出后带响声的箭，有分体式鸣镝与一体式鸣镝。此件为一体式鸣镝。

铜流星锤

辽

延庆古崖居

　　古崖居遗址位于延庆区海坨山麓，是我国规模最大的古代洞窟聚落遗址之一，其可能是迁徙于妫州（州治河北怀来）的奚人遗存。奚人是我国古代东北方少数民族之一，隋唐时即活动在今西拉木伦河上游一带，与契丹相邻。唐末契丹崛起，奚人遭到驱役，有数千帐奚人西徙妫州。耶律阿保机时期，使其成为辽政权的支柱力量之一。

　　奚人很善于造车，曾经出使辽国的宋人沈括记载"奚人业伐山、陆种、斫车。契丹之车皆资于奚。车工所聚，曰打造馆。其辎车之制如中国，后广前杀而无毂，材俭易败，不能任重而利于行山"。奚车大都用牛挽之。辽墓壁画中常有大车图像，推测在实际生活中这些车或为奚人营造。

兽首铜车饰

辽

高 17.4、宽 4 厘米

海淀区八大处出土

环形铜车饰

辽

长 17、宽 14 厘米

海淀区八大处出土

〔二〕 燕地勋阀

契丹政权的发展与燕地汉人世家大族密切相关。耶律阿保机在建立政权之初即深受汉人影响。其中以韩、刘、马、赵为代表的汉人世家更是"勋阀富盛，照映前后"，极大地影响着辽金政坛。辽代施行南北面官制以适应不同的生产方式与族群。燕地汉人贵族多为南面官。

赵德钧及妻种氏墓

赵德钧家族的际遇反映着中原贵族入辽后的兴衰沉浮。赵德钧（？ ～ 937 年），后唐北平王，驻守幽州，后入契丹，获封齐王。赵德钧与夫人种氏合葬墓位于丰台区洋桥，出土墓志题有"辽故卢龙军节度使太师中书令北平王赠齐王天水赵公夫人故魏国夫人赠齐国夫人种氏合祔墓志"。

双兽雕砖

辽

残长 25.5、宽 25、厚 7.2 厘米

丰台区洋桥赵德钧墓出土

铜迦陵频伽

辽

长 9 厘米

丰台区洋桥赵德钧墓出土

迦陵频伽，意译作好声鸟、美音鸟、妙声鸟，是佛教中神鸟。《正法念经》中说："山谷旷野，其中多有迦陵频伽，出妙音声。如是美音，若天若人。"形象为人头鸟身。此件迦陵频伽造型飘逸灵动，背面平整，有两个钉痕，应是装饰性附件。

白釉盒

五代

通高 11、口径 8.5 厘米

丰台区洋桥赵德钧墓出土

李熙墓志拓片

志石长 72、宽 72 厘米

丰台区出土

　　李熙墓志有助于更全面了解辽南面官体系，也有助于了解燕地中下级官僚入辽后的状况。墓志记载：其祖父与父亲在幽州本地为官，其父李琮为唐卢龙军节度押衙。幽州入辽后，李熙的官职从殿中少监至营州刺史。

中华文明的有力见证 ｜ 北京通史陈列（史前—清代）

韩佚家族

　　韩氏为辽代的汉族勋贵。韩佚之祖韩延徽，幽州人，受卢龙节度使刘守光之遣，出使契丹。辽太祖耶律阿保机见其才识出众，随即委以重任。《辽史》载："太祖初元，庶事草创，凡营都邑，建宫殿，正君臣，定名分，法度井井，延徽力也。""夫赋税之制，自太祖任韩延徽，始制国用。"韩延徽等汉人官僚还力劝辽太祖"不受代"，建立世袭制，其孙韩佚墓位于石景山八宝山。此外北京地区还有韩资道、王师儒等与韩氏相关墓志出土，这些墓志反映燕地贵族通过门第姻亲形成盘根错节的关系。

越窑青釉划花宴乐人物纹执壶

北宋

通高 18、口径 4.5 厘米

石景山区八宝山韩佚墓出土

　　葫芦形纽盖，盖壁有二孔。花瓣形直口，瓜棱状圆腹，矮圈足，直流，曲把。器底刻"永"字款识，有长条形支烧痕。薄胎致密，釉色青灰。划花，盖饰云纹或羽纹，把和流饰花草纹，身两面饰四对人物坐饮图。流云、酒樽、果盘等杂置其间。

越窑青釉划花鹦鹉纹注碗

北宋

高 8.5、口径 18 厘米

石景山区八宝山韩佚墓出土

　　敞口，深腹，平底，圈足微外撇。底部有五个条形支烧痕迹，挂满釉，釉色光泽莹润。口沿内饰凹弦纹一周，内底心划鹦鹉一对，头尾相对，形成团形图案。出土时越窑青釉划花宴乐人物纹执壶置于碗内，应是一套温酒器。这套酒器非常精美，推测与其他类似器物一样，可能为皇室对韩佚先祖的赏赐。

白釉柳斗钵

辽

高 5.4、口径 7.8 厘米

石景山区八宝山韩佚墓出土

白釉盖罐

辽

通高 9、口径 4.7 厘米

石景山区八宝山韩佚墓出土

白釉小口盖罐

辽

通高 8、口径 3.8 厘米

石景山区八宝山韩佚墓出土

中华文明的有力见证——北京通史陈列（史前—清代）

定窑白釉刻莲瓣纹盖罐

北宋

通高 9.5、口径 5.2 厘米

石景山区八宝山韩佚墓出土

耀州窑青釉盏

北宋

高 4.5、口径 13.9 厘米

石景山区八宝山韩佚墓出土

越窑青釉碟

北宋

高 3.5、口径 13.7 厘米

石景山区八宝山韩佚墓出土

白釉唾壶

辽

高 2.5、口径 18.6 厘米

石景山区八宝山韩佚墓出土

　　唾壶的造型为盘口或宽缘，短颈，圆腹，或圈足或平底，用于承装唾吐物。在《文献通考》卷一百十六《王礼考十一·汉官仪》中记载："侍中，左貂右蝉，本秦丞相史，往来殿中，分掌乘舆服物，下至褻器虎子之属。武帝时，孔安国为侍中，以其儒者，特令掌御唾壶。朝廷荣之。"那么，最早使用唾壶的年代似乎可以追溯至西汉时期。宋辽时期的《备茶图》中经常能看到唾壶的式样。

凤字形陶砚

辽

长 15.6、宽 11 厘米

石景山区八宝山韩佚墓出土

〔三〕辽南京

辽南京沿袭了唐代幽州城的旧规模，但政治地位的提升，极大地促进了城市发展。得益于其沟通松漠乃至蒙古高原与内地的交通枢纽地位，并依托燕云地区雄厚的经济实力，辽南京成为辽国人文与财富聚集之地，繁华富庶为一方之冠。

州宅用契丹旧内，壮丽敻绝。城北有三市，陆海百货萃于其中。僧居佛宇，冠于北方；锦绣组绮，精绝天下。膏腴蔬窳、果实、稻粱之类，靡不毕出；而桑柘麻麦、羊豕雉兔不问可知。水甘土厚，人多技艺，民尚气节。秀者则向学读书，次则习骑射、耐劳苦。

——1125 年宋使者许亢宗北上过辽南京所见

辽南京城示意图

辽南京城周二十余里，城墙高三丈，宽一丈五尺，配置高大的敌楼战橹九百一十座，地堑三重。设八门：东为安东、迎春；南为开阳、丹凤；西为显西、清晋；北为通天、拱辰。大内在城西南角。正南为启夏门，东为宣和门。中有元和、仁政、洪政等殿，建筑颇为壮丽。城中分二十六坊，每坊有门楼，上书坊门。

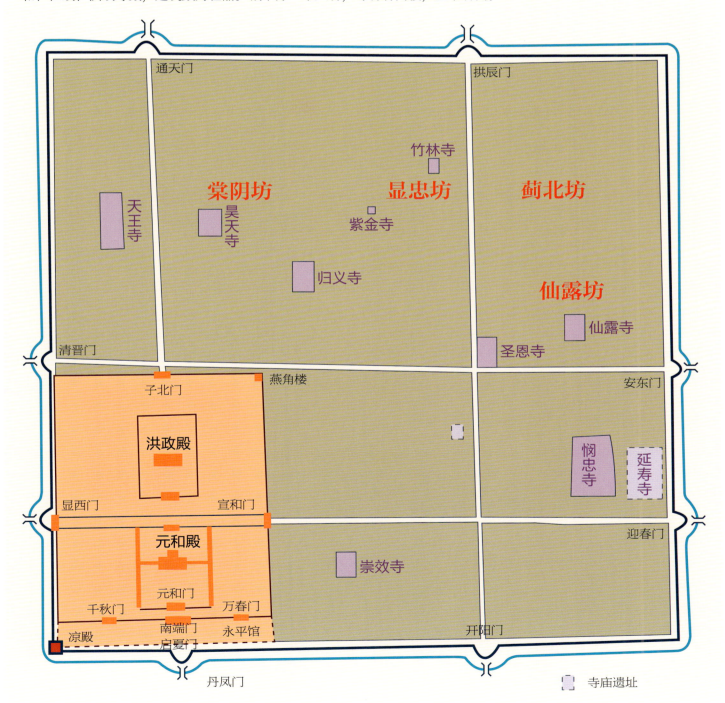

定窑

定窑在今河北省保定市曲阳县（原属今定州市）的涧磁村、野北村及东燕川村、西燕川村一带，因该地区唐宋时期属定州管辖，故名定窑。定窑原为民窑，北宋中后期开始烧造宫廷用瓷。创烧于唐，极盛于北宋及金，终于元。定窑以白瓷著称。

定窑白釉提梁壶

宋

高 16、口径 1.5、腹径 9、底径 5.4 厘米

壶六瓣瓜棱形，敛口下凹，短流，垂腹，浅圈足。仿藤编式提梁，前端分三股，每股由模印宝相花片饰与壶体相连接，釉面光润微泛黄。

定窑白釉莲瓣形盘

宋

高 3.4、口径 15.3、底径 5 厘米

盘莲瓣形口，浅腹，弧壁，圈足。胎体洁白细腻，釉色白中泛灰，并有黑色杂质颗粒。釉面细润光亮。

耀州窑

耀州窑位于今陕西省铜川市黄堡镇，唐宋时属耀州，故名。耀州窑在唐代开始烧制黑釉瓷、白瓷、青瓷、茶叶末釉瓷和绿彩、褐彩、黑彩以及三彩陶器等。宋以后青瓷为主。北宋是耀州窑的鼎盛时期，于神宗元丰至徽宗崇宁的三十年间，曾为朝廷烧制贡瓷。宋代耀州窑青瓷胎体较坚薄，胎色灰褐或灰紫，釉质莹润透明，釉色青绿如橄榄，釉薄处呈姜黄色。

耀州窑青釉刻牡丹纹梅瓶

宋

高 12.5、口径 5、腹径 19、底径 10 厘米

瓶小口，折沿，短颈，丰肩，直壁下收，圈足微外撇。胎体呈浅灰色，胎质细腻。釉色玻璃质感强，釉面有细小开片纹，施釉不及底，底部无釉。腹部刻折枝牡丹纹。主题纹饰以刻、划花相结合的手法，划花线条细，刻花刀锋有力，线条清晰。

耀州窑青釉印花缠枝菊纹碗

宋

高 3.3、口径 12.5、底径 3 厘米

碗敞口，浅腹，卧足。浅灰色胎，釉色青中闪黄。碗内壁模印花纹，内心为菊花三朵，内壁为缠枝菊纹。釉层较厚。

龙泉务窑瓷器

　　龙泉务窑址位于门头沟区龙泉镇，是北京地区唯一一处从辽代早期到辽末金初最完整的制瓷手工业遗址，共出土各类器物近万件，以烧制中原风格瓷器为主，契丹游牧文化特有的鸡冠壶、长颈瓶、海棠式长盘等器物均未发现。花口器物多仿制金银器造型，花口的下凹处特意做出仿锤揲的凸棱效果，是龙泉务窑的特色器物。

龙泉务窑址

龙泉务窑白釉花口盏、盏托

辽

盏：高 4.3、口径 10.8、底径 4.7 厘米

盏托：高 6.4、口径 7.2、底径 5.7 厘米

丰台区永定门外南苑彭庄辽墓出土

龙泉务窑白釉刻花注壶、温碗

辽

碗：高 21、口径 4、腹径 17.5、底径 8.7 厘米

壶：高 13.3、口径 19.2、底径 10.1 厘米

丰台区永定门外南苑彭庄辽墓出土

　　注壶和温碗组成一套温酒器。温碗敞口，深腹，圈足。胎质略粗，胎体坚实。釉下施白色化妆土，外壁施釉不及底，内心有四条支烧痕，外壁刻折枝花卉。注壶和温碗为宋辽金时期流行的一套温酒器，与盏、盏托配套使用。

龙泉务窑白釉刻菊莲纹葫芦式执壶

辽

高 13.2、口径 2.5 厘米

丰台区长辛店辽墓出土

冶铁

　　延庆大庄科辽代矿冶遗址群是目前发现的、辽代矿冶遗存中保存炼铁炉最多，且炉体保存相对完好的冶铁场所。该遗址群主要由矿山、冶炼、作坊及生活区遗址等构成，遗址类型丰富。

大庄科矿冶遗址群水泉沟遗址

铁锄

辽

长 90 厘米

密云区出土

　　锄属于中耕农用工具，即是在农作物的生长过程中对其进行锄草、松土所用的工具，以利于农作物的正常生长，从而提高农作物的生产产量。据相关研究资料表明，辽代时期的流行铁锄大体有两种，即"弯钩锄"与"直钩锄"。辽代生产中常用的铁质生产工具包括农具（铧、锹、镐、锄、镰等）、渔猎工具（冰镩、渔叉等）和手工工具（斧、锛、凿、刀、锯等）三大类。

六錾铁锅

辽

高 22、口径 33.5 厘米

通州区东门外辽代遗址出土

　　六錾铁锅多为平口，窄沿，沿下有 3～9 道环形凸弦纹，纹下为鼓腹，圜底（少量为平底），六个錾状耳居于凸弦纹与腹的中间，二耳之间的距离多为不等。辽代常用铁质生活工具有铁锅、铁鼎、鐎斗、铁炉、菜刀、条形刀、铁勺，以及铁熨斗、铁盏、铁壶、铁剪刀、铁锁、铁铃等。

〔四〕延芳淀捺钵

辽代皇室有四时捺钵的习俗。捺钵是游牧、渔猎文化在政治领域的一种特殊表现。史料记载"辽国尽有大漠，浸包长城之境，因宜为治，秋冬违寒，春夏避暑，随水草，就畋渔，岁以为常，四时各有行在之所，谓之捺钵"。除了捕鱼、打雁外，捺钵中还有拜天射柳、祭山祀祖、商讨国事、处理政务、接见使臣、接纳贡品等政治活动。辽南京是辽帝春捺钵活动的主要区域之一，具体地点在潞阴县（今通州）延芳淀。

辽代京东的延芳淀水面开阔，芦苇丛生，是游猎的好去处。《辽史·地理志》记载"辽每季春，弋猎于延芳淀，居民成邑，就城故潞阴镇，后改为县。"明代《燕山丛录》也记载："县西有延芳淀，大数顷，中饶荷芰，水鸟群集其中，辽时每季春必来弋猎，打鼓惊天鹅飞起，纵海东青擒之，得一头鹅，左右皆呼万岁。"

延芳淀水域范围示意图

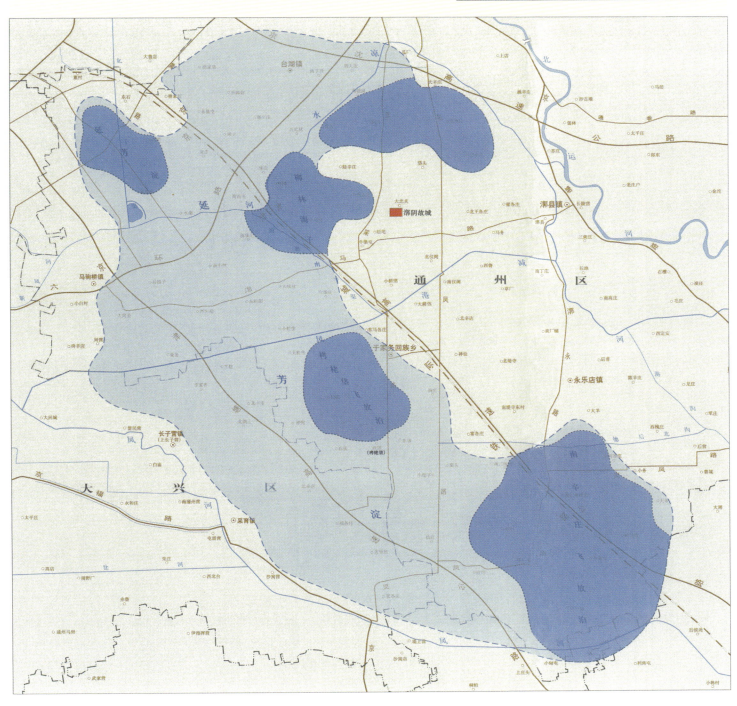

中都气象

12 世纪初，生活于我国东北松花江流域的女真人日渐强盛。1115 年，女真首领完颜阿骨打正式建国称帝，国号金。1153 年，金朝第四位皇帝（贬号海陵王）完颜亮将首都从上京（今黑龙江省哈尔滨市阿城区）迁移至燕京（今北京），并模仿宋汴梁改建辽南京，称中都，北京成为一代王朝的正式首都。

〔一〕 女真崛起

女真崛起于白山黑水之间。在辽代末期，女真人的一支完颜部在其首领完颜阿骨打的率领下，建立金政权。1122 年，金军进入辽南京。在短暂地交付北宋后，1125 年（北宋宣和七年），金军重新占领燕京。金朝凭借强大的军事实力灭辽与北宋，最终和南宋、西夏等政权并立。

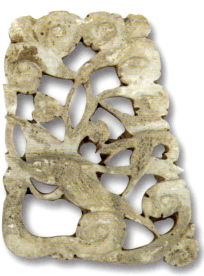

玉雕海东青饰件

金

长 5.5、宽 4.2、厚 0.8 厘米

房山区金陵遗址出土

海东青是一种小而俊健的鹘鹰，能捕捉比它大几倍的天鹅和雁类，深受游牧民族喜爱，辽朝常派"银牌天使"通过女真到五国部索取海东青。这条道路也称为鹰路。在鹰路沿途，契丹使者常常倚仗权势为非作歹。他们的种种劣行激起矛盾与冲突，海东青的贡献不时受到阻隔。金人在崛起之初，常常以其他部落阻断鹰路为借口，兼并征伐扩大自身力量，即"始终以鹰路误之，而辽人不悟"。

金代将府

　　金代将府称号随着军事政治形势而变化不常。其最早设置于收国元年（1115 年），为讨伐高永昌设置咸州军帅司，讨张觉置南路都统司。天辅五年（1121 年），设立内外诸军都统。即猛安之上设军帅，军帅之上设万户，万户之上设副统、都统。攻下南京后，设枢密院于广宁，总领汉军。太宗天会三年（1125 年），因伐宋，置元帅府及左右副元帅、左右监军、左右都监。诸路各设兵马都总管府，州镇设节度使，沿边州设防御使。州府募军，每五百人为一指挥使司。随着金代中央官职逐渐完备，中央设立枢密院掌武备机密。每行兵枢密院则更为元帅府，罢则复为院。元帅府职官包括：都元帅一员，从一品；左、右副元帅各一员，正二品；元帅左、右监军各一员，正三品；左、右都监各一员，从三品。

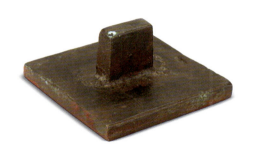

"合札寿吉斡母谋克印"铜印

金

高 4.6、印面边长 6.1 厘米

"副元帅印"铜印

金

高 5、印面边长 9.7 厘米

　　合札，意为亲军。《金史·兵志》记女真初起时，"其部长曰孛堇，行兵则称曰猛安、谋克，从其多寡以为号。猛安者，千夫长也，谋克者，百夫长也。"1114 年，完颜阿骨打定制以三百户为一谋克，十谋克为一猛安。后来猛安谋克逐渐演变成与州县并行的基层政权组织机构。《金史·百官志》记载，"猛安，从四品""诸谋克，从五品"。

"行元帅府之印" 铜印

金

高 4.4、印面边长 10.4 厘米

"左监军印" 铜印

金

高 4.5、印面边长 8.7 厘米

"元帅右监军印" 铜印

金

高 5.2、长 9.5、宽 9.7 厘米

"都统府印" 铜印

金

高 4.7、印面边长 7.1 厘米

"征行都统之印" 铜印

金

高 4.5、印面边长 6.9 厘米

"万户之印"铜印

金

高 4.5、印面边长 6 厘米

"千户所印"铜印

金

高 5.1、印面边长 5.7 厘米

"征行中翼副提控之印"铜印

金

高 4.5、印面边长 6.6 厘米

"兵马都提控印"铜印

金

高 4.5、印面边长 8.3 厘米

"飞虎军提控木字号印"铜印

金

高 3.3、印面边长 6.9 厘米

〔二〕 海陵王迁都燕京

金天德三年（1151年），海陵王完颜亮为加强对中原地区的管理，下诏决定从上京（今黑龙江省哈尔滨市阿城区）迁都燕京（今北京），称为"中都"。金中都是在原城址上建立起来的一座全新的城市，规划建设受北宋开封城的影响，将辽南京城的东、南、西三面向外扩展，使皇城居于都城的中间。重建的新都城规模宏大，宫阙壮丽。

海陵迁都、迁陵历程

天德三年（1151年）：

三月，壬辰，诏广燕城，建宫室。

四月丙午，诏迁都燕京。辛酉，有司图上燕城宫室制度，营建阴阳五姓所宜。海陵曰："国家吉凶，在德不在地。使桀、纣居之，虽卜善地何益。使尧、舜居之，何用卜为。"

贞元元年（1153年）：

二月庚申，上自中京如燕京。三月辛亥，上至燕京，初备法驾。乙卯，以迁都诏中外。改元贞元。改燕京为中都，府曰大兴，汴京为南京，中京为北京。

七月戊子朔，元赐朝官京城隙地。

八月戊寅，赐营建宫室工匠及役夫帛。

十月壬寅，命会宁府毁旧宫殿、诸大族第宅及储庆寺，仍夷其址而耕种之。

闰（十二月）癸巳，定社稷制度。

贞元三年（1155年）：

三月乙卯，命以大房山云峰寺为山陵，建行宫其麓。

五月乙卯，命判大宗正事京等如上京，奉迁太祖、太宗梓宫。丙寅，如大房山，营山陵。

六月乙未，命右丞相仆散思恭、大宗正丞胡拔鲁如上京，奉迁山陵及迎永寿宫皇太后。

七月癸丑、辛酉，如大房山，杖提举营造官吏部尚书耶律安礼等。

八月壬午，如大房山。甲申，启土，赐役夫，人绢一匹。是日，还宫。甲午，遣平章政事萧玉迎祭祖宗梓宫于广宁。

十月丙子，皇太后至中都，居寿康宫。戊寅，权奉安太庙神主于延圣寺，致奠梓宫于东郊，举哀。己卯，梓宫至中都，以大安殿为丕承殿，安置。壬午，命省部诸司便服治事，不奏死刑一月。辛卯，告于丕承殿。乙未，如敷宫，册谥永宁皇太后曰慈宪皇后。丁酉，大房山行宫成，名曰磐宁。

十一月乙巳朔，梓宫发丕承殿。戊申，山陵礼成。

正隆元年（1156年）：

八月丁丑，如大房山行视山陵。

十月乙酉，葬始祖以下十帝于大房山。

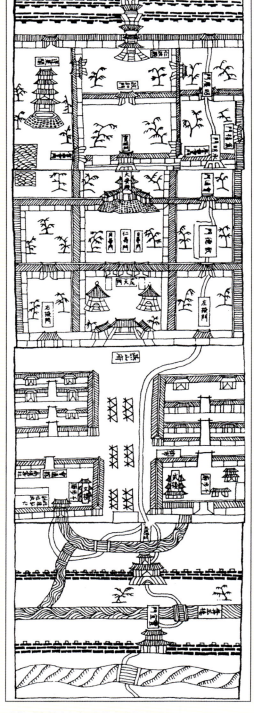

元代《事林广记》中的金中都宫城图

金中都示意图

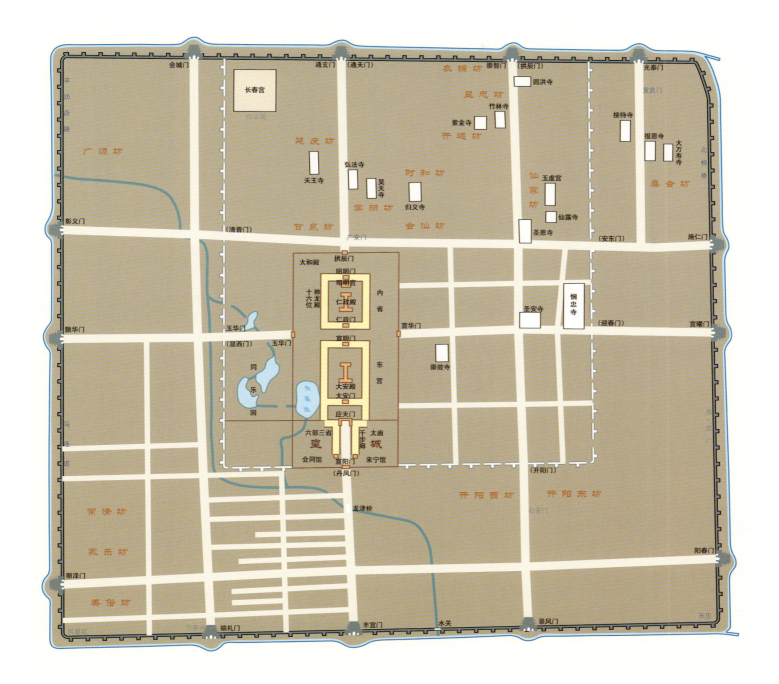

大定十五年款 "典字号" 则

金大定十五年（1175 年）

高 5、径 10 厘米

　　这件器物是金代皇室测定重量的标准衡器，呈鼓形，通体錾刻细密的缠枝花卉纹。正面主体纹饰为牡丹花，花卉中间的双线方格内刻有铭文 "大定十五年□造典字号"，并点刻 "尚方署" 三个小字。另一面以荷花、荷叶纹为主要纹饰，中央的长方格内刻铭文 "壹百两"。尚方署，金代始置，属少府监，掌造金银器物、亭帐、车舆、床榻、帘席、鞍辔、伞扇及装钉之事；设令、丞领署事，秩从六品、从七品。

金铤

金

长 11.2、宽 7、厚 2.3 厘米

西城区月坛南街兵器部招待所出土

银铤

金

长 15.2、宽 8.4、厚 2 厘米

丰台区岳各庄出土

　　这是节度使完颜垣在元旦朝贺的贡银。同出三枚银锭，其中一枚银锭上刻"郊外进奉正隆二年分金吾卫上将军靖难军节度使臣完颜垣进上旦里银壹铤重量伍什两"。正隆为海陵王完颜亮的年号。铤即熔铸成条块等固定形状的金银，其重数两至数十两不等。

铜坐龙

金

通高 31.5 厘米

西城区金中都宫殿遗址区出土

　　铜坐龙出土于金中都宫殿遗址区，《大金国志》记载金代"内殿凡九重，殿凡三十六，楼阁倍之。正中位曰皇帝正位，后曰皇后正位。位之东为曰内省，西曰十六位，乃妃嫔居之。"

錾花金高足杯

金

高 15.4、口径 9.5、底径 6.2 厘米

西城区月坛南街兵器部招待所出土

　　金高足杯，由圆底圆钵形杯身与喇叭形高足焊接，器身与足均是锤揲而成。杯身口沿与高足喇叭足部细线錾刻一圈卷草纹，杯腹部细线刻三朵海石榴花纹饰。錾刻纹饰细密匀称，花枝舒卷流畅。整体造型修长俏丽，轮廓线条流畅简洁。

錾花葵瓣形金盘

金

高 2、口径 18.2 厘米

西城区月坛南街出土

金盘

金

高 1.5、口径 16.6 厘米

西城区月坛南街出土

錾花金托盘

金

高 1.3、口径 22.4 厘米

西城区月坛南街出土

金盏托圆心锤出圆形凹槽，錾刻方格花纹；圆槽外周有一凸起环带，刻花纹；环带外为一周高凸起的花果纹饰，呈半浮雕状；边沿为一周次高凸起的花果纹饰。花纹设计有主有次；錾刻手法多样，有高浮雕、浅浮雕，还有平地刻画，对比明显，错落有致。花枝叶蔓和果实的布局刻画鲜活生动。

泰和重宝钱纹铜镜

金

直径 13.5 厘米

古代将钱币纹装饰在铜镜背面的情形很常见。泰和重宝是金章宗于泰和四年（1204 年）始铸的铜钱。据《金史·食货志》载："泰和四年八月铸大钱，一值十，篆书曰'泰和重宝'与钞参行。"

金代瓷器

中都发现的瓷器大多产自金代的辖区内。金朝与南宋以淮河为界，其统治区内不仅有原来辽时期的瓷窑窑口，还包含了原北宋的一些著名瓷窑窑口，如定窑、耀州窑、磁州窑等。

白釉黑口梅瓶

金

高 32、口径 6 厘米

东城区幸福大街北京四十九中学出土

定窑白釉直颈瓶

金

高 16.2、口径 10.8、底径 4.8 厘米

海淀区西八里庄八号院内出土

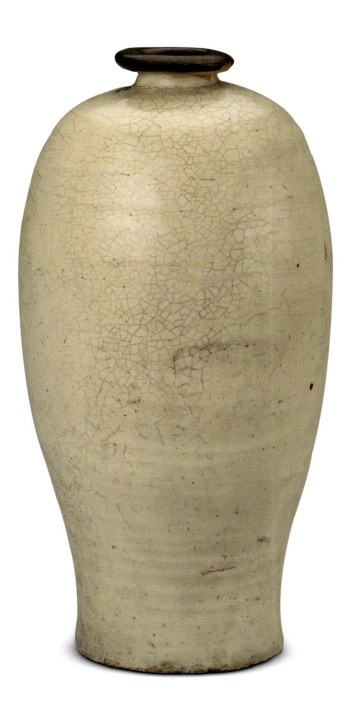

孔雀蓝釉黑花小罐

金

高 12.8、口径 9.1 厘米

西城区先农坛育才小学二号墓出土

白釉钵

金

高 8、口径 12 厘米

青白釉高足碗

金

高 9、口径 10.8 厘米

海淀区北京大学金墓出土

磁州窑三彩诗文枕

金

高 13.5、长 25.5、宽 13.5 厘米

此枕泥质红陶，施化妆土。长方形，束腰。以黄、绿、白三彩装饰，每面中心部位都有行书题诗一首。两侧为边饰，绘花卉图案，中间部位有对称双孔。在瓷器上题写通俗诗句和民谚做装饰是磁州窑的一大特点。

耀州窑月白釉刻花卧足碗

金

高 6.8、口径 17.9、底径 9.6 厘米

丰台区王佐镇乌古论窝论墓出土

圆唇口，弧壁，卧足，底足无釉。内外施淡青色釉，外壁施釉不到底。碗内刻折枝牡丹纹，刀法娴熟，刀锋犀利，外壁光素无纹饰。釉面光亮柔和。胎呈浅灰白色，胎质细腻。月白色釉是耀州窑创烧的一种独特的釉色品种，始于北宋晚期，盛于金代，以乳白色为基调，白中略闪暗青色，恬静温润，有如冰似玉的效果。

〔三〕拔地秀拥金堂开——大房山金陵

金陵是北京地区目前已知年代最早、规模最大的帝陵，也是中国历史上少数民族皇陵之一，反映出金人对传统礼制的继承与发扬。金陵位于北京西南的房山区九龙山下，方圆60平方千米，海陵王决定迁都后开始营建。金贞元三年（1155年），陵寝建成后，分三次从上京迁来金太祖、金太宗、完颜亮之父和始祖的梓宫。此后陆续增建，形成了含有17座帝陵、1座坤后陵和诸多陪葬墓的庞大陵墓群。

金陵主陵区全景

龙纹石椁、凤纹石椁

金

龙纹石椁：高182、椁底板长312、宽135厘米

凤纹石椁：高152、椁长248、宽121厘米

房山区金陵遗址出土

龙纹石椁、双凤纹石椁为国内首次发现，出土于九龙山主峰大宝顶前约15米处一竖穴石圹墓内。龙纹石椁出土时仅保留盝顶式椁盖及东壁挡板，雕刻有团龙流云纹。凤纹石椁位于龙纹石椁北侧，椁盖、椁身均为整石雕凿而成，盝顶式椁盖，椁盖顶部及椁身外壁刻有双凤纹，内填金粉，石椁内放置髹红漆木棺一具。出土龙纹石椁、双凤纹石椁的墓葬位于金代皇陵区的中轴线上，初步判定为金太祖完颜阿骨打之睿陵。

牡丹纹石望柱

金

高 110、边长 21 厘米

房山区金陵遗址出土

金陵望柱为青石雕刻，正面及两侧雕刻缠枝纹牡丹花卉，背面凿出栏板槽。上顶雕刻覆莲，正中留出榫眼，底部凿榫。望柱也称栏杆柱，是中国古代建筑和桥梁栏板之间的短柱。

石鸱吻

金

高 95、宽 55、厚 25 厘米

房山区金陵遗址出土

鸱吻为宫殿屋脊正脊两端的饰物。该鸱吻为青石雕刻，鸱尾上翘，下刻张口龙头，口内凿方形卯，脊背刻小龙头。在金陵遗址主陵区东侧柳沟采集到两件同样的鸱吻。

铜坐龙

金

高 18 厘米

房山区金陵遗址出土

绿琉璃釉鸱吻

金

高 24.5、宽 25 厘米

房山区金陵遗址出土

　　金陵出土有琉璃构件鸱吻。鸱吻为模制，红褐色胎土，外施绿色琉璃釉。

绿琉璃釉迦陵频伽

金

高 29 厘米

房山区金陵遗址出土

绿琉璃釉迦陵频伽

金

通高 47 厘米

房山区金陵遗址出土

绿琉璃釉瓦当

金

直径 10.5 厘米

房山区金陵遗址出土

玉圭

金

长 32、宽 7.3、厚 0.9 厘米

房山区金陵遗址出土

金丝冠及玉鸟饰件

金
凤冠高 9.5、底径 17.1 厘米；玉饰长 5 厘米
房山区金陵遗址出土

　　金丝冠是金代皇后的专属舆服品。与金丝冠一同出土的还有两件绶带鸟玉饰。根据黑龙江省阿城金齐国王夫妇墓中王妃头部所戴的圆顶巾帽推测，这件金器为帽撑。《金史·舆服志》记载"妇人……年老者以皂纱笼髻如巾状"，可知，金丝冠外应有丝纱笼罩。其外两件绶带鸟玉饰应为玉逍遥，即所谓"散缀玉钿于上，谓之玉逍遥"。绶带鸟，也称为"练鹊"，寓意和平、长寿、祥瑞，是宋金时期花鸟题材玉器比较常见的艺术造型。

竹节铜灯

金

通高 39.5、底径 12 厘米

房山区金陵遗址出土

定窑黑釉碟

金

高 2.4、口径 13.2 厘米

房山区金陵遗址出土

酱釉酒杯

金

高 8.9、口径 7.4 厘米

房山区金陵遗址出土

房山区长沟峪煤矿金墓

1972 年在长沟峪煤矿发现一组石椁墓。该墓位于断头峪西山坡，由五具石椁组成。主墓石椁内有一具红漆柏木棺。棺外髹红漆并用银钉嵌錾花银龙装饰。主墓出土玉器 11 件（套）。根据墓葬情况推测，该墓为大房山金陵唯——座后妃陵坤厚陵。坤厚陵原葬有金世宗昭德皇后乌林答氏及五位后妃。世宗去世后，乌林答氏从坤厚陵迁出，祔葬世宗陵，此后坤厚陵只剩下五位后妃，即元妃李氏、元妃张氏、贤妃石抹氏、德妃徒单氏、柔妃大氏。

白玉缠枝竹节佩

金

长 5.6、宽 4.5 厘米

房山区长沟峪煤矿金墓出土

白玉镂雕一缠枝竹节，不似一般竹节玉饰通常采用竹子直立的形象，这件竹节玉饰展示出"竹"的另一种姿态，将竹交错盘成一环形，于顶端装饰三片竹叶，造型优美，玉质洁白莹润，构思巧妙，十分雅致。

白玉折枝花形佩

金

长 9.5、宽 7.3 厘米

房山区长沟峪煤矿金墓出土

白玉质，体扁、略作椭圆形，正面用浮雕、透雕、减地、阴线刻等技法琢刻出枝叶交相缠绕的两朵折枝八瓣花。花瓣肥厚略内凹，舒展有序，对称的单阴刻线示叶脉。背面以简洁的刀工刻出枝梗。

白玉双鹤衔芝纹佩

金

长 8、宽 6.2 厘米

房山区长沟峪煤矿金墓出土

白玉质，细润无瑕。体扁平，略作椭圆形。正面镂雕加阴刻出一对飞鹤。鹤口衔灵芝草，嘴尖相对，两腿相合并且交叉在一起，比翼齐飞，作对称状。饰件正中顶部有镂空的穿孔，背面光素留有琢磨痕。

三 民族融合

　　辽金两代的社会风俗，如信仰、婚俗、服饰等，对后世产生了重要影响，故元人有言"万里河山有燕赵，百年风气尚辽金"。辽金时期的北京，民族交流和文化融合频繁，中华民族多元一体的格局进一步深化。

　　清宁三年（1057年）八月，耶律洪基去永川秋猎归来之后，以《君臣同志华夷同风》为题，命群臣左右唱和懿德皇后萧观音所写五律诗。

　　《君臣同志华夷同风》
　　虞廷开盛轨，王会合琦琛。
　　到处承天意，皆同捧日心。
　　文章同蠡谷，声教薄鸡林。
　　大寓看交泰，应知无古今。

马镫壶

　　马镫壶是辽代特有的陶瓷器形，反映了多元文化的融合。马镫壶亦称"鸡冠壶"，它是模仿契丹族皮囊容器的样式而烧制的陶壶或瓷壶，用于装水或盛酒。

马镫壶流变示意图

| 盛唐时期 | 晚唐时期 | 辽太祖时期 | 辽太宗时期 | 辽世宗时期 | 辽穆宗时期 | 辽景宗时期 | 辽圣宗时期 | 辽兴宗时期 | 辽道宗时期 | 辽天祚帝时期 |

（根据杨晶《略论鸡冠壶》一文制作）

白釉马镫壶

辽

高 29、口径 4.8 厘米

酱釉马镫壶

辽

高 24、口径 4.7、盖径 5.8 厘米

通州区俿店出土

酱釉马镫壶

辽

高 24、口径 4.7、盖径 5.8 厘米

通州区俿店出土

黄釉马镫壶

辽

高 18.5、口径 3.8 厘米

西城区出土

白釉提梁壶

辽

高 24.7、口径 4.1 厘米

酱釉猴纽盖马镫壶

辽

高 23.3、口径 5.6 厘米

顺义区木林镇安辛庄出土

绿釉刻花马镫壶

辽

高 19.5、宽 11.2 厘米

西城区出土

　　壶呈扁身孔式，上薄下厚，唇口，前后冠各有一孔，器身有缝合皮条装饰，平底内凹。腹部刻划花卉纹饰。瓶外施绿釉，釉层较薄，质地较粗糙，因长期埋于地下，泛银色。

黄釉马镫壶

辽

高 19.5 厘米

西城区广安门外出土

乌古论窝论家族墓

北京发现乌古论窝论家族墓葬 4 座，是首次发掘有明确纪年的女真贵族墓包括窝论夫妇墓、子辈元忠夫妇墓和两座无名墓。该墓群出土的墓志、墓碑及随葬物，明显受到宋辽贵族墓葬的影响，体现出对宗教观念、鬼神认识和等级尊卑理念的认同。乌古论部"世善骑射，为族部冠"，而且"世姻帝室"，为金政权的建立和巩固做出了重要贡献。

金紫光禄大夫乌古论窝论墓志拓片

金

长 92、宽 92 厘米

丰台区王佐镇乌古论窝论墓出土

耀州窑青釉錾耳洗

金

高 6.1、口径 17.2、底径 8 厘米

丰台区王佐镇乌古论窝论墓出土

　　直口，弧壁，卧足。口沿侧附月牙形錾耳，耳下附环行系。底有涩圈，釉面有细小开片。细润光亮。这种在器体一侧附月牙状或如意状压手和环形耳的造型，可追溯到唐代。

耀州窑月白釉刻花卧足钵

金

高 5.9、口径 17、底径 7.2 厘米

丰台区王佐镇乌古论窝论墓出土

　　乌古论窝论墓中出土的 2 件月白釉卧足钵，形制相同，其中一件保存完整。卧足钵直口，圆唇，弧状腹，卧足。器身外壁为素面，内底刻划折枝牡丹纹，线条顺畅。胎质坚细，胎色灰白。卧足内未施釉，器身外壁施釉不及底。釉色为白中略闪淡青色，釉面光亮柔和，恬静温润。

定窑白釉盅

金

高 3.2、口径 6.8 厘米

丰台区王佐镇乌古论窝论墓出土

白玉六瓣玉环

金

直径 4.9 厘米

丰台区王佐镇乌古论窝论墓出土

白玉鸟衔绶带纹花形佩

金

直径 5.9 厘米

丰台区王佐镇乌古论窝论墓出土

窝论墓出土玉器与金陵出土玉器的材质、工艺类似，为金代玉器的精品。佩饰白玉质，镂雕一绶带鸟立于桃花枝上，桃花花心及叶片均凹陷。绶带鸟翅膀拢于身体两侧，长长的尾羽垂下，与宋代花鸟画有相同的意境。

青玉围棋子

金

直径 2.8 厘米

丰台区王佐镇乌古论元忠夫妇墓出土

孔雀牡丹纹四节石盒

金

四节盒高 15.5、口径 12.8 厘米；

五件小圆盒高 1.8 ～ 2.1、直径 4 ～ 4.7 厘米

丰台区王佐镇乌古论窝论墓出土

　　窝论墓出土石奁盒两套，一套为五层，一套为四层。均为岫岩玉质，圆柱状，层与层之间以子母口扣合。奁盖内刻回首孔雀一只。奁盒外壁周刻弦纹与牡丹纹。奁盒内有五个小粉盒，其中一个盒内残存白粉状物。当为墓主生前盛梳妆用品的用具。

酱釉鸡腿瓶

金

高 52、口径 7.2 厘米

丰台区王佐镇乌古论元忠夫妇墓出土

赵励墓

　　赵励墓位于石景山区八角村。据墓志记载，赵励高祖曾在辽朝为官，赵励本人进士及第，被授予将仕郎的虚衔。辽亡后，赵励逃往北宋，按照换授的原则，于边境换授官职仍为将仕郎，次年病故于开封。北宋为表示体恤，特授赵励长子亳秀为将仕郎。天会五年（1127年），金军攻克汴梁，将赵励一家迁往燕京。赵亳秀又以在宋之官职换成金朝的官职，至天会十三年授邢州内丘县主簿。次年，赵亳秀到开封寻得赵励遗骸，归葬燕城宛平县崇禄里黑山之西南隅。辽、宋、金之间的官员换授，客观上促进了南北方的文化交流。

赵励墓志拓片

赵励墓壁画

金

（单幅）长 90、宽 80 厘米

石景山区八角村出土

兰若相望

辽金时期，统治者大力提倡佛教，民间亦追崇有加。这一时期的北京寺庙林立、佛塔众多。宋使臣洪皓记载"燕京兰若相望，大者三十有六"。佛经的刻版、刊印也颇有成就。佛教成为此时重要的文化纽带，促进了民族融合。

云居寺辽代佛经刻石

辽代是云居寺刻经的又一个重要时期。辽在宋《开宝藏》天禧修订本的基础上增收了《华严经随品赞》等当时流传于北方的特有经论译本，先后历时30余年刻成《契丹藏》。从云居寺出土刻石看，从辽重熙十年（1041年）至大安九年（1093年），是依照唐代刻经形式而刻的大碑，其后至金末，则是一纸为石经一面的小型经版，照《契丹藏》的卷轴式样镌刻。

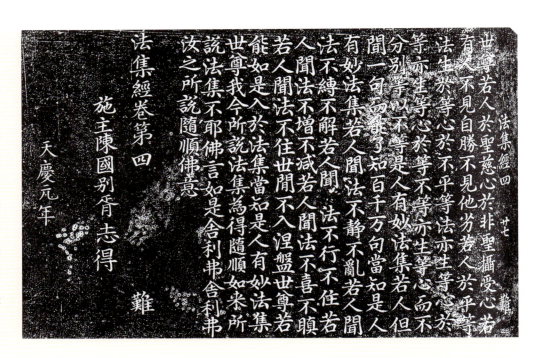

琉璃佛头

辽

高 10 厘米

西城区陶然亭出土

铜观音菩萨像

辽

高 8.1、宽 1.7、厚 1.3 厘米

铜观音菩萨像

辽

高 7.5、宽 3.5、厚 3.5 厘米

水晶佛塔

辽

高 7.6 厘米

顺义区东南门外辽塔塔基出土

铜菩萨像

辽

高 12、宽 7.5 厘米

铜释迦牟尼佛像

辽

高 8.7、宽 4.2、厚 2.5 厘米

石函

辽

高 40、长 95、宽 60 厘米

东城区出土

石函四周画面完整表现了世尊涅槃的宗教内容。一面图案为涅槃像。图右上角阴刻"头北面西，叠足枕肱"，左上角阴刻"顺世无常，示生灭相"。石函右侧图案为"缠裹世尊"。其图右角刻"帝释梵王，六欲诸天"；左角刻"各赠白毡，缠裹世尊"。石函左侧图案为"升棺说法"。其图右上角刻"佛母来双树，崩摧棺椁前"字，左角刻"痛心思月面，□目睹金仙"。背面图案为"金坛供养"。其图右上角刻"拘尸城侧，双林树间，荼毗舍利，置于金坛"。

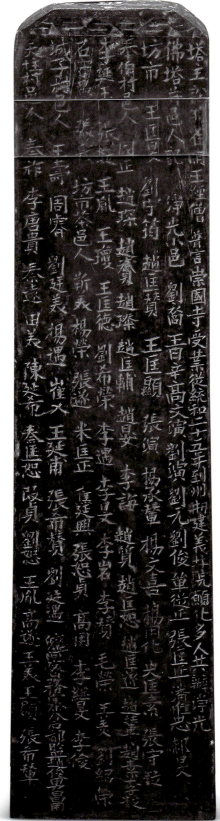

统和二十五年崇国寺建塔助缘功德碑

辽

高 60.5、宽 14.5、厚 6 厘米

顺义区无垢净光舍利塔出土

释迦牟尼佛涅槃石像

辽

高 10、长 30、宽 18 厘米

房山区北郑塔出土

"法身偈" 佛塔砖

辽

长 37、宽 18.2 厘米

通州区麦庄塔出土

黄绿釉陶舍利塔

辽

通高 20.5、底径 12.8 厘米

通州区麦庄塔

银佛幡

辽

（从左至右）幡长 17、宽 4.7 厘米；幡长 15.2、宽 4.1 厘米；

幡长 15.1、宽 4.7 厘米；幡长 17.2、宽 4.1 厘米

彩绘陶经筒

辽

通高 13.8、底径 8.2 厘米

密云区冶仙塔塔基出土

绿釉"杜家"款净水瓶

辽

高 24.5、口径 1、腹径 10.5、底径 5.8 厘米

密云区冶仙塔塔基出土

　　瓶颈中部出檐，檐上饰六瓣莲花叶及 12 道弦纹，下部为竹节状，共 4 节，瓶体上层饰七瓣莲花叶瓣，中间及下部交错饰璎珞瑞草垂纹。罐状注口，注口下方有"杜家"二字。此瓶釉色翠绿，间或绿中泛葱白，有细碎开片，竹节及 12 道弦纹的凸棱处釉色为黑色。胎质致密，洁净，色白微褐。瓶底圈足，无釉，有旋痕及 3 个支钉印痕。

银盒

辽

高 9.7、底径 9、口径 11.8 厘米

顺义区南门外辽塔塔基出土

赵城金藏

  金皇统八年至大定十三年（1148～1173 年），女信士崔法珍倡议捐募。翻刻《大藏经》，此藏因 1933 年发现于山西赵城县广胜寺，故名《赵城金藏》。此藏经版刻成后，运来中都，献给皇室，板存燕京弘法寺。

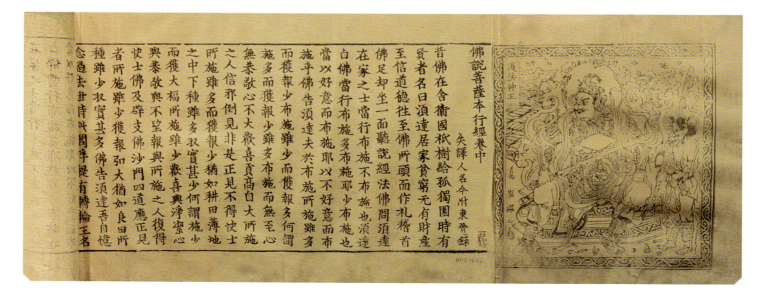

铜佛印

金

长 6、宽 9 厘米

铜佛印

金

长 6.4、宽 9.5 厘米

铜高僧像

金末元初

高 13、宽 6.2、厚 4.5 厘米

伍

大都肇建

元

（1271 ~ 1368 年）

　　金代末期，蒙古族崛起，先后亡夏、灭金、克宋，建立起大一统王朝。随着历史发展与形势演变，1264 年元世祖忽必烈将首都从和林迁至金中都，1267 年又在中都东北建立新城，即大都。元大都是当时世界上最光辉的城市。无论它的建筑规模、建筑艺术、科学布局和工程水平，世界上的其他城市都无法与之比拟。元大都也是当时世界瞩目的政治、商业和文化中心之一。元大都的雄伟、富实与华丽，随着《马可·波罗行纪》以"汗八里"的名称被传播到世界另一端。

一 天下大都

　　元人描述北京的山川形胜称："幽燕之地，龙蟠虎踞，形势雄伟，南控江淮，北连朔漠。"至元四年（1267年），忽必烈遂定都于燕，开始了大规模的新都兴建。元人黄文仲在《大都赋》铺陈描绘了大都的壮丽，最后总结说："惟其有大元之大，故能成大都之雄。"

〔一〕 礼制帝都

　　大都总体格局遵循了方城、南向，"面朝后市、左祖右社"的儒家理想都城范式，体现着《周礼·考工记》的礼制思想，在中国都城发展史和世界城市规划上，占有十分突出的地位。元大都完全在平地上有计划兴建，摆脱旧中都城的限制。元大都外城共有十一门，各城门的命名都与《周易》卦象相关。皇城在南，以太液池为中心，四周布置宫城、隆福宫和兴圣宫。宫城正门为崇天门，北面为厚载门，东为东华门，西为西华门。崇天门前有金水河，河上有周桥。在皇城之左右设太庙和社稷坛。皇城之北，对万宁桥设钟鼓楼，并有诸多市场。

元大都平面示意图

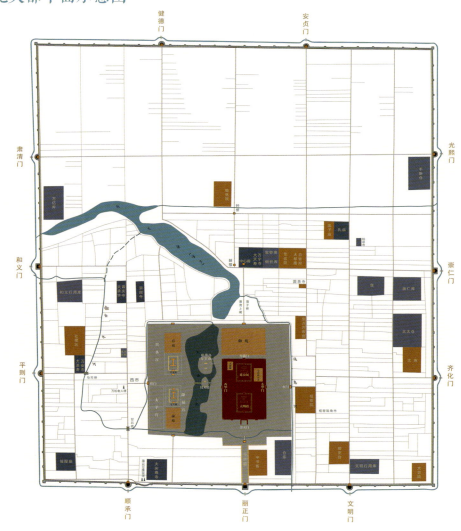

中华文明的有力见证——北京通史陈列（史前—清代）

和义门瓮城遗址

元代和义门瓮城遗址位于今北京西直门处。1969 年拆除北京西直门箭楼时发现了叠压在明代箭楼之下的元大都和义门瓮城城门，门洞内有元至正十八年（1358 年）的题记。和义门瓮城城门残存高 22、门洞长 9.92、宽 4.62 米，内券高 6.68、外券高 4.56 米，是研究元代城市建设的珍贵资料。

后英房元代居住遗址

后英房元代遗址在今北京西直门里后英房胡同西北的明清北城墙基下。1965 年秋天，先发掘了它的东部，1972 年上半年，又发掘了它的中部和西部。一种观点认为后英房遗址为居民居住遗址，另一种观点认为这里是元代西太乙宫遗址。

万宁桥

清代于奕正等编纂《日下旧闻考》中记载："万宁桥在玄武池东，名澄清闸，至元中建，在海子东。至元后复用石重修，虽更名万宁，人惟以海子桥名之。"现存万宁桥是一座单拱石桥，桥两端设有雁翅、镇水兽石刻。万宁桥是世界文化遗产京杭大运河的组成部分，也是北京中轴线的重要遗产。

元大都设计、建设者

大都城主要设计者、建设者一览表

姓名	职位	职责
刘秉忠	太保兼领中书省事	大都规划设计
赵秉温	行右三部事，尚书礼部侍郎	勘测山川地理，经营制作之方
郭守敬	都水少监、知太史院事	负责水利工程
张柔	行工部事	负责营建大都
张弘略	筑宫城总管同行工部事	负责营建宫城
段桢		负责城市修茸
杨琼	领大都路山场石局总管	负责石刻
刘三		石刻工匠
也黑迭儿（大食）	领茶迭儿局诸色人匠总管府达鲁花赤	经营宫殿建置
阿尼哥（尼泊尔）	人匠总管、领将做院事	造藏式佛塔、西天梵相

黄绿琉璃釉龙纹瓦当

元

直径 14.5 厘米

西城区桦皮厂北口元大都遗址出土

黄绿琉璃釉龙纹瓦当

元

残高 6.8、长 33、宽 11.5 厘米

元大都遗址出土

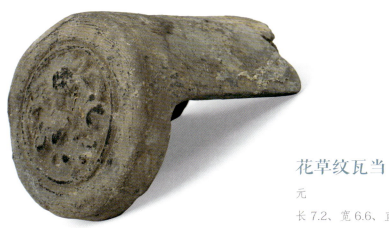

花草纹瓦当
元
长 7.2、宽 6.6、直径 6.4 厘米
元大都遗址出土

花草纹瓦当
元
长 19.7、宽 6.6、直径 6.4 厘米
元大都遗址出土

黄绿琉璃釉脊兽残件
元
长 26.5 厘米
西城区明北京城墙遗址出土

琉璃釉垂兽

元

高 30、宽 25 厘米

西城区德胜门城墙东出土

铜衔环

元

长 9.9、宽 15 厘米

西城区德胜门豁口间城墙出土

兽面形铜铺首

元

直径 25.6 厘米

西城区德胜门豁口城墙出土

双塔庆寿寺（1911 年）

庆寿寺建于金代。元初，庆寿寺住持海云及其弟子可庵先后圆寂，分葬于寺内西南隅并各建一塔。修建元大都城南城垣西段时，正好经过庆寿寺海云、可庵两灵塔塔基，元世祖特命，将此段城墙南移，"远三十步环而筑之"。因此，大都城南垣在此段向外弯曲，绕开双塔，形成一段弧形墙，将双塔环绕城内。

陶脊兽

元

高 31 厘米

西城区明北京城墙遗址出土

"双塔庆寿寺"石额

元

长 135、宽 25、厚 14 厘米

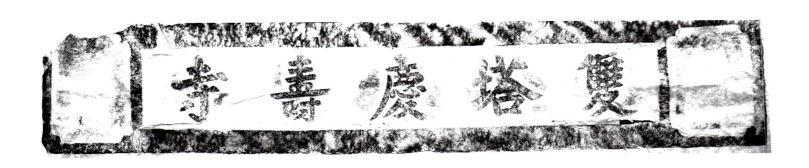

杨琼与大都石刻

　　河北省曲阳为传统石雕艺术之乡，在今曲阳文保单位保存有《大元朝列大夫骑都尉弘农伯杨公神道碑铭》，该碑为元皇庆二年（1313年）立，由元朝史学家姚燧撰文，书法家赵孟𫖯书丹，刘庚篆额。碑文记叙了元代著名雕刻艺人杨琼的生平事迹。

　　杨琼，祖籍河北曲阳，出身于石工世家，雕刻技艺精湛。元世祖忽必烈建上都和大都时，召集工匠，杨琼以石雕一狮一鼎进献，获元世祖称赞，遂命杨琼管领燕南诸路石匠，在营造大都城中曾三迁其官，升至领大都路山场石局总管。

石雕麒麟纹栏板

元

长 164、宽 84 厘米

西城区桦皮厂出土

石狮

元

高 39、长 56、宽 54 厘米

西城区后英房元大都遗址出土

地狮角石

元

高 30、边长 46 厘米

海淀区新街口西菜窖城墙下出土

〔二〕京师通漕

　　自金代开始，京师即依靠漕运将华北平原的粮食等物资运达辇下。元代继承了金代的漕运系统，进一步疏浚、开凿河道而连成贯通南北的大运河，并开辟海运线路。河漕海运成为连接北方新兴的全国政治中心和南方经济中心的重要纽带。这两条运输线，使得中国华南及海外各地的物资能够源源不断地流入京城，为王朝政治中心带来政治的稳定和经济的繁荣。出土于元代大都城内外的精美瓷器，所属窑口分布各地，其中有一部分是经漕运而至。

元代运河与海运示意图

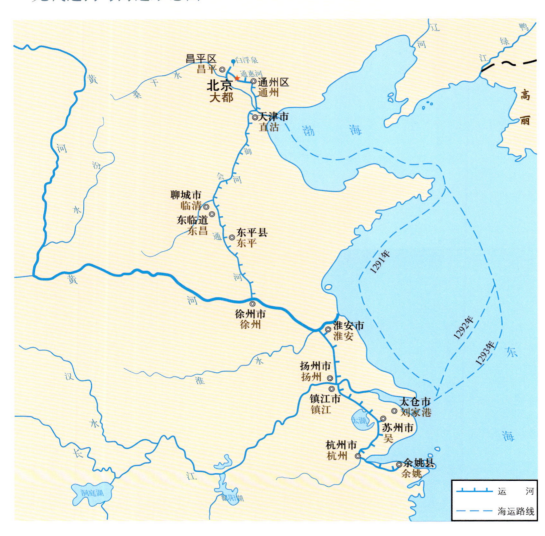

元代海运粮食统计表

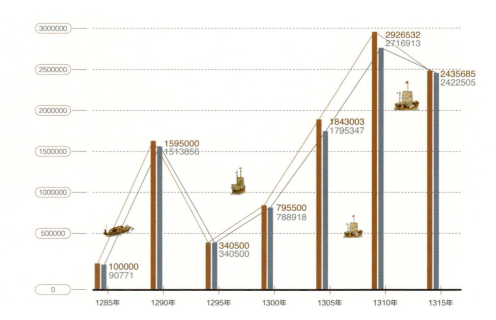

元代坝河与通惠河

坝河和通惠河是大都到通州之间的两条重要漕运水道。海运、河运的漕粮集中到通州后，需要转运到大都。在金代，它们两地之间有一条旧河道，但不敷使用，于是元代相继开通了坝河和通惠河。坝河西起大都光熙门，向东到通州城北，接温榆河。为了粮船通航，河道上建有七座闸坝。后来坝河水源不足，水道不畅，1292～1293年，都水监郭守敬设计并主持开浚了新的运河——通惠河。通惠河建成后，从南方来的大批漕船可直达城内积水潭码头。

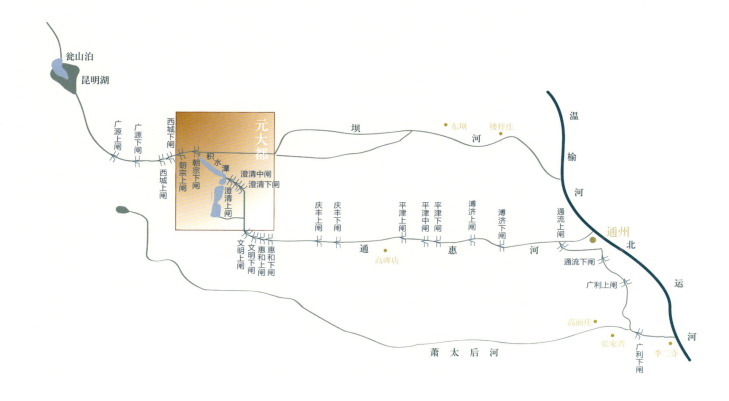

白浮泉

元代大都西北郊有许多泉水涌出，白浮泉即其一。在经过实地考察后，郭守敬提出导引西北郊泉水作为通惠河的水源。至元二十九年（1292年）白浮瓮山河引水工程开工，次年建成。河渠沿大都北部的山脚划出一道弧线，沿途又拦截了沙河、清河上游的水源，汇聚西山诸泉，达于瓮山泊，然后由瓮山泊流入大都城，使通惠河上游水量大增，保证了漕运水量。

"内府"铭白地黑花梅瓶

元

高 38、口径 5.4、足径 13 厘米

西城区后英房元大都遗址出土

"内府"铭黑釉罐

元

高 17.8、口径 9.5 厘米

元大都遗址出土

米黄釉瓶

元

高 27.1、口径 8、底 8.5 厘米

西城区后英房元大都遗址出土

青釉盖罐

元

高 20、口径 8.5、足径 8 厘米

西城区后英房元大都遗址出土

磁州窑白地黑花赭彩凤纹罐

元

高 44.5、口径 27.3、腹径 49、底径 18 厘米

西城区鼓楼路北鼓楼中学元大都遗址出土

磁州窑白地黑花龙凤纹四系扁壶

元

高 33、口径 6.5、底径长 24、底径宽 10 厘米

东城区安定门煤厂元大都遗址出土

　　扁壶唇口、直颈，壶身扁方形，腹部扁平微鼓，平底。颈两侧各有双系。腹部两侧分别用黑彩绘出龙、凤纹，并划出鳞片和羽毛，腹侧饰卷草纹。这种方形扁壶为元代新出器形。

磁州窑白地褐彩花卉纹荷叶盖罐

元

通高 16.3、口径 9.7 厘米

西城区西绦胡同 2 号元大都遗址出土

三彩琉璃釉镂雕牡丹龙凤纹炉

元

通高 37、口径 22、腹径 19.1 厘米

元大都遗址出土

　　熏炉仿汉代博山炉式样，陶胎。直口，短颈，丰肩，鼓腹，腹下承三兽足。颈部两侧饰对称桥耳，盖与炉用槽口衔接，炉体镂空。炉盖镂雕成层峦叠嶂的山峰，黄色蟠龙蜿蜒穿行于蓝色的山崖间，神态生动。炉身遍体浮雕花枝、云朵，腹部一侧雕昂首展翅的飞凤，一侧雕回首凝视的蟠龙，飞凤和蟠龙相逐以蓝、绿、白色装饰的缠枝牡丹花丛中，显得格外醒目。通体饰孔雀蓝、草绿、黄、白诸多色彩。镂雕工艺与绚丽的色彩，呈现出华丽的装饰效果。

中华文明的有力见证 ｜ 北京通史陈列（史前—清代）

景德镇窑青白釉刻牡丹纹双耳扁壶

元

高 40、口径长 14.2、口径宽 11.5、
底径长 13、底径宽 10 厘米

西城区西绦胡同 1 号元大都遗址出土

景德镇窑青白釉乳丁刻莲纹三足炉

元

高 12、口径 23 厘米

东城区安定门煤厂元大都遗址出土

　　三足炉敞口，浅腹，平底，底部承以兽面三足。釉色
青白，内心及外底均无釉，口沿及近底处各环饰一周整齐
的乳丁，外壁刻缠枝莲花。器表釉色光润，造型别致。

景德镇窑"王白"款卵白釉高足杯

元

高 9.5、口径 12.5、底径 4.5 厘米

海淀区耶律铸夫妇墓出土

　　碗撇口，弧腹，高足。腹内壁模印"荷塘三游鱼"纹。花纹间对称印有楷书"王白"二字，字体工整，若将二字组合，为"皇"字，此杯可能为帝王所制。胎色洁白，胎质坚硬，胎体轻巧。釉色白中闪青，莹润透彻。纹饰布局规整对称。卵白釉中款识常见"枢府""太禧"等官府机构款识，"王白"款则极为罕见。

景德镇窑釉里红花卉纹玉壶春瓶

元

高 31.4、口径 8.4、腹径 16、底径 10 厘米

丰台区瓦窑村塔基出土

　　瓶撇口，细颈，垂腹，圈足。瓶坯体由两节黏接而成，接痕明显。颈和下腹有两道弦纹，弦纹之间为缠枝花卉，其工艺为先刻花卉纹，再上釉里红。胎白质坚，胎体厚重。釉里红是一种釉下彩装饰，其呈色剂为氧化铜，是元代景德镇窑的重要品种之一。

景德镇窑青白釉僧帽壶

元

通高 19.7、口径 16.3、底径 8.7 厘米

海淀区明墓出土

　　壶口似僧帽，阔头束颈，鼓腹，圈足。流作鸭嘴形前伸，盖为珠形纽，平置于口沿之内，扁平柄上贴塑云头形花片。胎质细白，釉面莹润，造型雅致。僧帽壶一般为僧侣做法事时所用，是元代的创新品种。

景德镇窑青花松竹梅纹葵口盘

元

高 1.7、口径 16.5、底径 13.4 厘米

西城区后英房元大都遗址出土

钧窑天蓝釉贴花兽面纹双耳连座瓶

元

高 63.8、口径 15、腹径 21、底径 17.5 厘米

西城区后桃园元大都遗址出土

　　瓶由上下两部分组成，瓶、座相接。瓶花口，细长颈、丰肩、收腹，颈肩之间附对称的摩羯形双耳，腹部前后两面雕贴虎头铺首衔环，虎额头刻一"王"字。瓶座镂空，由五只攒尾兽组成五壶门间柱，每门上端有一力士。整体器物呈五兽驮负宝瓶形状。通体施天蓝釉，器身呈现多处不规则的紫红、蓝褐紫斑，使器物更加绮丽多彩。瓶的口部、颈部吸收了流行于宋、金时期花口瓶的造型。高大中透出灵巧，庄重中显出秀美。

龙泉窑青釉褐彩高足杯

元

高 8.4、口径 9.2、底径 4 厘米

磁州窑白地黑花扁壶

元

高 11.1、口径 3.3 厘米

朝阳区酒仙桥出土

白地黑花鱼藻纹盘

元

高 9、口径 56 厘米

西城区德胜门东城墙出土

黑釉玉壶春瓶

元

高 16.3、口径 4.6 厘米

石景山区出土

钧窑天蓝釉炉

元

高 10.3、口径 10.5 厘米

怀柔区出土

专题：两都巡幸

　　自元世祖忽必烈始，元朝皇帝夏冬时节在大都和上都之间两都巡幸，即所谓的"乘舆绳祖武，岁岁幸滦京"。元代的两都巡幸制度是辽金捺钵制度的延续。这种兼顾游牧社会和农耕社会的王朝都城空间结构，也有助于维护边疆安宁和国家统一。

元代两都巡幸路线示意图

居庸关云台

居庸关云台坐落在关城之内，是元代过街塔的基座。居庸关过街塔始建于至正二年（1342年），至正五年（1345年）建成。云台门洞券面上雕刻大鹏金翅鸟、龙子、异兽等。券门内壁和顶部雕刻有五曼陀罗、十方佛和四大天王等。其间有石刻文字，一侧为《陀罗尼经咒》，另一侧为《造塔功德记》。从整体来看，居庸关云台浮雕对人物的刻画细致入微，动静结合，刚柔相济，四大天王是整个浮雕群中最醒目的部分，堪称元代雕刻艺术的精品之作。

中华文明的石力见证 ｜ 北京通史陈列（史前—清代）

芦雁纹铜镜

元

直径 6.8 厘米

芦雁纹是宋元流行纹饰，即大雁徜徉于芦苇丛中。鸿雁是北方草原上的常见飞禽，草原上遍布的湖泊、水塘、河流、沼泽，是鸿雁主要繁殖和栖息地。

芦雁纹铜镜

元

直径 6.8 厘米

芦雁纹铜镜

元

直径 6.8 厘米

芦雁穿花纹铜镜

元

直径 14.3 厘米

钧窑月白釉盘

元

高 4、口径 20.3 厘米

房山区良乡镇南街窖藏出土

瓷盘底部有墨笔书写"兀剌赤""王念"字款。兀剌赤指管理
驿马者，亦即驿站中的小吏。此处的瓷器窖藏可能是元代良乡驿站
的小吏王念所埋藏，据此也可推知元代良乡的驿站就在良乡县城南
门内路西。

钧窑月白釉盘

元

高 4、口径 20.3 厘米

房山区良乡镇南街窖藏出土

"内府" 铭白釉梅瓶

元

高 33.5 ～ 35、口径 5.5 ～ 6.6 厘米

房山区良乡镇南街窖藏出土

白釉梅瓶

元

高 35、口径 6.7 厘米

房山区良乡镇南街窖藏出土

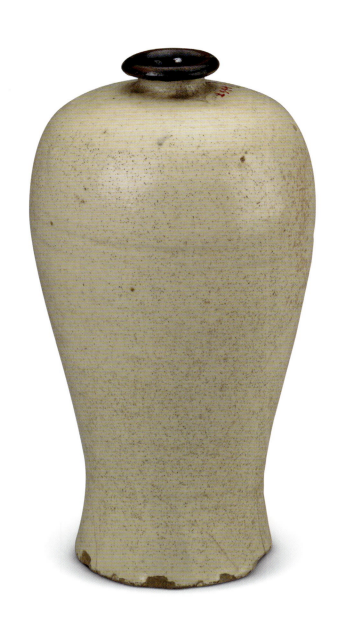

白釉黑口梅瓶

元

高 28.8、口径 4.3 厘米

房山区良乡镇南街窖藏出土

白地黑花花卉纹罐

元

高 18.7、口径 15.2 厘米

房山区良乡镇南街窖藏出土

磁州窑白地黑花刻划凤纹罐

元

高 38、口径 18、腹径 41、底径 19.4 厘米

房山区良乡镇南街窖藏出土

  罐直口，短颈，溜肩，鼓腹，砂底，隐圈足。通体白地黑花，内壁施酱色釉。肩部绘菊花纹一周，腹部用黑彩绘云凤纹，再以锐器在云凤纹上划出羽毛云朵。除口沿外均施白色化妆土，釉色白中闪黄。

黑釉梅瓶

元

高 29、口径 2.4 厘米

房山区良乡镇南街窖藏出土

钧窑天蓝釉双系罐

元

高 10.7、口径 10.5 厘米

房山区良乡镇南街窖藏出土

钧窑天蓝釉紫斑盘

元

高 5、口径 22.5、底径 13 厘米

房山区良乡镇南街窖藏出土

　　盘敛口，弧壁，圈足。通体施天蓝釉，有开片，
施釉不及底。盘心饰浓艳的玫瑰紫斑。底部露胎处旋
坯痕迹明显，圈足内墨书"念"字。

（二）都城繁庶

　　元代的中国空前统一，在开放包容的格局下，在航海技术进步、京杭大运河的贯通等因素影响下，大都城"四方异域之人会聚"，日益富庶繁华，其繁华恰如元诗所描绘"京师天下本，万国赴如水。珠犀从南来，狗马由西止"。都城之内，除了皇族和官僚以外，还居住着数量庞大的平民。这些普通人家的生活日常，不外柴米油盐、吃穿住行，然其中亦自有大都的风情和气象。

〔一〕京师居不易

　　由于受到城区、街区和城市人口的影响，大都地价和租房费用上涨问题突出，因京师地贵，元代诗人发出"豪家尽有厦连云，自是诗人嫌日短"的感慨。"嫌日短"是当时大都流行的俗语，即到月末交房钱时，租客嫌租期太短。元杂剧《刘行首》中讲到"教你当家不当家，及至当家乱如麻；早起开门七件事，柴米油盐酱醋茶"，大都普通人家的辛苦劳碌也当与此相类。

至元通行宝钞

元

高 30.3、横 20.2 厘米

　　至元通行宝钞简称至元宝钞、至元钞。中统元年（1260 年）忽必烈登基后，发行以丝为本的交钞，并在十月进一步推出"中统元宝交钞"。至元二十二年（1285 年）起，全国禁用银钱市货，"中统元宝交钞"成为国内唯一合法的流通货币，至元二十四年（1287 年），世祖采纳尚书右丞叶李的建议，改立钞法，印造至元钞。钞面分二贯、一贯、五百文、三百文、二百文、一百文、五十文、三十文、二十文、一十文、五文共十一等，与中统钞并行，每贯当中统钞五贯，二贯易银一两，二十贯易赤金一两。顺帝至正十年（1350 年）变更钞法，不再印造至元钞。宝钞下格内有禁令。

铜权

　　权衡器是专门用来称重的器物，有着悠久的发展历史。元代统一全国后，颁行统一的权衡制度。《元史》记载，中统二年（1261年），元世祖"颁斗斛权衡"，《元典章》记载元世祖至元二十三年（1286年）刑部"禁私斛斗秤尺"，禁令中提到："今体知各路官司虽南承官降式样，终不曾制造完备。有行户人等，恣意私造使用，或出入斛斗秤度不同，以致物价低昂，深恐不便。"为解决这一问题，中书省下发条令，即"遍行各路，文字到限六十日，令各路总管府验所辖司县街市民间合用斛斗秤度，照依省部元降样制成造。委本路管民达鲁花赤长官较勘相同，印烙讫，发下各处，公私一体行用。"据此可知，元代铜权为官制。

"皇庆元年"铜权

元皇庆元年（1312年）

高8、径4厘米

海淀区魏公村中央民族大学出土

"至正四年"铜权

元至正四年（1344年）

高11.2、径6厘米

西城区德胜门豁口间城墙出土

"大德□大都路造三十五斤"款铜权

元

残高9厘米

"大德八年大都路造" 款铜权

元大德八年（1304 年）

高 9.1、底径 2.6 ～ 5.1 厘米

"大德十年大都路造" 款铜权

元大德十年（1306 年）

高 9.3、底径 3 ～ 5.5 厘米

"至治二年大都路" 款铜权

元至治二年（1322 年）

高 11.8、径 5.7 厘米

"至顺二年大都路较同" 款铜权

元至顺二年（1331 年）

高 12.5、径 5.7 厘米

一 中华文明的有力见证 一 北京通史陈列（史前—清代）

南京皇甫铜权

元

高 16.3、底径 7.6 厘米

"至元二十三年造" 款铜权

元至元二十三年（1286 年）

高 10、宽 5.3、厚 3.1 厘米

"元章" 款凤字形石砚

元

高 3.8、宽 17.5 厘米

西城区后英房元大都遗址出土

　　有"元章"铭文的砚台，目前全国仅见此一方。此砚石质极好，色紫、润泽。砚前部有两足，砚池向后倾斜。砚面有明显墨痕。砚背面有阴刻铭文五行，字有残缺，落款为"元章"二字。紫金石产于山东临朐，紫金石砚在宋以后已不多见。"元章"为宋代著名书法家米芾的字，在其《砚史》中曾提到过紫金砚。

黑釉镇纸

元

高 2.5、底径 4 ～ 6.5 厘米

西城区西绦胡同 2 号元大都遗址出土

**景德镇窑青白釉饕餮纹
双耳三足炉**

元

高 29.5、口径 17 厘米

西城区西绦胡同 1 号元大都遗址出土

　　平折沿，束颈，双立耳，袋形
腹，柱足。仿青铜器分裆鬲。口沿
刻云雷纹一周，腹刻凸起的饕餮纹。
胎体厚重、坚硬，釉色光洁莹润。

锦地龙纹铜贯耳瓶

元

高 20.5、口径 3.9 厘米

　　贯耳瓶器形仿汉代投壶式样，直颈较长，腹部扁圆，圈足，颈部两侧对称贴竖直的管状贯耳。

蕉叶纹双兽耳铜瓶

元

高 25.2、口径 6 厘米

双龙纹铜镜

元

直径 19.4 厘米

怀柔区庙城镇出土

至元四年龙纹铜镜

元

直径 25.9 厘米

丰台区出土

六鹤同春图铜镜

元

直径 19 厘米

朝阳区东坝出土

双龙纹铜镜

元

直径 18.6 厘米

铜熨斗

元

高 10、长 21.8、口径 13.8～15 厘米

西城区出土

白釉瓶

元

高 17.8、口径 4.3 厘米

西城区白广路出土

磁州窑白地黑花鱼藻纹盆

元

高 16、口径 48 厘米

西城区旧鼓楼大街出土

六鋬铁锅

元

高 27 厘米

铁煤炉

元

高 59、盘宽 47.5 厘米

西城区后英房遗址出土

景德镇窑青白釉磨

元

高 9、长 11.5、底径 8.3 厘米

青白玉龙首螭纹带钩

元

长 13、宽 4.5 厘米

朝阳区十里堡出土

白玉孔雀开屏饰件

元

高 5.2、宽 2.4 厘米

海淀区出土

景德镇窑青白釉灯盏

元

高 9、口径 7.7 厘米

西城区旧鼓楼大街出土

铜灯

元

高 19 厘米

东城区出土

〔二〕尊儒重教

　　元代统治者认识到"儒者可尚，以能维持三纲五常之道也"，因而大力推崇儒家。在崛起初期，蒙古族统治者就注意网罗儒家知识分子以为己用。元世祖忽必烈本人对儒学大师尊礼有加，甚至接受群臣推加的"儒教大尊师"称号。此外，他接受"立学校以育才"的建议，命贵族子弟接受儒家教育。元仁宗时设立科举（1313年），以经义取士。此外，元代还贯彻宽容的宗教政策，萨满教、佛教、道教、伊斯兰教、基督教等相容并存。这些政策都促进了多元文化在中华文明中的繁荣发达。

八思巴文钱币

元

直径 4 厘米

八思巴文钱币

元

直径 4.1 厘米

铜鎏金不动佛像

元

高 9.5、厚 5.8 厘米

铜四臂观音菩萨像

元

高 7.4、宽 5、厚 3.7 厘米

白塔寺

　　妙应寺，俗称白塔寺。在辽代时，妙应寺所处地区便建造过一座佛塔，后来毁于战火。元至元八年（1271年），忽必烈敕令在辽塔遗址的基础上重新建造一座喇嘛塔，建设工作由尼泊尔匠师阿尼哥主持。至元十六年（1279年）白塔建成，忽必烈又下令以塔为中心兴建一座"大圣寿万安寺"。寺院在至元二十五年（1288年）落成。忽必烈去世后，白塔两侧曾建神御殿（影堂）以供祭拜。元顺帝至正二十八年（1368年）的一场特大雷火，烧毁了寺院所有的殿堂，唯有白塔幸免于难。

描金莲纹塔顶主心木铜箍

元

高 26.8、口径 23.7 厘米

西城区白塔寺塔基出土

白塔寺

万安都坛主执照石刻

元至大四年（1311年）

长 67、宽 65 厘米

西城区后桃园城墙遗址出土

海云石碑

元

通高 29、宽 8、厚 1.7 厘米

西城区双塔庆寿寺出土

海云禅师俗姓宋，法名印简，号海云，是山西岚谷宁远（今山西岚县）人。海云禅师以自己的地位与声望，向蒙古族统治者提出"仁恕为心""国以民为本"的治国理念。

铜鎏金释迦牟尼佛像

元

高 17、宽 12.5、厚 9 厘米

铜鎏金释迦牟尼佛像

元

高 22、宽 14 厘米

中华文明的有力见证 ｜ 北京通史陈列（史前—清代）

景德镇窑青白釉水月观音菩萨像

元

高 65 厘米

西城区定阜大街西口出土

　　水月观音的形象是最早唐代画家周昉根据玄奘《大唐西域记》中的观自在菩萨创造的造型，之后广泛流传，宋代较为流行并逐渐世俗化。菩萨像头戴宝冠，宝冠上有小化佛，已残。额头宽阔，双目微闭，端庄慈祥，气质高雅。右腿支起，左腿下垂，右臂放在右膝上，神态优美。观音上身穿袈裟，下身着长裙，胸前及衣裙上饰联珠璎珞，手腕戴臂钏，全身装饰十分繁缛。釉色白中泛青，胎质洁白细腻。水月观音菩萨像的制作采用了模印、刻划、贴塑等多种工艺相结合的手法，充分表现出元代瓷塑的特点。

景德镇窑青白釉水月观音菩萨像

元

高 18、宽 11.3 厘米

西城区后英房元大都遗址出土

红陶菩萨坐像

元

高 10.5、宽 7.3 厘米

西城区法源寺前街大慈院采集

红陶佛坐像

元

高 10.7、宽 7.6 厘米

西城区法源寺前街大慈院采集

中华文明的有力见证——北京通史陈列（史前—清代）

梵文铜镜

元

直径 8.9 厘米

梵文莲瓣纹铜镜

元

直径 13.2 厘米

梵文铜镜

元

直径 7.1 厘米

准提观音菩萨像铜镜

元

直径 9、厚 0.7 厘米

鎏金梵文双塔圆形造像铜镜

元

直径 8.2 厘米

金漆木供器

元

高 30.5 厘米

白云观

　　白云观是全真龙门派祖庭，其前身系唐代的天长观。据载，唐玄宗为"斋心敬道"、奉祀老子而建此观。金正隆五年（1160 年），天长观遭火灾焚烧殆尽。金大定七年（1167 年）敕命重修，历时七载，至大定十四年（1174 年）三月竣工。金世宗赐名曰"十方天长观"。泰和二年（1202 年），改名曰"太极宫"。金宣宗贞佑二年（1214 年），国势不振，迁都于汴，太极宫遂逐渐荒废。此后，成吉思汗西征，于西域大雪山召见丘处机，及丘处机东归燕京，赐居于太极宫。遂命弟子王志谨主领兴建，历时三年，殿宇楼台焕然一新。元太祖二十二年（1227 年）五月，成吉思汗敕改太极宫为"长春观"。元末，连年争战，长春观原有殿宇日渐衰圮。明初，以处顺堂为中心重建宫观，并易名为白云观。古老的白云观如今已成为北京的一大名胜。

三彩琉璃釉道士像

元

高 40.5、底宽 8.2 厘米；高 40.5、底宽 7.3 厘米

西城区西缘胡同 2 号元大都遗址出土

昭惠灵显真君小石碑

元

长 13、宽 10.5 厘米

西城区后桃园元大都遗址出土

昭惠灵显真君即二郎神，又称二郎显圣真君、灌口二郎、二郎真君、灌口神、赤城王、昭惠显圣仁佑王、清源妙道真君等等，是道教和民间信仰的神祇人物。宗教典籍《清源妙道显圣真君一了真人护国佑民忠孝二郎开山宝卷》（简称《二郎宝卷》），文学作品《西游记》《封神演义》中均有其形象描述。

景教十字寺石刻（复制品）

高 68.9、宽 58.5、纵深 58 厘米

北京房山坨里南山十字寺（辽崇圣寺）采集

原件藏于南京博物院

在十字寺采集到两块也里可温（聂斯托里派）石刻。石刻正面刻十字架和莲座，侧面刻有盆花，其中一块的十字架周刻叙利亚文。1931 年，被北京历史博物馆收藏，抗日战争期间运至南京，现藏于南京博物院。史料记载，元大都内有也里可温寺院在靖恭坊，是元世祖生母唐妃娘娘的原庙。另据记载，元大都还建有天主教方济各会教堂。

景德镇窑青白釉戏剧舞台人物纹枕

元

高 15.8、长 32.5、底径 15.5 ～ 29.5 厘米

瓷枕雕镂成戏台形式，戏台上珠帘漫卷，众多演员正在演出一场戏剧，反映了元代戏剧流行的社会风尚。元代戏曲最具时代特征，分为杂剧、戏文和流行各地的传统小戏。杂剧的成就最大，杂剧作家约 200 人，创作剧目 600 余种，现存一百五六十种。杂剧作家在当时被习惯称为"才人"，他们的组织称为"书会"。在大都等城市内，都有书会。

专题：青花世界

　　元代交通的便利、异域工匠的涌入、中外交往的频繁，使新型瓷器——青花瓷出现。青花瓷有两类：一类器形高大，纹饰繁密，如大盘、大罐、梅瓶等，多发现于西亚等地区，具有浓郁的伊斯兰风格。另一类器形小巧、纹饰疏朗，为元代宫廷及贵族使用或行销国内。元代青花瓷呈现两种色调，一种呈灰蓝色，较浅淡，一种是深蓝色，较艳丽。其中使用进口钴料（即苏麻离青）的成分是低锰、高铁，含硫和砷，无铜和镍，所绘青花纹饰呈色浓艳深沉，并带有紫褐色或黑褐色较光润的斑点。元青花瓷器无论是器形、纹饰、色彩以及行销对象上，都体现出中华文明的创新与开放。

景德镇窑青花凤首扁壶

元

高 18.7、口径 4、底径 4.5～8.3 厘米
西城区旧鼓楼大街豁口元代窖藏出土

　　壶体扁圆，直颈小唇口，浅圈足，底足在沙胎上挂一层很薄的护胎釉。该壶以昂起的凤首作流，以卷起的凤尾作柄，凤身绘在圆形壶体上部，双翅垂至壶体两侧，壶体下部则装饰盛开的莲花，呈现一种凤鸟飞翔于莲花丛中颇富情趣的情景。凤首扁壶采用多种制作工艺，壶流采用模制成型，壶柄以手捏塑成型，壶体为雕镶成型法，最后琢成整体。青花凤首扁壶是元青花器中的珍品，目前发现的同形器仅两件。

景德镇窑青花束莲纹梨式壶

元

高 10.5、口径 3、底径 5 厘米

西城区德胜门东元大都遗址出土

景德镇窑青花莲池鸳鸯纹玉壶春瓶

元

高 29、口径 8、腹径 14、底径 9.3 厘米

景德镇窑青花龙纹盘

元

口径 8.2 厘米

西城区旧鼓楼大街豁口元代窖藏出土

景德镇窑青花龙纹盘

元

底径 7.8 厘米

西城区旧鼓楼大街豁口元代窖藏出土

景德镇窑青花龙纹盘

元

底径 8 厘米

西城区旧鼓楼大街豁口元代窖藏出土

景德镇窑

青花菊花牡丹纹盏、盏托

元

通高 9、碗口径 10、碗底径 4.5、

托口径 11.8 厘米

西城区旧鼓楼大街豁口元代窖藏出土

　　盏托为一套茶具。盏撇口，弧壁，小圈足，足底呈乳状。托盘敞口，中间盏座凸起，高足外撇，足内无釉。胎质坚硬，盖内壁口沿绘卷草纹，内底饰缠枝花卉，外壁绘缠枝菊。托盘内绘缠枝牡丹，外绘莲瓣纹，足部绘重叠蕉叶纹。青花呈色浓艳，釉色白中闪青。

景德镇窑

青花菊花牡丹纹盏、盏托

元

通高 9、碗口径 10、底径 4.5、

托口径 11.8 厘米

西城区旧鼓楼大街豁口元代窖藏出土

景德镇窑青花龙纹碗

元

高 8.5、口径 18 厘米

西城区旧鼓楼大街豁口元代窖藏出土

碗外壁画缠枝莲花、莲瓣纹，中间以两道线纹相隔，内壁饰缠枝花卉，碗心饰三爪团龙。青花蓝色深浓，有黑色斑点，浓处成堆，似铁锈斑。

景德镇窑青花匜

元

高 4.3、最大口径 16.2、底径 8 厘米

景德镇窑青花觚

元

高 15.3、口径 7.4、底径 5.8 厘米

西城区后英房元大都遗址出土

器形仿古铜器，口沿内饰卷草纹，领部饰蕉叶纹，腹部四面出戟，各戟间填以菊花，器腹下部饰莲瓣纹，白砂底，釉色光润，制作精巧，给人以美感。

〔三〕 四方聚汇

元代疆土广袤，域内民族众多，还有很多从中亚、西亚迁徙而来的色目人，"四方之民，风俗不一"。大都是元朝的政治中心，也是多民族杂处融合、多元文化交流融汇的中心，在中华民族多元一体格局形成的关键阶段发挥了重要作用，也是中华文明包容性的体现。

耶律铸

耶律铸（1221～1285年），字成仲，是辽太祖长子耶律倍九世孙，金尚书右丞耶律履之孙，耶律楚材次子，其母为苏轼四世孙威州刺史苏公弼之女。耶律铸家族是契丹族融入中华民族大家庭的缩影。

《大汉原陵秘葬经》中神煞明器位置

《大汉原陵秘葬经》是金元时期的重要风水堪舆学著作，其内记述的明器神煞等内容对唐宋以来墓葬出土文物研究有重要的参考价值。

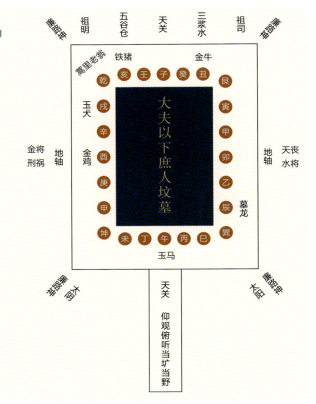

铜牛

元

高40、长48.4、宽29.3厘米

海淀区耶律铸夫妇墓出土

墓葬中随葬铁牛、铁猪在五代、两宋、金、元时期比较多见。追溯其上限，从目前所发表的考古资料来看，铁牛、铁猪在墓葬中作为一种随葬明器，最早出现在晚唐墓葬中。按照《大汉原陵秘藏经》，铁牛置丑地，铁猪置亥地，即铁牛多在墓室西北角，铁猪则多在东北角。各地墓葬中出土铁牛、铁猪情况不同，体现出文化统一中的地域变化性。

陶凤

元

高 36.5、长 41 厘米

海淀区耶律铸夫妇墓出土

　　古代丧葬文化中的金鸡、玉犬信仰至迟在南朝时期即已形成。因鸡、犬在人间生活中具有司时和警备的功能，从而能够以明器形式进入墓葬，为亡者"知天时"和"知人来"，确保墓主魂魄安宁，常以成对的形式安置在墓中，即"麒麟为守狗，使我知人来。凤凰为鸣鸡，使我知天时"。

陶龙

元

高 29、长 41 厘米

海淀区耶律铸夫妇墓出土

　　《大汉原陵秘葬经》记载，上至天子下自庶人墓，皆置墓龙，安放在辰地。根据耶律铸墓随葬器物的组合关系及其他墓葬墓龙出土情况。此件出土的陶龙可能是墓龙。龙做直蹲状，尾部卷起上翘。

汉白玉犬

元

高 10、座长 55、狗长 46、狗宽 41 厘米

海淀区耶律铸夫妇墓出土

汉白玉马

元

通高 50、通长 64、座长 55、
马长 63、宽 30 厘米

海淀区耶律铸夫妇墓出土

《大汉原陵秘葬经》记载玉马安午地，耶律铸墓出土汉白玉石马与汉白玉犬材质一样。

陶俑

元

高 44 厘米

海淀区耶律铸夫妇墓出土

陶俑

元

高 53.5、最宽 22 厘米

海淀区耶律铸夫妇墓出土

　　《大汉原陵秘葬经》记载，古代天子以至庶人墓中西北角均置"蒿里老翁"。汉代送葬时所唱的挽歌称《蒿里》："蒿里谁家也？聚敛魂魄无贤愚。鬼伯一何相催促，人命不得少踟蹰。"歌中解释了"蒿里"的含义，即阴间也，指人死后灵魂所归之处，故墓中置蒿里老翁，北宋时又称蒿里老人。耶律铸墓出土一男性俑，应为蒿里老翁。

陶俑

元

高 44.5 厘米

海淀区耶律铸夫妇墓出土

钧窑天蓝釉盘

元

高 3.5、口径 16.1、底径 6.5 厘米

海淀区耶律铸夫妇墓出土

龙泉窑青釉刻花卉纹碗

元

高 6.5、口径 17.6、底径 6.5 厘米

海淀区耶律铸夫妇墓出土

景德镇窑青白釉月映梅纹碗

元

高 3.7、口径 13 厘米

海淀区耶律铸夫妇墓出土

钧窑盘

元

高 4、口径 17 厘米

海淀区耶律铸夫妇墓出土

景德镇窑青白釉胆式瓶

元

高 31、口径 7 厘米

海淀区耶律铸夫妇墓出土

钧窑天蓝釉紫斑钵

元

高 4.7、口径 8.7 厘米

海淀区耶律铸夫妇墓出土

钧窑天蓝釉钵

元

高 5、口径 8.3、底径 4.6 厘米

海淀区耶律铸夫妇墓出土

錾花银碗

元

高 3.2、口径 7.7、底径 4.3 厘米

海淀区耶律铸夫妇墓出土

中华文明的有力见证　北京通史陈列（史前—清代）

铁可家族

　　铁可家族本为乞失迷儿部人（今克什米尔）。元太祖十七年（1222 年），斡脱赤与其弟那摩东奔投效。其子铁可出生于山西浑源，受元世祖忽必烈赏识，命典饔膳汤，累官开至开府仪同三司、宣徽使、领大司农事、特授太傅、录军国重事、领太医院。其家族的发展反映出不同民族间的通婚融合。

铁可家族世系示意图

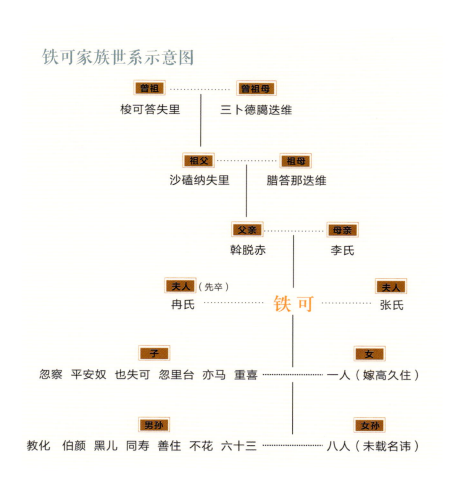

曾祖	**曾祖母**
梭可答失里	三卜德腾迭维
祖父	**祖母**
沙磕纳失里	腊答那迭维
父亲	**母亲**
斡脱赤	李氏
夫人（先卒）	**夫人**
冉氏 —— 铁可 ——	张氏
子	**女**
忽察 平安奴 也失可 忽里台 亦马 重喜 ——	一人（嫁高久住）
男孙	**女孙**
教化 伯颜 黑儿 同寿 善住 不花 六十三 ——	八人（未载名讳）

铁可墓志拓片

景德镇窑青白釉多穆壶

元

通高 24.9、口径 9、底径 12.4 厘米

东城区龙潭湖元代斡脱赤墓出土

　　"多穆"为藏语，原意为盛酥油的桶，亦有用作盛奶及酒。多穆壶以金属居多，瓷质多穆壶为演变品，为元代才开始烧制的新器形。

景德镇窑青白釉串珠纹玉壶春瓶

元

高 28.2、口径 7.7、腹径 15.5、底径 9 厘米

东城区龙潭湖元代斡脱赤墓出土

　　瓶撇口，细颈，鼓腹，圈足，足底无釉。采用贴花和串珠式装饰手法构成覆钟纹和如意云头纹，并饰"寿比南山"和"福如东海"吉祥语。腹下部贴有花卉装饰。

景德镇窑青白釉匜

元

高 4.6、长 18.1、底径 9 厘米

东城区龙潭湖元代斡脱赤墓出土

　　匜敞口，浅腹，平底，一侧设方形流。
芒口，周身施青白釉，底无釉。内心饰弦纹
一周，外壁雕莲瓣纹。胎体洁白，釉色泛青。

景德镇窑青白釉盘

元

高 1.5、口径 15 厘米

东城区龙潭湖元代斡脱赤墓出土

　　盘内饰以联珠纹组成的莲瓣纹，中有"寿
山福海"字样。该盘施釉极薄，漏胎处色灰白。

景德镇窑青白釉印花碗

元

高 4.8、口径 12.2 厘米

东城区龙潭湖元代斡脱赤墓出土

白地黑花四系瓶

元

高 29.2、口径 5 厘米

东城区龙潭湖元代斡脱赤墓出土

钧窑三足炉

元

高 7.8、口径 6.8 厘米

东城区龙潭湖元代铁可墓出土

外黑里白釉碗

元

高 3.1、口径 14.8 厘米

东城区龙潭湖元代斡脱赤墓出土

龙泉窑青釉碗

元

高 6.4、口径 16.2 厘米

东城区龙潭湖元代铁可墓出土

龙泉窑青釉玉壶春瓶

元

高 25.6、口径 7.1 厘米

东城区龙潭湖元代铁可墓出土

龙泉窑青釉双鱼纹洗

元

高 3.8、口径 9.9 厘米

东城区龙潭湖元代铁可墓出土

龙泉窑青釉菊瓣纹洗

元

高 3.1、口径 11.2 厘米

东城区龙潭湖元代铁可墓出土

龙泉窑青釉菊瓣纹洗

元

高 3.4、口径 11.2 厘米

东城区龙潭湖元代铁可墓出土

龙泉窑青釉碗

元

高 6.4、口径 16.6 厘米

东城区龙潭湖元代铁可墓出土

龟云四合金饰件

元

通高 6、宽 4.6 厘米

东城区龙潭湖元代铁可墓出土

三合云金饰件

元

高 2、宽 2.7 厘米

东城区龙潭湖元代铁可墓出土

中华文明的有力见证 北京通史陈列（史前—清代）

酱釉缸胎牛腿瓶

元

高 39.5、口径 6.5 厘米

东城区龙潭湖元代铁可墓出土

酱釉缸胎双耳瓶

元

高 20.5、口径 5 厘米

东城区龙潭湖元代铁可墓出土

陆

都城典范

明

（1368 ~ 1644 年）

在北京都城发展史上，明代是承上启下的关键时期。明初，成祖朱棣由南京迁都北京，北京的都城文化承接前代而继续发展，明代"天子守边"的政治、军事格局逐步形成。京杭大运河的疏浚与畅通、持续进行的北京及周边地区长城的修筑正是维护这一格局的重要保障。

明代北京城是在元大都的基础上改建、增建而成，其中都城中轴线的继承、发展与完善是其突出的成就之一，北京作为古代都城规划、建设的典范之作至此基本形成。城市性质的转变还带来了城市人口数量和阶层的相应改变，来自全国各地的物产、人才等荟萃于此，在维系一个大一统王朝的政治、文化中心运转的同时，也推动了北京城市商业、手工业、文化教育、宗教与民族融合等诸方面的繁荣兴盛。

一 永乐迁都

洪武元年（1368 年），明朝定都应天（今南京），改大都为北平。建文元年（1399 年）燕王朱棣起兵"靖难"，最终夺得帝位，建元永乐，是为明成祖。永乐元年（1403 年），明成祖改北平为北京，永乐十八年（1420 年）下诏以北京为京师，正式迁都北京。建都北京及修筑长城、完善九镇等共同构建了明代军事布防中的"天子守边"格局。

有明一代，北京依然是与来自北方和东北方的民族进行碰撞与融合的前沿，是南控中原、北制朔漠的枢纽，因而是军事防御的重心地带。从政治上考虑，北京曾是明成祖的"龙兴之地"，"靖难"的功臣宿将亦多起于燕地。故成祖在经过长期的思考和准备后，最终决定迁都北京，将政治中心和军事中心重合，并疏浚运河，以连接南方经济中心，保障首都的供给。

> 幽燕自昔称雄，左环沧海，右拥太行，南襟河济，北枕居庸。苏秦所谓天府百二之国，杜牧所谓王不得不可为王之地。
>
> ——（清）孙承泽《天府广记》卷一《形胜》
>
> 太宗（成祖）靖难之勋既集，切切焉为为北顾之虑，建行都于燕，因而整戈秣马，四征弗庭，亦势所不得已也。銮舆巡幸，劳费实繁，易世之后，不复南幸，此建都所以在燕也。
>
> ——（清）顾祖禹《读史方舆纪要》之《北直方舆纪要序》

迁都日程

时间	事件
永乐元年	改北平为北京
	徙浙江等九省、苏州等十府富民填实北京
永乐二年	徙山西民万户填实北京
永乐三年	徙山西民万户填实北京
永乐四年	议迁都，以北京为行在，诏以明年五月建北京宫殿
永乐七年	营山陵于昌平；成祖于北京奉天殿受朝贺
永乐九年	开会通河，罢海运，漕运北京
永乐十一年	昌平天寿山长陵陵宫建成
永乐十三年	自江南至北京运河畅通
永乐十五年	北京西宫建成
永乐十八年	北京宫殿城池告成，下诏选永乐十九年正月初一御奉天殿，受百官朝贺，正式迁都

明成祖五次北征

　　明王朝建立之初，即面临来自北方蒙古残余势力的威胁，全国的军事防御中心逐步向北京转移。成祖即位后，进一步以北京为基地，从军队调集、物资筹备等方面加紧备战。从永乐八年（1410 年）至永乐二十二年（1424 年），成祖五出阴山，亲征蒙古鞑靼部、瓦剌部，以战略进攻态势保障了北部边防和北京的安全。

《九边图说》

　　明朝从洪武年间始即开始部署北部防线，至明中期逐步形成了东起鸭绿江，西至嘉峪关，以边墙、关塞堡墩相联结，又分区防守、各司其职的长城防御体系，与迁都北京、以"天子守边"来巩固"大一统"的方略相配合。明长城全长 8851.8 千米，分九段管理，形成九个军事重镇，亦称"九边"，分别为辽东、蓟镇、宣府、大同、太原（山西）、延绥（榆林）、固原（陕西）、宁夏、甘肃。

　　此《九边图说》由明隆庆初兵部尚书霍冀主持，孙应元等编撰。全书记述九镇地理形胜、边外民族部落情况，以及官守设置与军马钱粮数额等。

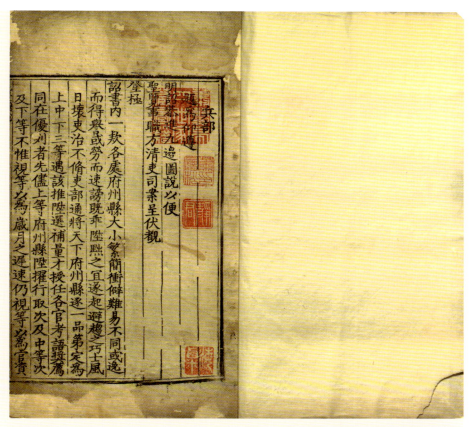

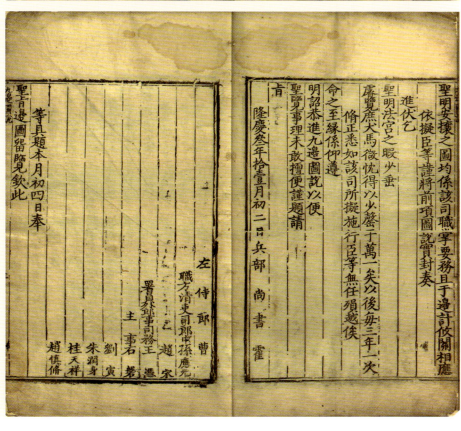

明代北京地区长城

　　明代北京地区的长城分属蓟镇和宣府镇，全长526.65千米。为进一步加强京师和帝陵的防务，嘉靖时期将昌镇、真保镇从蓟镇中分出，明朝北部边防发展为"九边十一镇"。

　　北京地区的明长城主要分为东西、北西两个体系，在怀柔八道河西栅子旧水坑西南的分水岭上会合，形成邻近的南北两个会合点，今人称之为"北京结"。这是北京作为明代都城，其境内的长城承担拱卫京师、皇陵的双重防务而形成复线及交叉的复杂格局。它还体现了四种意义上的分界：内外长城分界，蓟、昌、宣三镇分界，砖石长城与石垒长城的分界，单线

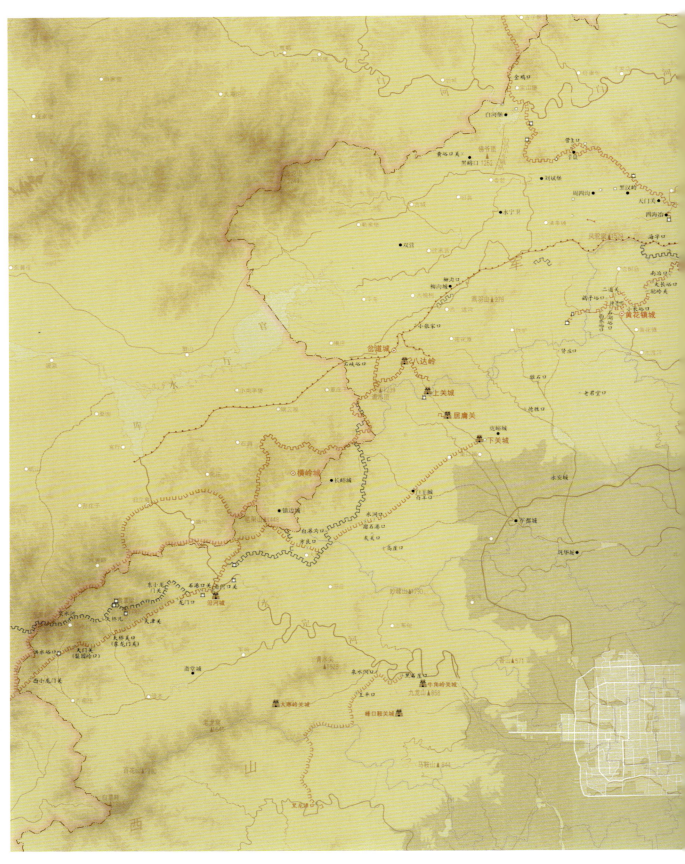

明代北京地区长城分布示意图

长城与复线长城的分界；也是明朝"天子守边"格局下战线南移、重防内线，凭据要隘、层层防御及重镇连接、各路互援等布防策略的体现。

自居庸关以西，明长城分南北两线，称内、外长城，两者相合于山西偏关附近的老营，构成拱卫都城的西北屏障。内、外长城线上有著名的内三关——居庸关、倒马关、紫荆关，和外三关——雁门关、宁武关、偏头关，都是护翼京师的重要关隘。

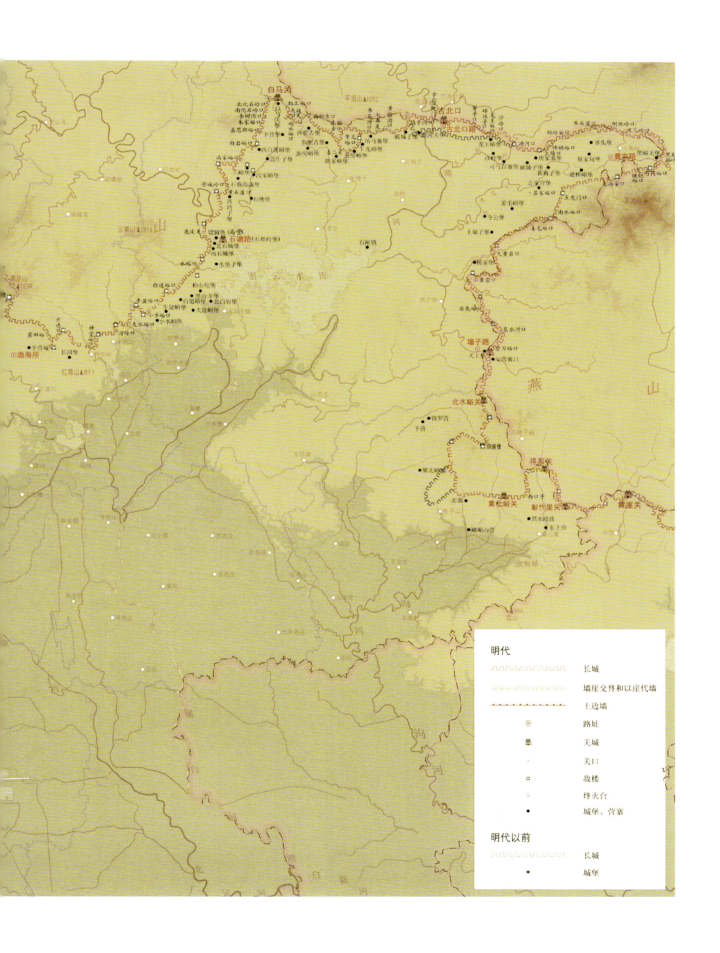

八达岭长城

八达岭是北京地区长城的制高点，海拔1015米，位于北京西北延庆区南部的山岭，是军都山的一个隘口，为控扼关沟古道的咽喉，地理位置尤为重要。洪武元年（1368年），明廷于居庸关设置千户所，负责关沟一线各处关隘的守卫，八达岭是其北口。成祖五次率军远征漠北，居庸关、八达岭是其兵锋出塞的主要孔道。八达岭地区的石佛寺口、青龙桥东口、王瓜峪口、八达岭口、黑豆峪口、化木梁口、于家冲口等处，先后建关设防。明初，除加强军事设防外，还采取坚壁清野的措施，即"不置府县，只遣将率士守护"，把山后塞外（包括河北保安州、龙庆州等地）百姓迁徙到居庸关以南，既充实内地人口，恢复和发展生产，又达到让敌人无所掠获的目的。

弘治十八年（1505年），规划修建八达岭关城，嘉靖时期增筑八达岭墩台，属蓟镇管辖（总兵驻今河北迁西三屯营）。嘉靖三十年（1551年），为进一步增强京师防卫，从"九镇"之一的蓟镇中分出昌镇（总兵驻今北京昌平）和真保镇（总兵驻今河北保定），八达岭长城属昌镇管辖。

隆庆、万历年间对八达岭长城进行重建和改线。隆庆元年（1567年），穆宗任命谭纶为蓟、辽、保总督，任命抗倭名将戚继光为蓟镇总兵。戚继光在谭纶的大力支持下，对蓟镇所管辖的一千二百余里长的原有长城，普遍进行了改建和重建，特别是新修筑了1300多座高大坚固的敌楼作为士兵驻守的堡垒。此外，昌镇总兵杨四畏等对所辖四百六十余里长城，也进行了改建、重建，并新筑了大量敌楼。八达岭关城东门额题"北门锁钥"，西门额题"居庸外镇"，为万历十年（1582年）所立。

八达岭长城历弘治、正德、嘉靖、隆庆、万历五朝计80余年的修建和改线，最终形成了城关相连、墩堡相望、重城护卫、烽燧报警的完整军事防御工程体系，虎踞龙盘、气势恢宏，是明长城的杰出范例。

居庸关长城

"居庸"最早可以追溯到战国时期《吕氏春秋》中提及的"天下九塞"之一。历史上居庸的地理范围并不局限于一座关隘，而是逐步扩大至以居庸关关沟为核心的京师西北防区。这个范围外溢的过程与近两千年中北京在全国范围内的军事、政治地位的变化密切相关，至明代达到顶峰。洪武二年（1369年），大将徐达驻守北平，在居庸关关沟修筑关城，提升防御能力。永乐十九年（1421年）成祖迁都北京后，北京西部、北部、东北部的太行山、军都山、燕山等山脉所形成的屏障对拱卫京师的作用更为重要，其中的居庸关被称为京师最后一道防线，整个永乐年间朝廷均在大举修缮周边各类防御设施。"土木之变"后，朝廷更加意识到京师西北防御力的不足，景泰元年（1450年）在居庸关设公馆，开始修缮关城并扩大瓮城，至景泰六年（1455年）毕功立碑。此为居庸关防区建设的高峰阶段。自隆庆朝起明廷一再加固北部长城，如戚继光等著名将领组织修造了大量的空心敌台，使得居庸关防区长城的防御能力得到了极大的提高。至明末随着京师西北战事频率降低，居庸关一带所受的威胁也有所降低，防区的军事功能亦随之减弱。

黄花城长城

黄花城位于怀柔区，也称"金汤长城"，因位于黄花镇所辖地区，故称黄花城，是昌镇黄花路指挥机关驻地。黄花路一线地处冲要，"东则山海，西则居庸"。成祖建都北京后，将陵寝设于昌平天寿山之阳，而黄花镇在天寿山之北，因而此处长城不仅是守卫京师的北大门，也是护卫天寿山皇陵的重要门户。故黄花城段长城修筑得十分精细，关隘设计严谨完备，置三道关防，一直布重兵把守此处，有兵额12600人，守卫东自慕田峪、西至枣园寨180余千米的长城及大小隘口17处。

慕田峪长城

慕田峪长城位于怀柔区渤海镇，是明初大将军徐达在北齐长城的基础上重修而成。洪武六年（1373年），徐达受太祖之命，"备山西、北平边，谕令各上方略。从淮安侯华云龙言，自永平、蓟州、密云迤西二千余里，关隘百二十又九，皆置戍守"。这一百二十九个关隘里，即包括了慕田峪。洪武十四年（1381年），徐达"发燕石等卫屯兵万五千一百人修永宁、界岭等三十二关"，开始着手修补慕田峪长城。永乐二年（1404年），明朝正式设关慕田峪。隆庆时期，蓟镇总兵戚继光和总督谭纶大规模整修辖区内的长城，慕田峪长城是其中工程精细、构造独特的一段——在主体之外建有"支城"，即在内外两侧的险要地段再修出长几米或几十米的分岔长城，当地人称"刀把楼"；敌楼无论规模大小，都建成上下两层。经此次修缮，慕田峪长城关城高耸、墙体坚实，堪称守卫京师、皇陵的昌镇东起第一关。

司马台长城

司马台长城位于密云区北部，始建于洪武初年，是在北齐长城的基础上修筑，属明代"九镇"中蓟镇古北路所辖。万历年间，蓟镇总兵戚继光和总督谭纶率兵进行了重点整修，它东起望京楼，西至后川口，全长5.7千米，敌楼35座。其中司马台城堡东北1.5千米处的长城更以惊、险、奇著称。

古北口长城

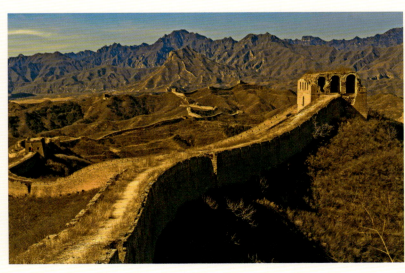

古北口是燕山山脉中贯通南北交通的主要孔道之一，背有卧虎山、蟠龙山双峰耸立，中有潮河、汤河两水穿过，作为万里长城的一个关口，堪称拱卫京师的首要防地。洪武初年大将徐达主持修建古北口长城。隆庆元年（1567年），名将戚继光任蓟镇总兵、谭纶任蓟辽总督时又加修续建。古北口长城由卧虎山长城、蟠龙山长城、司马台长城组成，其修建充分体现了"因险制塞"的原则，对蟠龙、卧虎二山之间的空隙造就的山口险境，依山势在峡谷缺口处建造水门，构筑了水门雄关。

　　明代是我国古代管形火器——火铳、火炮发展的重要时期。永乐七年（1409 年）定型了单兵轻型火铳，即手铳。它由前膛、药室和尾銎三部分构成，药室有盖，尾銎处可安装木柄，便于把持。比手铳体量稍大，前膛较粗，膛身有加强箍的火铳可称为中型火铳。明嘉靖时期，引进葡萄牙的佛朗机炮，火器效能大为提升。佛朗机由母铳和子铳构成，按制一母铳配九子铳，填弹药于子铳。射击时子铳放在母铳的弹药室内，铳身置于炮架上，射击后子铳退出，再放入已装好弹药的子铳，大大提高了射速。佛朗机有数种规格，所填弹药量与射程各异，以满足多种攻防需求。流星炮是佛朗机的改良型，将装弹室由圆形变为方形，有尾銎，口径略小，炮管更长。马上佛朗机是骑兵专用的佛朗机式单兵轻型火铳，由母铳和子铳构成，母铳有尾銎。

　　北京地区出土了一批火铳、火炮，反映了在明代的京畿防卫中广泛使用这类代表当时最先进技术的武器，也是北京作为明朝军事防御重心地带的反映。

永乐款手铳

明永乐十二年（1414 年）

长 36、外口径 3 厘米

　　铭文：天字三万四千五百四十

九号　永乐十二年三月□日造

永乐款中型火铳

明永乐十三年（1415 年）

长 43.5、口径 7 厘米

铭文：英字一万五千三十四号　永乐十三年九月　日造

嘉靖款胜字流星炮

明嘉靖十年（1531 年）

母铳：长 120、外口径 7 厘米

子铳：长 29、外口径 3.6 厘米

延庆区出土

母铳铭文：胜字一千二十一号流星炮筒　嘉靖辛卯年
兵仗局造　重四十六斤；子铳铭文：□□百九十七号流星
炮　嘉靖庚寅年造　重七斤四两

嘉靖款马上佛朗机式子铳

明嘉靖十九年（1540 年）

长 15.2 厘米

延庆区永宁出土

　　铭文：马上佛朗机铳二千五百五十七号　嘉靖庚子年

兵仗局造　重一斤十二两

嘉靖款马上佛朗机式母铳

明嘉靖二十四年（1545 年）

长 64.5、外口径 4.8 厘米

延庆区出土

　　铭文：嘉靖二十四年分年例胜字三百七号　作头阮义

嘉靖款胜字佛朗机

明嘉靖二十八年（1549 年）

母铳：长 131.5、外口径 8 厘米

延庆区出土

母铳铭文：嘉靖二十八年胜字四十二号　刘桂；子铳

铭文：胜字十七号

铁箭镞

明

长 13.5、宽 1.5 厘米

西城区阜成门外出土

（二）都城营建

明北京城是在元大都城的基础上，参照明南京及明中都进行规划、建设而成。明初将元大都城北城墙南缩五里；永乐时将南城墙南移约一里，改建城池，营建新的宫殿、园囿、坛庙等；嘉靖年间修建外城，北京城遂呈"凸"字形平面布局，形成宫城、皇城、大城、外城四重套合结构；沿用大都城中轴线，并将其一再南向延伸，中轴对称格局更加宏伟，紫禁城的核心地位更加突出。明北京城是中国 2000 多年来都城规划和营建的典范之作。

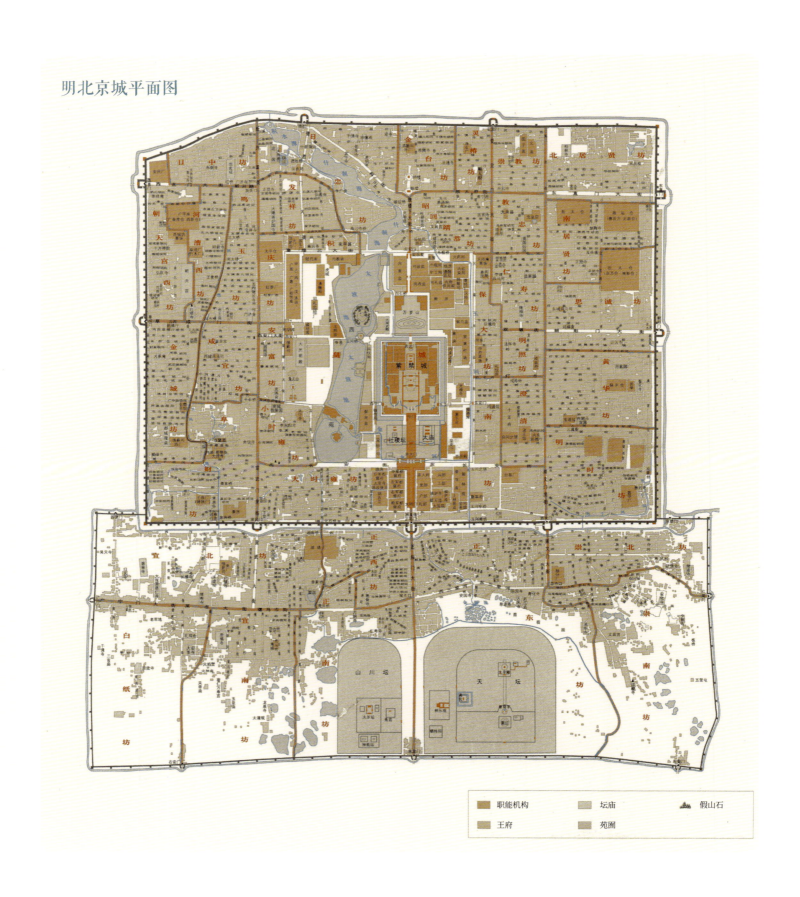

明北京城平面图

紫禁城航拍图

　　明代北京紫禁城建成于永乐十八年（1420年），是在元大都宫城旧址上兴建而成，继承了大都城的中轴线，遵循前朝后寝、五门三朝等规划格局。古人认为天宇中的紫微垣是"天帝"居所，与之相对应，人间帝王居住的宫殿区则称为"紫禁城"。此外，城内的金水河则有"表天河银汉之义"，宫殿布局中的排列组合以及宫殿的命名等也大都体现了"象天立宫"的思想。

　　紫禁城内的宫殿大体上区划为外朝和内廷两部分。外朝为"大内正衙"，是皇帝和官员们举行各种典礼和政治性活动的场所，其范围是乾清门前广场以南，前三殿——明初称奉天殿、华盖殿、谨身殿，是其中心区，东西两侧分别有文华殿和武英殿两组建筑。内廷部分则从乾清门开始，以后三宫——乾清宫、交泰殿、坤宁宫为主体，其北有御花园。后三宫东侧有斋宫、东六宫、乾东五所等，称内东路，最东面还有外东路诸建筑。后三宫西侧有养心殿、西六宫、乾西五所。最西面有外西路诸建筑。内廷是皇帝生活起居和后妃、皇帝的幼年子女们的生活区。

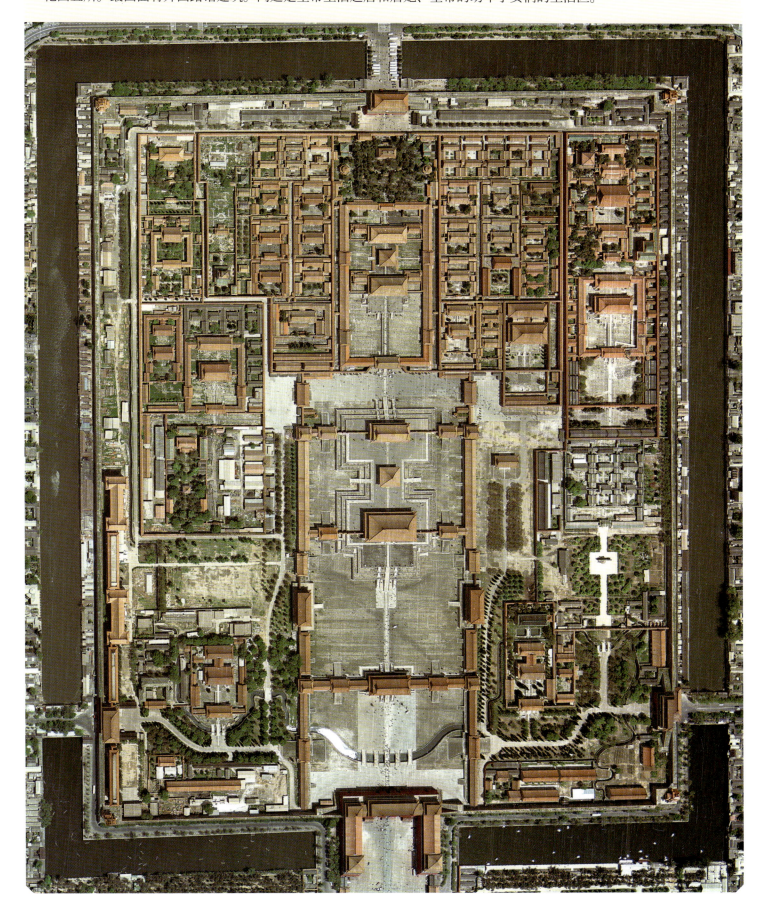

奉天殿、华盖殿、谨身殿

奉天殿、华盖殿、谨身殿统称"外朝"三大殿。奉天殿位于北京中轴线上最显要的位置，是紫禁城内体量最大、等级最高的建筑。嘉靖年间更名为皇极殿。诸如皇帝即位、皇帝大婚、册立皇后、命将出征等朝廷重要典礼在此举行，每年万寿节、元旦、冬至三大节，皇帝在此接受文武官员的朝贺，并向王公大臣赐宴。

华盖殿，嘉靖年间更名为中极殿。在奉天殿举行各种大典前，皇帝先在此殿小憩，做一些典礼前的准备。

谨身殿，嘉靖年间更名为建极殿。在奉天殿举行大典前，皇帝常在此更衣；也是皇帝赐宴王公大臣的地方。

乾清宫、交泰殿、坤宁宫

乾清宫、交泰殿、坤宁宫统称"内廷"三大宫。乾清宫为内廷之首，是皇帝居住和日常办公的地方。交泰殿是皇帝、皇后的娱乐之所。坤宁宫是皇后的寝宫。

太庙、社稷坛

按"左祖右社"之制，宫城的左前方建太庙，右前方建社稷坛。太庙是祭祀先帝的皇家宗庙。社稷坛是皇帝祭祀地神和谷神的场所，亦是皇权、国土与谷物收成的象征。

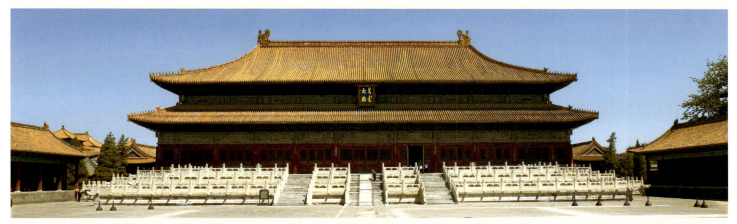

天坛、地坛

永乐朝初营北京，以洪武时的祀典制度与南京建筑形制为蓝本，"天地合祀"，在都城南郊营建了天地坛。嘉靖九年（1530年）改天地坛为天坛，另建地坛，实行"天地分祀"。天坛有内外两重围墙，围墙北部为半圆形，南部为方形，象征"天圆地方"。内坛北部主要建筑有祈谷坛，上建大祀殿（后称大享殿，清代称祈年殿），是皇帝祈祷丰年和祈雨的地方。天坛南部的主要建筑有圜丘坛、拜天台等，是皇帝祭天的祭坛，其色彩多用青、白等云、天之色。圜丘象征"天圆"，天为凌空无遮，故不建房屋，称为"露祭"。

地坛与天坛相对，在都城北，合于中国传统"祭天于南郊，祭地于北郊"的规制。地坛最初称方泽坛，主要建筑方泽坛用来祭祀五岳、五镇、四海、四渎，其相关构造、尺寸等皆取偶数，以和地为属"阴"的观念相契合。

先农坛

位于天坛之西，与天坛对称分布，平面亦类似，北部坛墙呈半圆形，南部坛墙呈方形，象征"天圆地方"。其中祭祀先农神的先农坛建于永乐二年（1404年），是山川坛内最早的坛。

先农坛初称山川坛，系仿照南京的山川坛而建，是皇帝祭祀山川、太岁、神祇等"神"的场所。嘉靖时，山川坛分为神祇坛、地祇坛，另建太岁坛。神祇坛分天神、地祇二坛，前者祭祀风、雷、云、雨各神，后者祭五岳、五镇、四海、四渎及名山大川之神。

日坛、月坛

嘉靖九年（1530年），世宗恢复四郊分祀制度，建朝日坛于朝阳门外迤南，建夕月坛于阜成门外迤南。朝日坛是皇帝祭祀大明神（太阳）之所，祭台台面用红琉璃铺设，象征太阳。夕月坛是皇帝祭祀夜明神（月亮）之所，祭台台面用白琉璃铺设，象征月亮。

南海子平面图

　　永乐十二年（1414 年），明廷扩建都城南郊的元代苑囿——下马飞放泊，即"南海子"，作为游赏、行猎的御苑。其面积约 210 平方千米，四周修筑围墙 60 千米，四边开辟"红门"，修建衙署、寺庙、御道等。迁徙山西、山东等地的民众隶属于其管理机构上林苑。他们在南海子驻守、劳作，世代相承，成为"衣食年年守环堵"的"海户"。清代又有所增建。

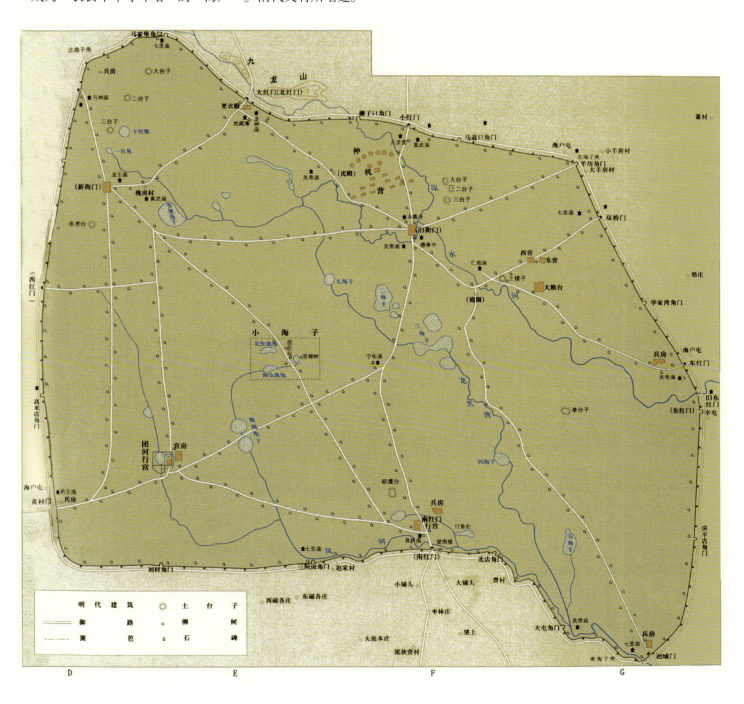

十三陵

永乐五年（1407年），成祖的徐皇后去世。成祖因已有意迁都北京，命暂不安葬徐皇后，年底派风水术士廖均卿等人在北京四郊卜选陵地，经反复堪舆、比较，最终选定昌平黄土山（后改名"天寿山"）南麓为吉壤。燕山余脉自西北高原逶迤而来，在此曲折环绕，成为一道天然屏障。中间的盆地宽阔，并有温榆河东向流过。盆地的东西两侧有蟒山、虎峪山对峙，形成"龙虎抱卫，主客相迎"之势。四面群山环抱、风光绮丽的环境，正合风水术士所极力赞誉的"山川大聚"的帝陵风水形胜。明朝共有十三位皇帝埋葬于此，世称十三陵。

石牌楼

明成祖长陵是十三陵的首陵。此石牌坊位于长陵神道最前端。长陵神道长7.3千米，也是陵区的总神道。

长陵祾恩殿

祾恩殿是帝陵的祭殿。长陵祾恩殿制仿大内的奉天殿，面阔九间，进深五间，重檐庑殿顶，黄色琉璃瓦屋面，上檐饰重翘重昂九踩斗拱，下檐饰单翘重昂七踩鎏金斗拱，殿内金砖墁地。用料考究，殿梁、柱、枋、檩、鎏金斗拱等大小木构件，材质均为名贵的楠木。

定陵地宫

神宗定陵位于陵区的大峪山东麓，极为奢华，营陵工程历时六年，耗银八百万两。定陵玄宫为"九重法宫"格局、"五室三隧"规制，分前、中、后三殿室，分别相当于皇宫内廷建筑中的乾清宫、交泰殿、坤宁宫三宫，左、右配室又相当于内廷建筑中的东、西六宫。经考古发掘，定陵的随葬品多达3000多件（套），包括丝织品、衣物、金银器、铜锡器、瓷器、琉璃器、玉石器、漆木器、首饰、冠带、仪仗、谥册等，品类繁多，精美绝伦。

"金鳌玉蝀" 桥石额

明嘉靖

每块高 54.5、宽 205 厘米

　　金鳌玉蝀桥是明代御苑太液池中，北海和中海分界处的一座九孔石桥，建于明弘治二年（1489 年）。桥两端各建一座三间四柱三楼式牌楼，其中西牌楼匾额为"金鳌"，东牌楼为"玉蝀"。金鳌是神话中的海龟，多喻海上仙岛，映对太液池的格局；蝀指垂虹，玉蝀喻长桥的形美。桥长近 157 米，依水面宽度设定，协调美观；追求"九"这个数字，定为九孔，使桥墩厚度格外加大，形成了墩厚大于孔径的不寻常造型。原居中桥孔为方孔，桥面在此处断开，上铺木板，可撤板通舟。约在清代中后期，方孔改为圆孔，上铺石板，与其他八孔形制一致。

建筑构件

　　明代营建北京的宫殿、苑囿、城垣、坛庙、仓场、官署等建筑，所需的砖瓦、琉璃等建筑材料、构件的烧造，基本贯穿了整个明代。其烧造地域，大约涉及山东、河南、江西等布政司和南、北直隶等处。嘉靖中期以后的烧造主要集中在临清的城砖烧造、苏州金砖烧造，以及京师的琉璃烧造。

三色琉璃刻花砖

明

长 28.3、宽 12.2 厘米

西城区琉璃厂沙土园出土

景德镇窑
青花编织纹方砖

明宣德

长 14.3、宽 14.3 厘米

海淀区八里庄出土

绿釉琉璃柱顶

明

最大长 20.5、最小长 19.5 厘米

西城区琉璃厂沙土园出土

三色琉璃面砖

明

长 46、宽 28 厘米

西城区琉璃厂沙土园出土

梵文滴瓦

明

高 12 厘米

东城区弓弦胡同出土

寿字滴瓦

明

高 10.5 厘米

东城区弓弦胡同出土

兰花纹滴瓦

明

高 12 厘米

东城区弓弦胡同出土

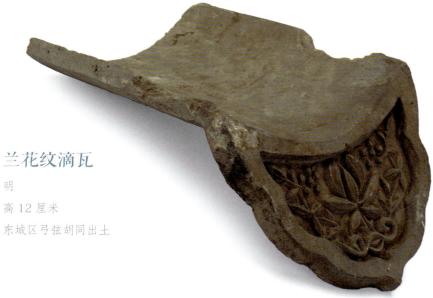

隆庆款城砖

明隆庆元年（1567 年）

长 50、宽 25、厚 12 厘米

兰花纹瓦当

明

直径 14.5 厘米

东城区弓弦胡同出土

荷花纹瓦当

明

直径 16 厘米

西城区陶然亭出土

龙纹瓦当

明

直径 19 厘米

东城区马勺胡同出土

（三）天街锦绣

　　永乐迁都后，北京城市性质转变、人口数量激增，带动了都城手工业和消费市场的繁荣，特别是京杭大运河的疏浚保障了物资供给，庞大的皇家与官僚群体的消费需求又推动了工艺发展和引领了消费风尚。明廷征十八万匠户轮班至京服役；另从南京迁二万五千匠户附籍大兴、宛平，长期服役。各地良工巧技荟萃，引发雕漆、珐琅器、织染、玉雕等工艺再获精进。四方财货骈集，城市商业中心范围，从元代的钟鼓楼、积水潭一带转移到了正阳门棋盘街一带，及东四、西四牌楼，并逐渐形成多种类型的定期市集。至明中期，北京已成为"生齿益繁，物货益满，坊市人迹，殆无所容"的繁华都市。

　　内市是明代都城特有的贸易形式，地点在玄武门外（今景山前街），每月逢四开市，主要为内廷而设，外戚、勋贵之家也可参与。交易物品为宫内日用衣帛、食物器用之类等，多奇珍宝货。

《皇都积胜图》（部分）

　　此图约绘于嘉靖末年到万历前期，画面从卢沟桥经广宁门、正阳门棋盘街、大明门、承天门、皇宫等，向北延伸至居庸关，着重描绘了市区商业街道面貌。画面中的街道上车马行人熙来攘往，茶楼酒肆店铺林立，招幌牌匾随处可见，马戏、小唱处处聚集，尽现明代京师市廛风景和商业的繁华。

棋盘街，府部对列街之左右，天下士民工贾各以牒至，云集于斯，肩摩毂击，竟日喧嚣，此亦见国门丰豫之景。

——（明）蒋一葵《长安客话》卷一《皇都杂记》

凡三代周秦古法物，金玉铜窑诸器，以至金玉珠宝犀象锦绣服用，无不毕具。列驰道两旁，大小中涓与外家、勋臣家，时时遣人购买之。每月三市，凡旧家器物，外间不得售者，则鬻诸内市，无不得厚值去。盖六宫诸妃位下，不时多有购觅，不敢数向御前请，亦不便屡下旨于外衙门动用，故各遣穿宫内侍出货焉。凡内市物，悉精良不与民间同，朝贵亦多于其地贸易，咸听之不禁。

——（明）宋起凤《稗说·内市》

嘉靖款拾两金锭

明嘉靖四十五年（1566 年）
长 6、宽 4.4 厘米
海淀区八里庄李伟墓出土

此金锭为范铸，束腰形的背面刻有"云南布政使司恭进钦取柒成色金拾两计壹锭嘉靖肆拾伍年拾壹月　日委官来端蒙金匠沈宇"铭文，说明此金锭是云南地方进贡宫廷内承运库。为保证金锭铸造的质量，还要錾刻上年月、地点及官员、匠户姓名等。墓主李伟为慈圣皇太后的父亲、明神宗的外祖父，故此金锭当为内廷所赐。

一贯"大明通行宝钞"

明

长 34.1、宽 22.3 厘米

宝钞横额书"大明通行宝钞",内框上段楷书"壹贯"。两旁九叠篆文"大明宝钞""天下通行"。中有钱纹五组,绘钱十串。下段为行钞令文:"户部奏准印造大明宝钞与铜钱通行使用伪造者斩告捕者赏银贰佰伍拾两仍给犯人财产 洪武 年 月 日"。

明初因鼓铸新钱不足,铜钱无法满足市场需求,明朝政府于洪武八年(1375 年)发行"大明通行宝钞",与铜钱并行。次年七月,颁布"倒钞法",民众可将软烂不堪的昏钞在行用库倒换为新钞。但由于政府滥发,"大明

宝钞"自发行以后持续贬值,民众逐渐不愿接受。洪武九年规定:"天下税粮,令民以银、钞、钱、绢代输。银一两、钱千文、钞一贯,皆折输米一石。"而钱、钞换算比例,至成化元年(1465 年),钞一贯折钱四文,成化十年又改为钞一贯折钱二文。随着明代经济的复苏,特别是海外贸易的发展,市场流通的白银日益增加,推动了"钱钞并用"的货币流通格局转向"银钱兼行","朝野率皆用银,其小者乃用钱",即大数用银、小数用钱,直至 16 世纪初白银成为流通领域的主币。

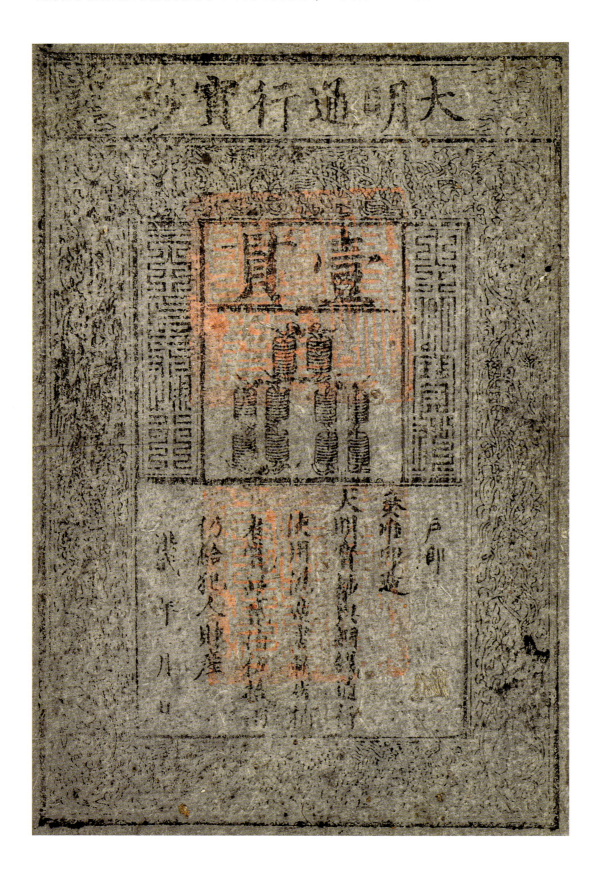

万贵、万通墓

万贵、万通墓位于北京丰台区右安门外。

万贵为明宪宗宠妃万贵妃之父，官至锦衣卫都指挥使，殁于成化十一年（1475年）；万通为万贵妃之弟，殁于成化十八年。万贵妃名万贞儿，四岁入宫为宫女，及长侍奉年幼的朱见深（即后来的宪宗），朱见深即位后被册封为贵妃。她年长宪宗17岁，但为人机警，善迎帝意，最为宪宗宠信。借助女儿的威势，万贵及诸子都封官加爵，成为权倾朝野的皇亲国戚。史载"时贵妃方擅宠，贵子喜为指挥使，与弟通、达等并骄横"。

万贵夫妇墓、万通夫妇墓共出土了金、银、玉、铜、瓷等质地随葬物品280余件，以金银器为主，饰物中又以盘丝、累丝、镶嵌等居多。其中不乏皇帝赏赐之物，如万贵妃母王氏墓中的一对金凤簪，即为宪宗赏赐的前朝银作局所制的宫廷用品。这些随葬品是作为外戚的万氏家族财富之由来与生活奢华的佐证，也体现了明朝前期京师细金器、玉器等手工业制作的高超技艺和社会风尚。

金臂钏

明

口径 6.2 厘米

丰台区右安门外万贵墓出土

臂钏又称跳脱，是女子腕臂部佩戴的饰物，故金臂钏也称"缠臂金"。此件金臂钏有十一节，重260克，通体光素，将金条锤打成截面弧形的扁长条，再盘成螺旋状，镯头用粗金丝缠做活环与前面的连环套接，以便左右滑动调节松紧。

嵌红蓝宝石梵文金簪

明

长 12.5、托宽 9.6 厘米

丰台区右安门外万贵墓出土

簪头为镂空莲花造型，莲瓣上正中为一个梵文——六字真言中的"吽（hōng）"，寓意信心坚定，如金刚不可摧破；莲瓣及梵文上镶嵌红蓝宝石和珍珠。设计精巧，质地华贵而寓意吉祥。

永乐款
云南闸办银课五十两银锭
明永乐十六年（1418 年）
高 7.1、长 16.7、宽 11 厘米
丰台区右安门外万贵墓出土

宣德款
云南闸办银课五十两银锭
明宣德八年（1433 年）
高 6.5、长 16.5、宽 10.5 厘米
丰台区右安门外万贵墓出土

银课即银矿税，实行定额包税制。明朝开国之初，朝廷不鼓励开采银矿，坑冶很少，故矿税也不多，沿袭元代按年征收的办法，称"岁办"。永乐、宣德年间，矿禁松弛，银课随之增加，新增课额称"闸办"，额度远高于岁办。这两枚银锭分别为当时云南白崖场和新兴场的闸办银课。永乐款银锭上的铭文为："云南闸办银课，天字二百五□六号，银五十两重；内官潘荣、花懋、任安，监察御史董克□，给事中程昭、山寿、王忠，白崖场办事官苗春、黄堃，三司委官景东卫指挥金事杨清等，百长史三奴；永乐十六年七月日银匠赵保等铸。"宣德款银锭的铭文为："云南闸办银课，天字一百二十号，银五十两重；内官监太监山寿，内官内使童海、来伴、阮存，监察御史秦献，给事中蒋辅，新兴场听选官淦川、刘李谦，三司委官洱海卫指挥金事夏良等，百长□□；宣德八年三月日银□作头李□等铸。"

铭文显示，闸办银课的银锭按千字文打头编号，朝廷派官至银矿闸办银课，这些官员包括内廷太监、监察官员监察御史、言官给事中、驻矿具体管理的办事官、地方权力机构"三司"——承宣布政使司、提刑按察使司、都指挥使司委派的军官卫指挥金事、百长（卫所军士军匠参与银矿的开采）等；还标注银锭熔铸年份和银匠姓名。派官闸办的原意是"欲察其奸弊，不令虐民"，将官员、匠作等姓名鉴刻在银锭上，是为明确责任，保障税银的成色和重量。两枚银锭分别重 2134.9 克和 2200.2 克，含银量超过 98%，成色和重量均超过出土的明代其他类型的五十两银锭。

标明为闸办银课的银锭出土于明成化年间的外戚万贵夫妇墓中，共出土八枚。万贵之女万贞儿为明宪宗的宠妃，故其墓中的"大元宝"当为朝廷所赐，也可从侧面反映明代京师贵戚之家财富之由来与生活的豪奢，而这正是都城文化的特色之一。

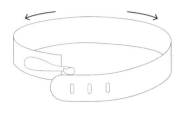

带钩佩戴示意图

嵌珠石龙首金带钩

明

最高 3.5、长 13.3、最宽 3 厘米

丰台区右安门外万贵墓出土

　　带钩是古代男子服饰中一种实用和装饰性兼具的用具。此带钩钩首作龙头形，高鼻阔唇，向前突伸，须发披拂，双角下垂内卷，双目嵌红宝石，龙首嵌珍珠。钩身顺序镶嵌着五颗红蓝宝石，背纽呈圆钉状。带钩采用锤打、錾刻、焊接、镶嵌等工艺，造型遒劲生动，尤其是龙目嵌石处理手法堪为点睛之笔。

永乐款金凤簪（一对）

明永乐二十二年（1424 年）

长 21.2、宽 7 厘米

丰台区右安门外万贵墓出土

　　簪头立飞凤，头冠后扬、尖喙、圆眼，脚踏祥云，伸展双翅，凤尾细长向后飘扬，其上錾刻细密的麦穗纹，簪柄上有铭文："银作局永乐二十二年拾月内成造玖成色金壹两贰钱五分外捍伍厘"。金簪采用锤打、錾刻、焊接等工艺制成。此簪系宫中后妃用器，做工精湛，反映了明代早期宫廷细金工艺的水平。

嵌红宝石狮柄金杯

明

高 1.9、口径 8.1 厘米

丰台区右安门外万通墓出土

金杯为敞口、斜壁、浅腹、平底，口沿卷边，重 76.8 克。杯心嵌方形红宝石，外周饰以连珠纹，杯柄作卧狮造型，张口瞪目，颈戴项圈，左爪压绣球。金杯采用锤打、錾刻、镶嵌、焊接等多种工艺制成，整体意趣生动，是明代宫廷金器精品。

錾花金什件

明

通长 50.5、宽 5.7 厘米

丰台区右安门外万贵墓出土

又称"金七事"。饰件由金链、佩饰、挂件等组成。佩饰上端为一挂链，佩饰两面镂刻鸳鸯荷叶纹，叶下焊连七条金链，每链系一物，分别是金剪、花鸟纹香囊、带鞘宝剑、荷叶盖花卉纹小罐、团花纹粉盒、錾花小瓶、龙首觿等，共重 294.5 克。其錾刻技艺尤为精湛。

凸花海水江崖鱼龙献寿金盘

明

最高 1.2、口径 18.2 厘米

丰台区右安门外万贵墓出土

　　金盘口沿一周錾刻二方连续回纹，中心錾刻"寿"字，寿字周围凸起浮雕状的海水江崖瑞兽纹，营造出飞龙、海马、麒麟、怪兽、飞象、神鱼等六种海兽仿佛在海水中翻腾起伏、争相献寿的动感画面。

杏叶纹金执壶

明

通高 29.5、口径 6.4 厘米，重 995 克

丰台区右安门外万贵墓出土

　　通体光素，细颈，圈足，壶盖饰宝珠形纽，子母套口，以金链与壶柄连接；壶身腹部作隐起的杏叶纹。造型稳重，简洁大气。

仙人醉酒八角金杯、
錾楼阁人物八角金盘

明

杯：高 2.9、口径 7 厘米，重 105.6 克

盘：高 0.9、口径 16.2 厘米，重 271.9 克

丰台区右安门外万贵墓出土

　　八角金杯呈八方形，敞口折沿，向下渐收，内壁光素。杯心为圆雕仙人醉酒像。杯外壁錾刻极细的八仙人物图案，线条简洁疏朗。

　　八角金盘亦为八方形，窄沿，浅平盘心。盘沿錾刻一周折线纹，盘心以吕洞宾过岳阳楼故事为主题，细錾内容丰富的楼阁人物图，包括人物、楼台、树木、水波、马匹、山石等。其中重檐楼阁用笔严谨似界画，21 位人物形态各异，或骑马，或携琴，或交谈，或对饮，意态洒脱。

　　从杯、盘的形制、体量、功用、纹饰等来判断，两者应为组合使用，尽显堂皇富丽。

董四墓村明妃嫔墓

　　董四墓村位于海淀区青龙桥西，金山南麓，是明代妃嫔、皇子丛葬之地。村西有景泰帝陵。20世纪50年代初，在此发掘了两座明代妃嫔墓——明神宗妃嫔墓，葬七位妃嫔；明熹宗妃嫔墓，葬三位妃嫔。墓中出土的累丝镶嵌首饰、金银类生活器具及玉器、瓷器等精品文物，是当时宫廷生活、服饰典制、手工业技艺等的实证，也是明代京师文化荟萃性的体现。

累丝嵌宝石金凤簪

明万历

通长 24 厘米

海淀区董四墓村明神宗妃嫔墓出土

　　簪挺光素，上立飞凤，其胸、背各嵌红宝石一颗，双翅向后展开，每只翅膀上下侧分别嵌蓝、红宝石各一颗，饰以细密卷草纹的凤尾上扬，呈火焰状。金簪采用锤揲、累丝、镶嵌、焊接等工艺制成，其胸、腹、翅、尾等部位的累丝工艺尤为精湛，反映了明代宫廷细金工艺的高超水平。

累丝嵌珠石"绵羊引子"纹金簪

明万历

高 15.4、宽 7.8 厘米

海淀区董四墓村明神宗妃嫔墓出土

　　金簪为扁挺，簪头用金丝盘结成花瓣和叶，再内嵌珍珠、红蓝宝石。中间镂雕"绵羊引子"纹——童子骑羊，羊谐音"阳"；手握一挂着鸟笼的梅枝，鸟笼里有一喜鹊，寓意"喜上眉梢"，意态生动而寓意吉祥。"绵羊引子"纹亦称"冬日阳生"纹，明代宫中冬至节时，妃嫔等皆穿戴阳生衣饰，贴"绵羊引子"贴画，象征三阳开泰、子嗣众多。

嵌红宝石錾凤纹金镯

明

口径 6.5 厘米

海淀区董四墓村明神宗妃嫔墓出土

宣德款金勺

明宣德六年（1431 年）

柄长 28.1、口径 6.9 厘米

海淀区董四墓村明神宗妃嫔墓出土

　　金勺柄上錾勒九道弦纹，作简约的装饰，还便于使用时把握。柄上端錾刻"随驾御用监大明宣德六年八月日成造金杓一把用九成色金净重二两四钱五分"铭文。

弘治款金盆

明弘治元年（1488 年）

高 7.6、口径 43.8 厘米

海淀区董四墓村明神宗妃嫔墓出土

　　金盆内外光素，宽沿平折卷边，造型简单实用。盆外底铭刻"银作局弘治元年六月内造盆一箇计八成色金四十两重"款。

镀金錾八宝花卉纹银三节盒

明

高 6.3、口径 6.3 厘米

海淀区董四墓村明妃嫔墓出土

　　盒身分三节，上节为盖，中节盒内存有消灾解厄小铜钱，下节盒内有粉状物。盒身外环刻八宝（八吉祥）花卉纹，盖顶錾刻荷叶形叠瓣花纹。造型简洁，饰纹明快。

宣德款云凤纹摇铃金尊

明宣德九年（1434 年）

高 13、口径 4.6、底径 8.9 厘米

海淀区董四墓村明神宗妃嫔墓出土

　　此金尊采用佛教中的摇铃样式，使用了锤揲、錾刻、焊接等工艺。口沿部錾刻一周卷草纹，颈部、腹部上细镌祥云双凤纹。底部铭刻"随驾银作局宣德玖年玖月内造捌成伍色金拾伍两重外焊伍厘"款。造型简洁流畅，纹饰饱满奔放。

万历款错金双凤纹银钵

明万历九年（1581 年）
高 5、口径 12.2 厘米
海淀区董四墓村明神宗妃嫔墓出土

　　银钵采用锤打、錾刻、错金等工艺，口卷边、腹略鼓，内底饰首尾相对、展翅奋飞的双凤纹，外腹錾刻首尾相连的双凤，穿云回翔。纹饰错金，黄白相间，突出了凤纹的柔美，尤为契合后宫中使用者的身份。外底刻"大明万历辛巳年银作局造"铭文。

弘治款银镟子

明弘治
高 5.8、口径 22 厘米
海淀区董四墓村明妃嫔墓出土

弘治款银箸

明弘治二年（1489 年）
长 24.1 厘米
海淀区董四墓村明妃嫔墓出土

　　箸，即筷子。此银箸上部捶錾竹节纹，既是简约的装饰，也便于使用时把握。箸上针刻"银作局弘治二年六月内造箸根花银一两重"铭文。

万历壬午年慈宁宫款银板沿洗

明万历十年（1582 年）

高 5、口径 27.3 厘米

海淀区八里庄李伟墓出土

银洗内外光素，宽折沿，底部中心竖刻"慈宁宫"款，四周环刻"大明万历壬午年御用监造银重十三两九钱"铭文。此墓主李伟，是明神宗生母慈圣李太后之父。慈宁宫为李太后居所。可推断，这是李太后将自己的御用之物赏赐给了自己的父母。

梵字日月云双耳银杯、錾莲瓣座银杯托

明

通高 5.3、口径 7、底径 3.7、杯托口径 19、底径 15.2 厘米

石景山区明雍王朱祐枟墓出土

银盏为侈口，对称焊接如意云纹状杯耳，云纹上又分别缀日、月状纽，似云捧日月；内壁口沿饰一周回纹，内底刻梵文。圆盘形杯托的中心隐起一圈变形莲瓣纹，大小与盏底相合。器形简洁，又不失动态的美感与吉祥的寓意。

錾花蝶金纽扣

明

长 2.9 厘米

昌平区魏家窑刘通墓出土

嵌红蓝宝石云纹金纽扣

明

长 6.2、宽 2.8 厘米

海淀区董四墓村明妃嫔墓出土

嵌宝石花蝶金纽扣

明

长 8.3 厘米

石景山区明雍王朱祐枟墓出土

圆珠金纽扣

明

长 1.5 厘米

海淀区东冉村出土

景泰蓝

　　金属胎珐琅器一般在成形的铜胎上掐丝焊接，或锤鍱纹饰，内填各色珐琅，烧成之后镀金，使之灿烂焕目，溢彩流光。故金属胎珐琅工艺自13世纪从西亚传入后，因工艺复杂、用料昂贵，一直是官匠专属工艺和宫廷化的奢侈品。明宣德时期的掐丝珐琅填釉多取蓝釉为地。至明中期，珐琅工艺越来越偏重掐丝技术，尤其是景泰年间，景泰帝朱祁钰痴迷珐琅，制作很多"大明景泰年制""景泰年制"款的掐丝珐琅器，在当时人们就视之为珍品。据孙承泽《天府广记》记载："宫阙之制，前朝后市，在玄武门外，每月逢四则开市，听商贾易，谓之内市……每月逢朔望及二十五则城隍庙市，每月逢三则土地庙市，谓之外市，系士大夫、庶民之所用。若奇珍异宝进入尚方者，咸于内市萃之。至内造如宣德之铜器、成化之窑器、永乐果园厂之髹器、景泰御前作房（坊）之珐琅，精巧远迈前古，四方好事者亦于内市重价购之。"

景泰款

铜胎掐丝珐琅三足炉

明景泰

高 7.7、口径 10.3 厘米

铜胎掐丝珐琅

龙凤缠枝莲纹盆

明

高 4.3、径 18 厘米

青花瓷

　　明永乐、宣德时期景德镇御窑厂的青花瓷，多使用进口的"苏麻离青"料，发色浓艳；装饰题材丰富，构图疏密有致，器形稳重大气，整体上又透出清雅的文人气息，代表了明代青花瓷烧制的最高水平。

景德镇窑
青花卷草网格纹鱼篓尊

明宣德

高 13.5、口径 16.1、底径 14.6 厘米

朝阳区东营村刘永诚墓出土

　　鱼篓尊以外形似鱼篓而得名。宋代即开始烧造鱼篓尊瓷，而历代又以明代永乐、宣德时期的烧造量为最。此鱼篓尊原应有盖，器身肩部和下腹部上下交错排列相同的网纹和几何纹，中间饰以青花地拔白卷草纹，圈足附近绘一周单线菊瓣纹。外底有双行青花楷体"大明宣德年制"款。

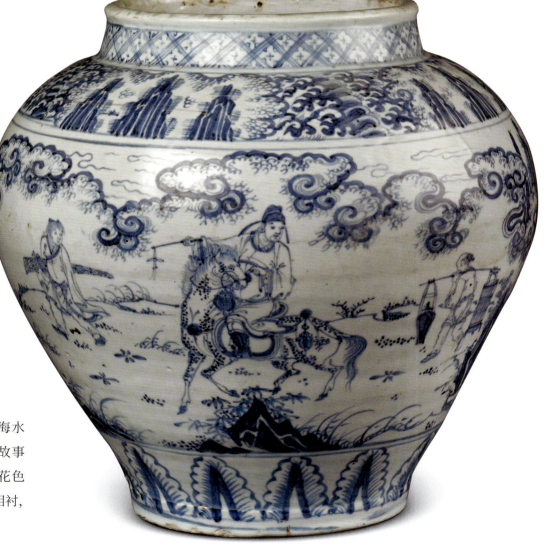

景德镇窑
青花踏雪寻梅图罐

明天顺

高 36、口径 21.5、底径 19.5 厘米

海淀区学院路出土

　　此罐颈部绘锦纹，肩部绘海水江崖纹，腹部主体绘踏雪寻梅故事图，其下至足部绘蕉叶纹。青花色泽浅淡，略泛灰蓝，与故事主题相衬，更凸显画面的清幽意境。

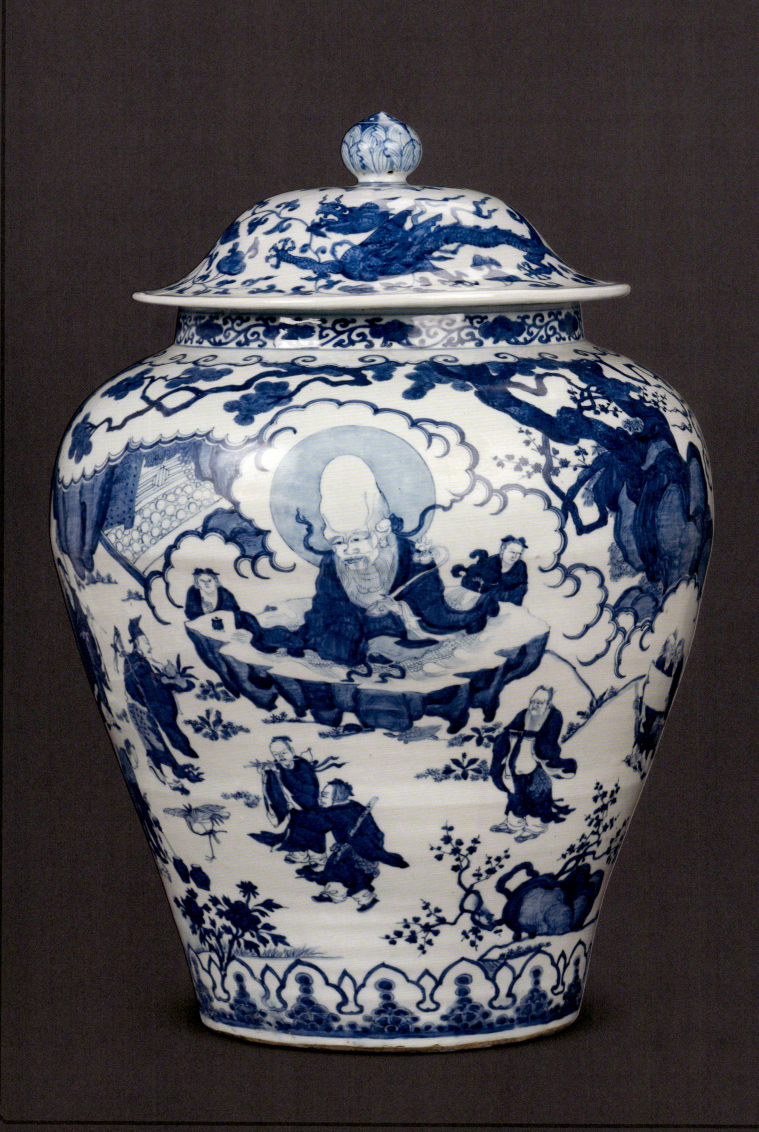

景德镇窑青花群仙祝寿图罐

明嘉靖

通高 64、口径 26、腹径 42、底径 21 厘米

海淀区百万庄出土

　　此罐罐盖绘二龙穿花纹，宝珠形纽盖；腹部主体纹饰为群仙祝寿图，画面中心绘一体量突出的寿星，坐于山石之上，周围有鹤鹿、龙凤、祥云、瑞草及 22 个人物等环绕，外底书青花双圈"大明嘉靖年制"六字双行楷书款。此器形制庄重大气，纹饰丰富，题材吉庆，画意生动，特别是青花色泽明亮，为嘉靖朝青花瓷的典型。

景德镇窑青花红彩鱼藻纹盖罐

明嘉靖

通高 42、口径 22.5、腹径 34、底径 21.5 厘米

西城区郝家湾出土

　　罐直口，丰肩，宝珠纽盖。盖及腹部通景绘青花红彩莲塘鱼纹，鱼藻莲花为主体纹饰，其间绘十二尾穿梭追逐的红彩游鱼。红彩鱼以黄彩为地，以褐色勾画鱼的轮廓及鱼鳞。明艳的青花与醒目的红彩游鱼产生了强烈的视觉张力，画面清丽动人、生机一片。底书青花双圈"大明嘉靖年制"六字双行楷书款。

景德镇窑青花云龙纹盘

明隆庆

高 3.6、口径 20.6、底径 13 厘米

朝阳区安定门外大屯出土

此盘胎质精细，通体施白地青花，盘心饰正面五爪团龙纹，外壁饰二龙戏珠纹。青花颜色纯正，蓝中泛紫。外底书青花双圈"大明隆庆年造"六字双行楷书款。

景德镇窑青花草虫鸡纹杯

明万历

高 3.9、口径 5.7、底径 2.5 厘米

景德镇窑青花草虫鸡纹杯

明万历

高 3.8、口径 5.8、底径 2.5 厘米

西城区新街口外小西天清黑舍里氏墓出土

两杯形制、纹饰相同，皆为敞口，深腹，圈足。胎体轻薄透亮。杯口和足跟各饰青花双线弦纹一周，腹部绘一公鸡昂首站立，一母鸡蔺于地面，围以六只小鸡，辅以山石树木。釉色淡雅润泽。两杯唯款识不同，一杯底书青花双圈"大明万历年制"六字双行楷书款，另一杯底书青花双圈"大明成化年制"六字双行楷书仿款。

五彩龙纹盘

明嘉靖十五年（1536 年）

高 3.8、口径 19.6、底径 10.3 厘米

朝阳区北獐鹿房出土

　　盘为撇口，弧腹，圈足。口沿饰红彩几何纹边饰一周，盘心及外壁均以红、绿、黄彩绘海水云龙纹，绿彩泛黄，红彩鲜艳。龙身用针状工具划出鳞纹；龙目白多黑少，显得格外突出，俗称"眼睛龙"。外底用红彩书款，双圈内楷书"平遥府嘉靖丙申岁造"九字三行款。此为明代的堂名款，以嘉靖、万历时期最为流行。平遥府应为明代皇室子孙封于山西平遥府邸之称。

　　碗为撇口，弧壁，圈足。胎色洁白细腻。内口沿及内底分别绘绿彩双弦线，碗心饰绿彩云龙纹。外壁饰两条绿彩行龙纹，首尾相逐，釉质纯净温润，制作工艺精良。其填彩工序是：先在瓷坯上刻划出海水和龙纹的轮廓，罩以透明釉，经高温烧成，再在龙身上填以绿彩，最后再次入炉低温烘烧而成。底书青花双圈"大明成化年制"六字双行楷书款。

景德镇窑白地刻花填绿彩龙纹碗

明成化

高 8.4、口径 19、底径 8 厘米

东城区王府井出土

明

景德镇窑甜白釉暗花缠枝花卉纹盖罐

明永乐
通高 25.5、口径 10.4、底径 12.6 厘米
海淀区五塔寺塔基出土

直口，丰肩，宝珠盖纽。上腹部暗刻一周缠枝花卉纹。胎质细白，胎体厚重，釉质如脂，洁白温润，尽显纹饰线条的清雅含蓄之美。

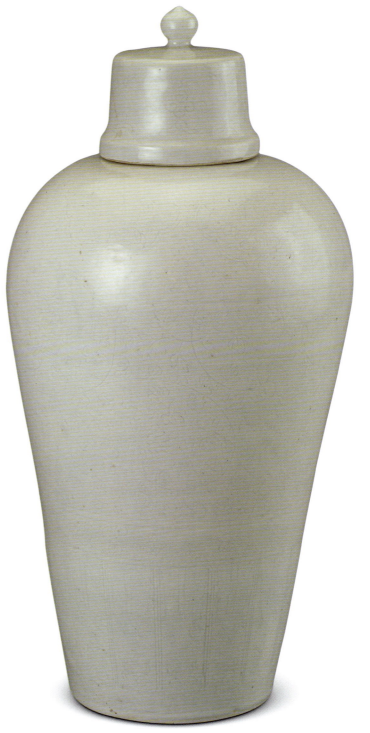

景德镇窑白釉暗花梅瓶

明嘉靖
通高 47、口径 5.5、腹径 21、底径 13 厘米
海淀区董四墓村明神宗妃嫔墓出土

瓶身有两道接痕，周身施釉，釉下暗刻花纹，肩部饰折枝花卉纹，腹部饰缠枝花卉纹，足部饰莲瓣纹。颈下一周暗刻"大明嘉靖年制"六字单行楷书款。

景德镇窑黄釉盘

明弘治

高 4.5、口径 21.5、底径 13 厘米

东城区原北京一六九中学出土

　　明弘治时期的黄釉瓷独具一格，黄釉施在烧成的白瓷上，采用浇釉法施釉，故称为"浇黄"；再以氧化焰低温烧成，呈色黄润，色彩淡而娇艳，故也称"娇黄"。此盘胎质细腻，釉面匀净光亮，底书青花双圈"大明弘治年制"六字双行楷书款。

龙泉窑青釉刻花三足炉

明

高 13.5、口径 12.8、腹径 14.1 厘米

昌平区魏家窑刘通墓出土

　　炉仿古代青铜三足鬲造型，胎体厚重，光亮温润，耳饰绳纹，颈部及外壁饰花卉纹，古朴典雅。

青白玉双螭耳杯

明

高 7.7、口径 8 厘米

丰台区右安门外万贵墓出土

　　杯两侧镂雕螭虎作杯耳，螭首略扁，额头上有阴刻"王"字，口微张，双爪伏于杯口，尾分岔贴于杯壁，灵动自然，碾琢精细，抛光极好，既工且巧，体现了明代京师玉作的高超技艺。

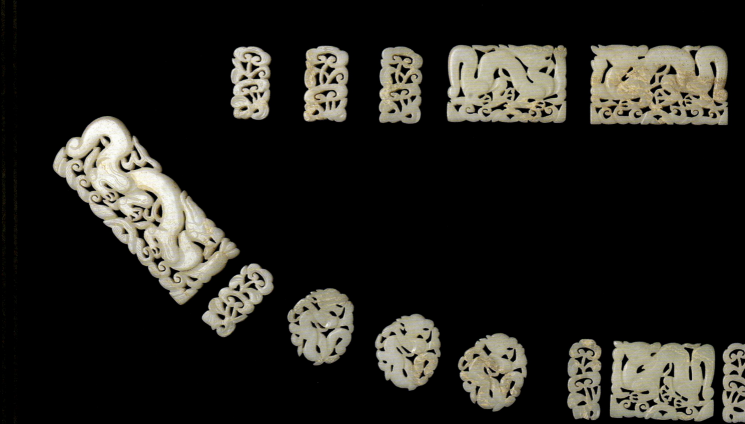

白玉透雕龙纹带板

明

最大长 10.7、宽 4.2 厘米；最小长 2、宽 4 厘米

丰台区赵辛店村李如松墓出土

青玉浮雕鹘攫天鹅纹带板

明

共长 10.3、宽 4.5 厘米

昌平区魏家窑刘通墓出土

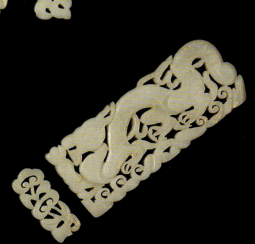

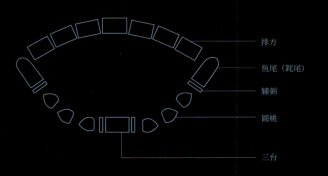

排方

鱼尾（铊尾）

辅弼

圆桃

三台

带板佩带示意图

白玉龙首螭纹带钩

明

长 14.5、宽 3.1 厘米

丰台区右安门外万通墓出土

　　钩首作龙首形，钩背上浮雕螭纹，螭曲身向前与龙首呼应，构成"苍龙教子"图。带钩另一面的圆纽上附一金别子。带钩雕工细腻，造型繁简适中而富于意趣，又不失富贵之气。

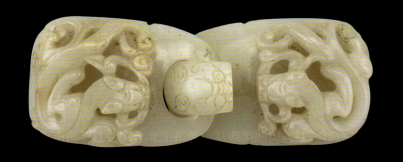

青玉龙首镂雕螭纹带钩扣

明

通长 10.5 厘米

海淀区四道口出土

　　带钩扣为整块玉套雕而成，分子扣、母扣。其中母扣钩首阴刻龙首，子扣、母扣分别镂雕一只盘螭，两螭首相对，与中间的龙首呼应，充满动感。

青玉二龙戏珠纹手镯

明

直径 7 厘米

密云区董各庄清皇子墓出土

白玉"福在眼前"纹纽扣

明

长 3.7、宽 1.9 厘米

海淀区董四墓村明妃嫔墓出土

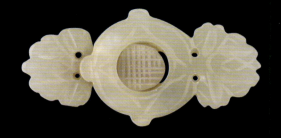

白玉素面纽扣

明

长 3、宽 1.4 厘米

海淀区董四墓村明妃嫔墓出土

白玉鸳鸯戏莲纹纽扣

明

长 3.7、宽 1.5 厘米

海淀区董四墓村明妃嫔墓出土

白玉蜂赶菊纹纽扣

明

长 3.7、宽 1.5 厘米

海淀区董四墓村明妃嫔墓出土

青玉秋叶形组佩饰件

明

长 7、宽 1.5 厘米

海淀区董四墓村明妃嫔墓出土

青玉鱼首觿

明

长 10.2、宽 1.4 厘米

海淀区董四墓村明妃嫔墓出土

觿是古代一种解绳结的锥子。此觿上端为鱼首形，往鱼身过渡处雕弦纹，觿尖呈摆动状，既增加了器物造型的动感，又便于使用时紧握。整体抛光极好，体现了明代玉作"小器"上的大气手法。

青玉红沁云螭纹兽耳匜

高 5.8、口径 5.5～9.3 厘米

明丰台区南苑石榴庄出土

　　玉料上的红沁是因氧化铁常年浸染所致，红沁玉料雕琢成器后会产生一种斑驳莫测的美感。匜（yí），原为先秦时期用于洗手的青铜礼器，后亦有用为酒器。此件匜用红沁青玉料琢成，通体有沁；口沿雕一周回纹；耳把一侧镂雕云螭为耳把。颜色既媚且富古韵，造型亦灵动有趣。

青玉菊瓣式双耳杯、盘

明

杯通高 5、口径 5.3 厘米；

盘口径 6.7～9.2 厘米

房山区大韩继村佛塔内采集

　　杯、盘由同一块玉料琢磨而成，杯身呈内凹外凸的细长菊瓣纹，杯柄为镂空枝叶纹，顶端雕椭圆形花朵。盘为椭圆形，琢双层菊瓣纹，中间琢凹槽置杯，多层次的菊瓣纹使杯、盘浑然一体，体现了工匠在造型、纹饰上的巧思。

剔红

　　剔红又称雕漆，始于漆器，是以大漆为原料，在胎体上一层层涂堆到适当厚度再进行加工雕刻的工艺品。永乐迁都后，北京承接元大都的风尚，盛兴雕剔之器。御用监在皇城内设置了御用漆器作坊"果园厂"。供职其中的雕漆工匠主要来自浙江嘉兴和云南。元代雕漆名匠、嘉兴人张成之子张德刚被召进京，面试称旨，被授予营缮所副职，掌管果园厂漆器的生产。他奉旨雕制剔红，堆漆肥厚，奏刀云龙、飞禽、花卉，各自成章又锦簇有致，至密之处不见地纹；器物周匝环雕花草，穿枝过梗，纹理相叠，俯仰交错。永乐雕漆因用漆饱满，雕刻圆劲，磨工精细，到明代晚期已备受时人推崇，例如《长物志》说："雕刻精妙者以宋为贵……盖其妙处在刀法圆熟，藏锋不露，用朱极鲜，漆坚厚而无敲裂。所刻山水、楼阁、人物、鸟兽皆俨若图画，为佳绝耳。元时张成、杨茂二家亦以此技擅名一时。国朝果园厂所制刀法，视宋尚隔一筹，然亦精细。"成祖曾三次赏赐日本国王果园厂的剔红漆器，故日本亦多有摹制。

　　果园厂漆器，将民间工匠的自由创作纳进皇家御用科律，既促进了该项技艺的进一步发展，又以独特的材质和艺术魅力张扬了明代京师的手工技艺风采。

剔红牡丹纹方漆盘

明

高 4.2、边长 21.4 厘米

　　方盘为黄漆素地，海棠口，雕牡丹纹，堆饰繁缛——中心为一朵盛开的牡丹，周围衬以半开的花朵、含苞的花蕾、茂密的枝叶，并以细密的阴刻线装饰细部。故虽纹饰层次不多，但花叶肥厚，攒拥密集，画面依然饱满富丽。盘外壁雕如意纹一周，打磨光润细腻，具有典型的明代早期雕漆风格。

剔红人物纹圆漆盒

明

高 2.1、径 3.6 厘米

　　盒为木胎，内髹黑漆，外髹红漆。盒盖上半部分雕海水纹，海浪叠涌，映衬一弯新月；下半部分以锦纹勾画河岸，一僧盘腿坐于岸边诵经。盒底在海水纹上雕三组梅花纹。器形小巧玲珑，雕工细腻圆润。

剔红填花卉云鹤纹圆漆盒

明嘉靖

高 10.5、口径 17.7 厘米

　　盒盖平顶部分为红漆戗金方格锦地，桃形开光，髹黑漆，内绘翔鹤；周边绘桃叶。盒盖边缘及器壁上髹黑漆戗金五层纹饰，自圈足起依次为缠枝纹、勾云锦地缠枝菊花纹、菱形图案间隔朵菊纹、缠枝灵芝纹、勾云锦地缠枝牡丹纹。盒内外底髹黑漆，外底正中填金"大明嘉靖年制"竖行楷书款。通体有均匀的蛇腹断纹。

镂雕云龙纹象牙带板

明

最大长 9、宽 3.2 厘米；最小长 3.2、宽 2 厘米

雕花鸟纹象牙笔筒

明

高 14.2、口径 8 厘米

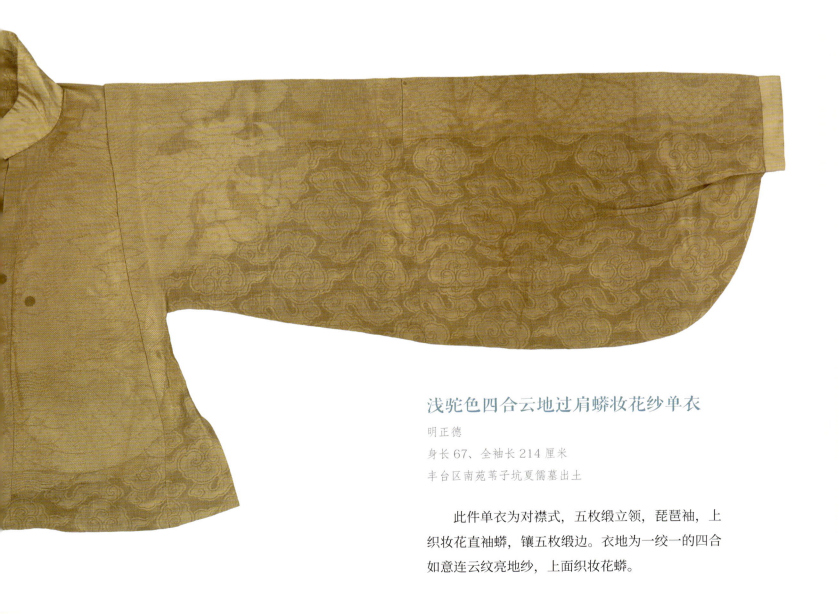

浅驼色四合云地过肩蟒妆花纱单衣

明正德

身长 67、全袖长 214 厘米

丰台区南苑苇子坑夏儒墓出土

　　此件单衣为对襟式，五枚缎立领，琵琶袖，上织妆花直袖蟒，镶五枚缎边。衣地为一绞一的四合如意连云纹亮地纱，上面织妆花蟒。

（四）首善佑文

　　永乐迁都后，北京作为国家的政治和文化中心，人才汇聚，人文荟布。朝廷在全国范围内选拔和培养人才的国子监、贡院等，祭祀孔子的孔庙及国家最高育才、储才机构翰林院，皇家档案库皇史宬等相继建成。此外，还仿南京应天府学之制，建顺天府学。晚明时期，西方传教士来到北京，带来一些近代科学技术与西方文化，北京又成为这一时期中西方文化交流的中心。

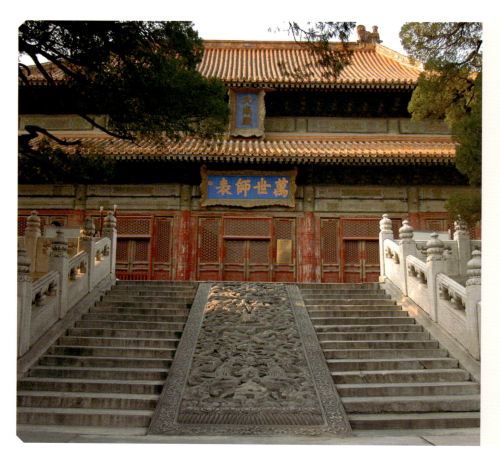

孔庙大成殿

　　北京孔庙始建于元代，正门为先师门，又称棂星门，主殿为大成殿，供奉孔子神位，是祭孔时行礼的地方。明永乐九年（1411 年）沿用元代旧基址重建孔庙大成殿。

北京孔庙进士题名碑

　　进士及第后的题名勒石，源于唐代科举放榜后新科进士的"雁塔题名"。北京孔庙有明代进士题名碑77通，碑上刻自永乐十三年（1415年）至崇祯十三年（1640年）间在北京进行的77科殿试中式进士姓名、籍贯、名次等。

皇史宬

嘉靖十三年（1534年），世宗为储藏祖先御容，命在皇宫外东南角兴建神御阁。两年后建成，更名为皇史宬，依"石室金匮"旧制，专藏《宝训》《实录》等，《永乐大典》副本亦曾收贮于此。石室金匮，是我国古代建造石室、金匮以保藏中央档案文献的制度。皇史宬正殿为砖石结构，面阔九间，庑殿顶，黄琉璃筒瓦屋面，拱券式无梁结构；"金匮"是用楠木或樟木制作、外部包裹鎏金铜皮的箱柜。

利玛窦与徐光启、利玛窦墓

利玛窦（Matteo Ricci，1552～1610年），字西泰，意大利人，天主教耶稣会传教士、学者。万历十年（1582年），利玛窦被派往中国传教，万历二十八年来到北京，得到明神宗的召见，进贡了西洋方物，获准留京居住，直至十年后在北京逝世。神宗赐给西郊二里沟地亩安葬。

利玛窦与徐光启合作翻译的《几何原本》

利玛窦在京期间一面传教，一面在与士大夫们交往中传播西方的天文学、数学等科学，时人尊为"泰西儒士"，为中西文化交流作出了巨大贡献。其中与徐光启合作翻译的古希腊数学家欧几里得的《几何原本》前六卷，于万历三十五年（1607年）在北京初次刻印。书中翻译的一套名词术语有很多至今仍在沿用，如几何、点、线、面、直角、外切等。

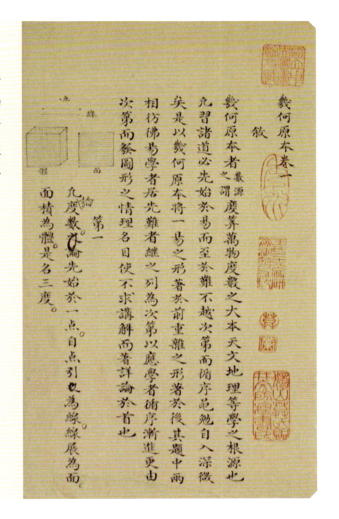

（五）敕建伽蓝

　　明代北京佛教兴盛，"都城内外，上刹名区，辉煌巨丽，相望于数百里间"。明代的帝王、后妃大多崇信佛教，因此在北京敕建了大批皇家寺庙。宦官因特殊的地位和境遇而崇佛、礼佛，兴建寺庙，并往往能获皇帝赐额。有明一代，北京新建、重建、重修寺庙八百余座，总数超过一千四百座。其中皇室修建了一百余座，宦官修建了二百四十余座。这两类寺庙一般建筑高大宏敞，有华美的佛像、壁画、法器等充实其内。

明代北京帝王、后妃修建寺庙一览表

年代	名称	地点	备注	年代	名称	地点	备注
洪武年间	天王寺	广安门外	即天宁寺，燕王朱棣重修	成化二年	龙华寺	北城日忠坊	万贵妃等重建
洪熙元年	大圆通寺	宛平县翠微山	仁宗重建	成化元年	妙应寺	阜成门内	即白塔寺，宪宗增建
洪熙元年	大能仁寺	西城咸宜坊	仁宗重建	成化七年	大隆善护国寺	皇城西北北城发祥坊	宪宗重修
宣德元年	真觉寺	西直门白石桥	宣宗新建	成化九年	真觉寺	西直门白石桥	宪宗重修
宣德年间	大圆通寺	宛平县翠微山	宣宗续建	成化十四年	大圆通寺	宛平县翠微山	宪宗重建
宣德二年	龙泉寺	宛平县平园村潭柘山	即潭柘寺，张太后重建	成化十四年	大觉寺	宛平县旸台山	宪宗生母周太后重修
宣德二年	大觉寺	宛平县旸台山	宣宗重建	成化十四年	灵光寺	觉山	宪宗重修
宣德四年	大隆善寺	北城发祥坊	即护国寺，宣宗重建	成化十八年	寿安寺	香山乡寿安山	宪宗增建
宣德四年	大慈恩寺	北城日忠坊	宣宗重建	成化十九年	大慈恩寺	北城日忠坊	宪宗重修
宣德四年	大功德寺	颐和园北宫门西侧	孙皇后重建	弘治十一年	福祥寺	北城昭回靖恭坊	孝宗新建
宣德三年	觉山寺	宛平县直觉山	宣宗重修	弘治十七年	延寿塔寺	朝阳门外	孝宗新建
宣德八年	大圣寿万安寺	阜成门内	即白塔寺，宣宗重修	弘治十八年	广济寺	西城日中坊	孝宗新建
宣德十年	西竺寺	宛平县旸台山	宣宗新建	弘治年间	顺天保明寺	香山乡黄村	孝宗重建
正统年间	青龙寺	宛平县黄村	英宗新建	弘治四年	永安寺	香山	孝宗助修
正统年间	灵光寺	宛平县黄村	英宗新建	弘治五年	普照寺	宛平县旸台山	孝宗、张皇后、太子厚照等助修
正统年间	寿安寺（卧佛寺）	宛平县香山乡寿安山	英宗重建	弘治五年	西竺寺	宛平县旸台山	孝宗、张皇后、太子厚照等助修
正统十年	大功德寺	西山东麓	英宗重修	弘治十六年	善果寺	南城宣北坊	孝宗、张皇后、太子厚照等助修
正统十一年	大觉寺	宛平县旸台山	英宗重修	弘治十六年	地藏寺	西直门外	孝宗重修
正统十三年	大兴隆寺	中城小时雍坊	英宗重修	弘治十七年	法海寺	翠微山	孝宗重修
景泰三年	大隆福寺	中城仁寿坊	代宗新建	弘治十七年	龙泉寺	翠微山法海寺之西	孝宗重修
景泰年间	承恩寺	西城区阜财坊	黔宁昭靖王府改建	正德四年	玄明宫佛殿	朝阳门外	武宗新建
景泰六年	天宁寺	广安门外	代宗重修	正德五年	护国寺	西华门内	武宗新建
景泰年间	广德寺	南城宣北坊	代宗赐金助修	正德五年	保安寺	西城阜财坊	武宗新建
天顺四年	崇兴寺	南城正南坊	英宗新建	正德七年	镇国寺	皇宫内	武宗新建
天顺年间	兴善寺	卢沟桥西	英宗新建	正德八年	延寿庵	安乐堂之佛堂	武宗新建
天顺元年	真空寺	南城宣北坊	英宗重修	正德九年	弘善寺	左安门外	武宗助建
成化四年	西山塔院	西山	宪宗新建	正德三年	衍法寺	阜成门西	武宗、王太皇太后、张皇太后、夏皇后等助建
成化十七年	兴教寺	阜成门外	宪宗助建	正德十年	金山禅寺	宛平县瓦窑村	武宗增建
成化二十年	大永昌寺	中城积庆坊	宪宗新建	正德二年	嘉福寺	宛平县平园村潭柘山	武宗助建
成化二十一年	观音堂	北城日忠坊	宪宗新建	正德七年、八年	大慈恩寺	北城日忠坊	武宗重修
成化二年	大慈仁寺	宣武门外	宪宗重建	嘉靖三年	天宁寺	广安门外	世宗重修

年代	名称	地点	备注	年代	名称	地点	备注
嘉靖十五年	灵光寺	觉山	世宗重修	万历四十四年	慈明寺	阜成门外月坛南驴市口	神宗新建
嘉靖四十三年	兴善寺	卢沟桥西	世宗重修	万历四十五年	圣祚隆长寺	西城鸣玉坊	神宗新建
嘉靖四十五年	净因寺	阜成门内	穆宗妃李氏重建	万历四年	慈善寺	北城昭回靖恭坊	李太后、神宗重建
隆庆三年	圆广寺	阜成门外平则关	穆宗重修	万历前期	资福寺	卢沟桥东	沈王妃重建
隆庆五年	延寿寺	崇文关马房营	李贵妃等重修	隆庆六年	番经厂	景山后街嵩祝院	李太后重修
隆庆五年	番经厂、汉经厂	景山后街嵩祝院	穆宗重修	万历元年	海会寺	左安门外迤西马家村	李太后、陈太后重修
万历年间	仁寿寺	南城正南坊	陈太后新建	万历二年	普安寺	西城河漕西坊	神宗奉李太后命重修
万历二年	承恩寺	东北隅南居贤坊	神宗、李太后新建	万历十四年	寿安寺	宛平县香山乡寿安山	神宗重修
万历四年	慈寿寺	阜成门外	李太后新建	万历十七年	明因寺	南城正东坊	李太后重修
万历五年	万寿寺	西直门外	神宗新建	万历十七年	慈慧寺	阜成门外	李太后增建
万历八年	千佛寺	德胜门内	李太后新建	万历十九年	衍法寺	阜成门西许平则关	陈太后、李太后、王皇后等重修
万历十一年	真圆塔院	德胜门外	李太后、陈太后新建	万历二十一年	嘉福寺	宛平县平园村潭柘山	李太后助修
万历四十年	长椿寺	南城宣北坊	李太后新建	万历二十七年	圆通寺	南城永定门外	李太后重修
万历二十一年	慈恩寺	西直门内	李太后新建	万历四十一年	成寿寺	中城澄清坊椿树胡同	李顺妃等助修
万历二十二年	慈隆寺	北城金台坊	李太后、王恭妃助建	万历年间	万佛延寿寺	广宁门外大井村	神宗助修
万历二十六年	智慧文殊庵	南城宣北坊柳巷	李太后助建	崇祯十五年	九莲慈荫寺	右安门外三里草桥之北	思宗新建
万历二十九年	祖师殿	皇城北安门内	神宗新建	崇祯十五年	大士庙	中城大时雍坊正阳门月城	思宗新建
万历三十三年	西方三圣庵	西直门外高梁桥	神宗新建	崇祯十三年	长椿寺	宣武门外宣北坊	田贵妃局部增建
万历三十五年	大华严寺	顺天府涿县永乐店	神宗在李太后的诞生地敕建				

永乐大钟

永乐大钟铸于明朝永乐年间，现藏于北京大钟寺博物馆。成祖朱棣依"唯功大者钟大"的成法铸此大钟。大钟通高 6.75、口径 3.3 米，重 46.5 吨。钟体内壁、外壁、口沿、钟纽、悬挂结构上遍铸铭文，包括《诸佛名经》《妙法莲华经》《金刚经》《佛说阿弥陀经》《心经》等汉文、梵文经咒 100 多种，及涉及明朝初年的政治、经济、文化、中外邦交和民族关系的其他铭文等，共计 23 万多字。明朝帝王利用宗教为其统治服务，永乐大钟所铸铭文涉及汉、藏各类佛典，这体现了朝廷不独尊某一宗派的策略，意在整合佛教资源用于安民、化民。

永乐大钟铭文繁多，悬挂结构巧妙、铸造工艺高超，是中国古代铸钟成就的杰出代表，也是明初国家统一、国力兴盛的象征。

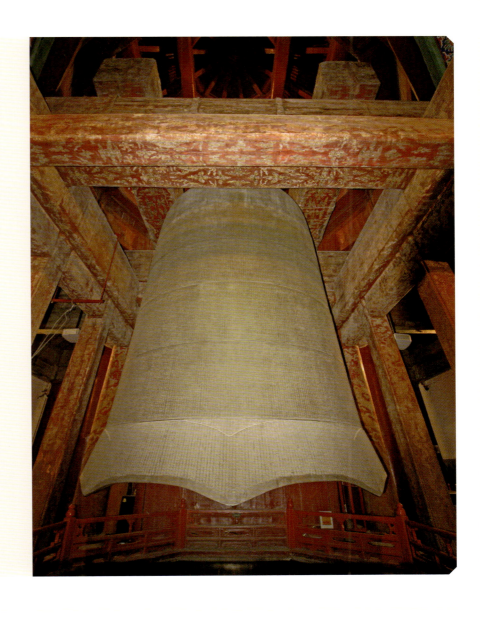

陆 都城典范 明

正觉寺金刚宝座塔

正觉寺，原名真觉寺，位于西直门外。明初，成祖朱棣分封西藏噶玛噶举、萨迦、格鲁等各大教派首领为法王。印度高僧班智达于永乐年间到京，成祖在紫禁城内接见，视之如西藏僧侣，封其为"大国师"，赐给金印，建寺供其居住，敕额"真觉寺"。班智达向皇帝进贡金佛五尊和佛祖释迦牟尼得道处所建的金刚宝座塔模型。至成化年间，明廷依照所进模型建金刚宝座塔，供奉金刚五部主方之佛，故该寺又称"五塔寺"。

塔为砖石结构——塔内用砖叠砌，塔外用青白石包砌。塔座下面，是一长方形须弥式台基，台基外表周匝刻有梵文、藏文、佛像、法器等纹饰。塔的造型虽似印度建筑，但其结构、雕刻、装饰手法等，则完全是我国汉、藏民族的传统风格。

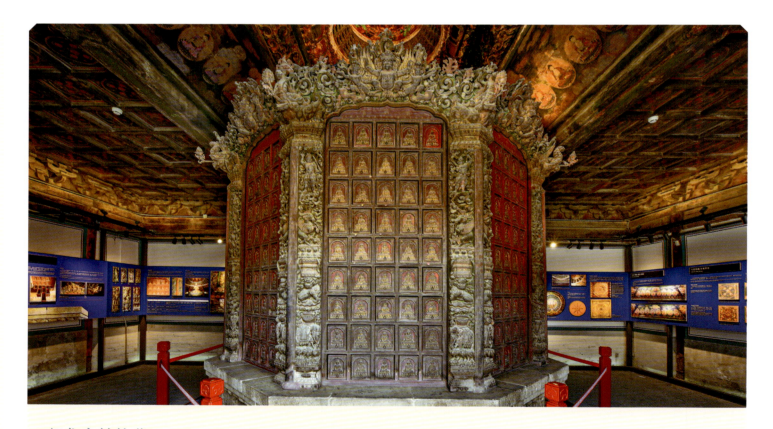

智化寺转轮藏

智化寺位于禄米仓胡同，原为明正统年间司礼监太监王振的家庙，是为"追本、延福、庇后"的目的而修建。因王振深得英宗的依赖和信任，家庙获英宗敕额"报恩智化禅寺"。据《明史·宦官传》记载"正统七年太皇太后崩……振遂跋扈不可制，作大第皇城东，建智化寺，穷极土木。"智化寺仿唐宋"伽蓝七堂"规制而建，富丽宏伟。"七堂"指构成寺院七种不同用途的建筑，随宗派的不同而异。禅宗的"七堂"一般指山门、佛殿、法堂、方丈、僧堂、浴室、东司。

转轮藏指能旋转的收藏佛经的柜橱，"一旋之，则与看读同其功"。其形制有两种：一种是带有机关装置的可旋转经橱，信徒用手推动即可旋转；一种是经橱不可转动，信徒围绕书橱顺时针行走，形同轮藏转动。智化寺藏殿内的转轮藏属于后者。该转轮藏高近5米，直径4.17米，呈八角筒形，从下至上分为三层：汉白玉须弥座、金丝楠木藏经柜、毗卢帽形顶。中部的藏经柜为轮藏的主体，形制为抽屉式的经橱，每面横9排竖5列共45个抽屉，八面计360个藏经抽屉，恰好与一年的天数近似。围着转轮藏走一圈，就表示读完了一年需读的经书，简化了信众诵经膜拜的过程。

广济寺大雄殿

广济寺位于阜成门内，始创于金代，位于金中都通玄门外北郊的西刘村，称西刘村寺；元朝时改称报恩洪济寺，元末毁于战火。明天顺年间，尚衣监太监廖屏资助重建。成化二年（1466年），宪宗敕名"弘慈广济寺"。

广济寺大雄殿为全寺最主要建筑，建于高大的台阶上，面阔五间，歇山顶，黄琉璃瓦屋面。殿脊正中有"香水海"，又名"华藏世界海"，整体呈山形，由琉璃烧制的水纹、莲纹和梵文等构成，寓意永恒世界、不生不死。

法海寺大雄宝殿壁画

法海寺位于北京西郊翠微山南麓，正统四年（1439年）由明英宗近侍太监李童集资、工部营缮所设计修建，英宗敕额"法海禅寺"，属藏传佛教中的格鲁派。其大雄宝殿内，宫廷画士官宛福清、王恕等绘制了10幅、计200余平方米的壁画。壁画内容有巨幅的水月观音、文殊、普贤、童子、韦陀、供养人、驯狮驯象人及自然景物等。它的艺术风格雍容华贵，技法运用精湛细致，代表了明代壁画艺术的最高成就。

万寿寺大延寿殿

　　万寿寺位于长河北岸、广源闸西，原址为唐代的聚瑟寺，后正德年间太监谷大用建为家庙。万历五年（1577年），神宗奉母亲慈圣皇太后之意，命司礼监秉笔太监冯保以内帑在此建寺庙，敕额"护国万寿寺"，作为尊藏汉经的香火院，令内官监太监侍奉香火，率督僧众焚修。

　　大延寿殿是万寿寺主要建筑之一，清代曾重修，坐北朝南，单檐庑殿顶，琉璃瓦屋面，木构架绘以旋子彩画。殿内正中供奉毗卢佛，后供奉三世佛，两侧为十八罗汉。

万历十五年（1587年）慈圣皇太后修妙应寺塔所立铜牌

　　大圣寿万安寺（后世习称白塔寺）在元末遭雷火焚毁。明天顺元年（1457年），司设监太监廖秀出资，在大圣寿万安寺的废墟上历时11年重建了寺庙，改原寺庙藏传佛教建制为汉地寺庙建筑布局，朝廷敕额"妙应寺"。明代妙应寺所得施助主要来源于后妃与太监。万历年间，慈圣皇太后出资修缮白塔天盘寿带。天盘华鬘上铸铭："大明慈圣宣文明肃皇太后李，大明万历辛卯年九月吉日造。"此铜牌立于塔身正面覆钵与十三天之间的塔脖处，牌上铭文为："重建灵通万寿宝塔天盘寿带，大明慈圣宣文明肃皇太后懿旨，万历岁次壬辰季春吉日造。"

勅建长椿寺

长椿寺石额、鏒金多宝佛铜塔

长椿寺位于宣南下斜街，始建于明代万历四十年（1612年），是神宗为其母亲慈圣皇太后敕建，寺中曾一直供奉九莲菩萨像——太后自称为九莲菩萨的化身。首位住持为当时的佛教高僧水斋禅师。崇祯皇帝的生母刘太后及其宠妃田贵妃的画像也曾供奉于寺内。长椿寺在京城众多的寺庙中一度号称"京师首刹"。

鏒（sǎn）金多宝佛塔原供奉于长椿寺多宝阁，阁与塔均由田贵妃于崇祯十三年（1640年）增置。塔由内府铸造，为十三层八角密檐式。按照佛教教义，多宝佛是东方宝净世界的教主，曾立誓入灭后置身宝塔之中，若后世演说《法华经》真义，宝塔即从地下涌出。塔原高约五米，由须弥座式塔座、密檐式塔身和宝珠式塔刹三部分组成，共铸有佛像、菩萨像、罗汉像、诸天像及护法金刚力士像和飞天像等440尊。塔身为铜合金，并施以鏒金工艺。鏒金是古代以金泥附着于器物表面的饰金工艺，与鎏金相似。

（3D 打印复原）

都城典范

明

永乐款

铜鎏金绿度母像

明永乐
高 24、宽 15、厚 14 厘米

　　此像通体鎏金，头戴花冠，余发垂于两肩，双目微睁，额饰方形白毫，双耳饰有圆形大耳环垂肩。身着天衣绸裙，满身饰各种璎珞珠宝。右腿伸于莲座下，脚踩一朵莲花，左腿单盘。右手置右膝，掌心向外，结与愿印，手中还持乌巴拉花，左手置胸前，亦持有乌巴拉花。座的正面刻有"大明永乐年施"款识，为明代宫廷造像。

宣德款

铜鎏金金刚萨埵像

明宣德
高 27、宽 17、厚 12 厘米

　　此像通体鎏金，头戴花冠，双耳际有扇形冠结和 U 形翻卷的宝缯。面形方圆，双目低垂，眉间饰有圆形白毫，双耳坠有圆形大耳环。上身挺拔，细腰软腹。胸前饰项圈、璎珞和长链。左手置左胯持金刚铃，右手在胸前持金刚杵（已失）。下身着裙，腰间束带，裙子下摆散落于台座上。跏趺端坐于双层莲座上，莲瓣细长而饱满，台座正面前沿阴刻有"大明宣德年施"字款，为明代宫廷造像。

景泰元年款
铜鎏金阿弥陀佛像

明景泰元年（1450 年）

高 84、宽 56.5、厚 42 厘米

　　此像通体鎏金，跏趺端坐，双手结弥陀定印，为其形象重要标志。头饰螺发，肉髻高隆，顶饰髻珠。面形方圆，眼睑低垂，神态安详。大耳垂肩。身着袈裟，袒右肩时反搭袈裟边角，衣纹写实，立体感强，为汉地传统表现手法。莲花座台面前沿自右至左书写"大明景泰元年岁次庚午圆授广善戒坛传法宗师兼龙泉禅寺住持道观施金镀造"款识。

嘉靖款
铜鎏金普贤菩萨像

明嘉靖十一年（1532 年）
高 41、宽 30、厚 21 厘米

　　此像骑在一头六牙白象身上，象征其行愿广大。通体鎏金，造型端庄，做工精细。莲座后刻有铭文"大明嘉靖十一年正月初八日父讳日男陈佐发心追造"。

永乐款、宣德款
梵文铜碰铃

明永乐、宣德
高 3、口径 8.2 厘米
海淀区董四墓村明神宗妃嫔墓出土

碰铃，又称"星"，是一种小型打击乐器。其样式如钟铃，但无铃舌；与铙钹类似，两枚为一副，相互敲击，音声清脆悦耳。顶端钻有圆孔，便于拴系。至迟在南北朝时碰铃已经出现，敦煌千佛洞和云冈石窟中均发现有击星俑的形象。这副碰铃上的文字有梵文经咒、藏文、汉文：汉文年款"大明永乐年施"上的藏文是"一切蒙蔽"之意；汉文年款"大明宣德年施"上梵文经咒是"救护！唵，文殊菩萨……"，为求文殊菩萨救护之意。

永乐款
铜鎏金太平有象

明永乐
高 23.5、宽 19.5、厚 13.6 厘米

此像为佛教"七珍"之一的象宝，大象体态健硕，形象生动，象头前抬，象鼻向上撅起。象身上有装饰繁复的鞍子、项链等，做工精细。台座正前方刻有"大明永乐年施"款识，代表了明永乐时期的宫廷风格。

永乐款铜金刚铃

明永乐

通高 22.5、口径 10.1 厘米

金杵

明

高 2 厘米

昌平区魏家窑刘通墓出土

四合如意流云暗花五枚褐色缎袈裟

明

长 250、宽 122 厘米

　　五枚褐色缎地，起四合如意流云纹，其上作"田"字格，佛教称袈裟为"福田衣"。有 26 段，每段 5 节，每节宽约 7 ～ 11 厘米不等。佛教借此比喻法衣之用可以增长一切善种，长养法身慧命。袈裟上方缘边中部配有錾花如意纹金属衣钩。整件袈裟朴素、端庄。

绣字《药师经》

明万历三十三年（公元 1605 年）

画心：纵 30、横 28.8 厘米

装裱：纵 38、横 28.8 厘米

　　《药师经》是宣扬供养药师如来具有免除九横、增福延寿等诸种功德的佛典。此部缎地绣字《药师经》，经折装，以折枝牡丹暗提花缎为地，用佛青线缉绣，首开描金行龙，黑线处拟绣未绣，第二开绣经变，以下为经文。木荚雕云龙，倒数第二开有"万历三十三年五月初七信女徐门陈氏绣"绣款及韦陀像，末开云龙描金为墨线未绣。

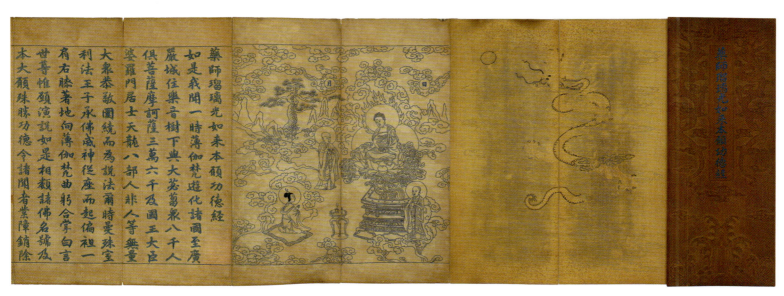

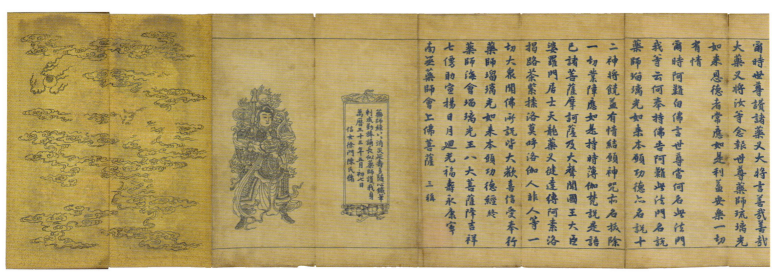

慈寿寺永安万寿塔

明神宗的生母慈圣皇太后李氏在万历年间大兴佛事，多方施助僧佛，广建庙宇，欲借宗教力量保佑母子的地位、皇家的康宁和社稷的安固，由此进一步推助了当时宫廷上下的崇佛之风。李太后自称于梦中获授《九莲菩萨经》，自己就是九莲菩萨的化身，所居的慈宁宫还有"瑞莲化现"。于是宫内外都称李太后为"九莲菩萨"。神宗命人以内库所藏吴道子画观音像为模本，易以太后面容，绘九莲菩萨像，传布天下。据称每年农历的十一月十九日是九莲菩萨的诞辰。

万历四年（1576年），神宗为李太后祝寿而在京西（今海淀八里庄）建慈寿寺。慈寿寺形制整齐、规模宏大，有鼓楼、钟楼、永安万寿塔、延寿宝殿、慈光阁、宁安阁等建筑。永安万寿塔（今俗称玲珑塔）东北侧石碑上刻有九莲菩萨像，慈光阁塑有九莲菩萨像。

慈寿寺永安万寿塔、塔东北侧石碑上所刻之九莲菩萨拓片

万历款铜风铃

高 13、口径 10 厘米

海淀区八里庄慈寿寺采集

"佛"字滴水

宽 26 厘米

海淀区八里庄慈寿寺采集

海马兽瓦

高 39 厘米

海淀区八里庄慈寿寺采集

陶脊兽首

高 29 厘米

海淀区八里庄慈寿寺采集

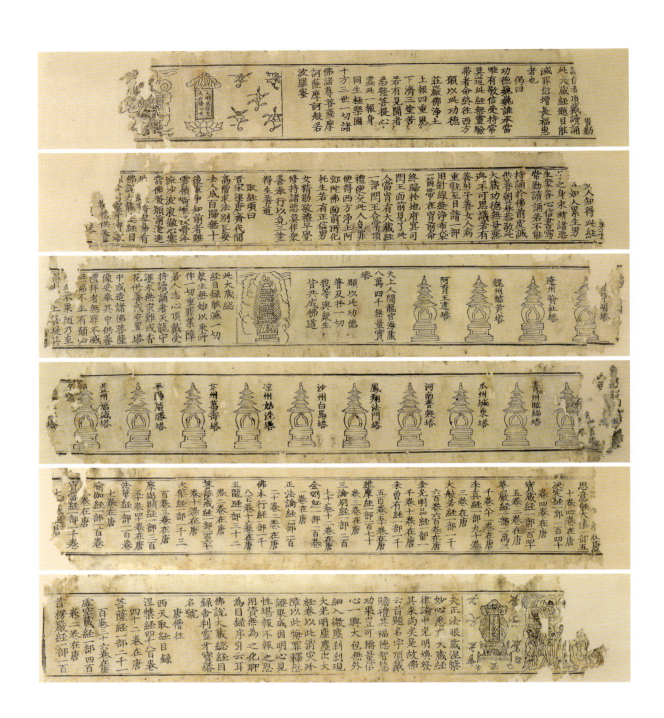

万历经卷

明万历

纵 10、横 300 厘米

海淀区八里庄慈寿寺出土

　　该经卷发现于慈寿寺永安万寿塔内，卷尾莲花与荷叶间方框内有"大明慈圣皇太后发心造"字样，印证了此塔确为李太后所修造。

慈圣皇太后款设色水陆斋缘起图轴

明万历

长 160、宽 93.2 厘米

　　水陆缘起图是水陆碑的一种，记录创制仪文和水陆法会的故事，见于卷轴式水陆画或刻碑立于水陆道场中。相传梁武帝曾于梦中得到启示，醒来后与宝志禅师会商，创作了仪轨，并于天监七年（508 年）在金山寺始作普度众生的大斋会。全图分上下两部分，上部绘"梁武帝问志公和尚图"，其中志公和尚身披袈裟端坐于靠椅上，身侧有两弟子侍立，均做双手合十状。志公和尚身前坐一着帝王装者，应为梁武帝。帝穿黄袍，戴幞头。帝王身后有一身着武将装者，以及四身着文臣装者，皆双手合十，武将全身甲胄，文臣皆头戴展角幞，两文臣身着绿袍，一文臣身着蓝袍，一文臣着红袍，皆立于梁武帝身后，面向志公和尚。画面中下位置有一条火红色的蟒蛇，盘曲身体，口中似有云气吐出。背景中祥云缭绕。下半部以黑地金字书写宋代宗赜所作《水陆缘起》文，记载史传梁武帝梦中得神僧启示，醒后得宝志禅师指教，创作水陆仪轨的经过。左上方存有慈圣皇太后款识钤印。

繁华京师

清

（1644 ~ 1911 年）

　　清朝定鼎中原，继续定都北京。在承袭明代京师的基础上，清代北京的都城文化更趋繁荣、多元，尤以康雍乾时期的北京最为富庶、繁华。制度的变革、民族的融合汇聚，使得这一时期北京的王府文化、园林文化、宗教文化和宣南文化等，既绚丽夺目、成就斐然，又具有浓厚的时代与地域特色。作为多民族国家统一王朝的都城，这些成就也是中华民族多元一体格局的诠释和见证。

　　近代以来，在内忧外患频仍的纷纭变局中，北京的都城面貌和功能随之发生了一些变化，揭开走向近代都市的序幕。

一 宸京日新

　　清代北京的都城格局整体沿袭前代，但城市功能区划有了重大调整。清初京师北京实施"旗民分居"政策，即旗人居内城，汉人官商民人等居外城。清朝的分封制为"封而不建"，受封者在京师建府而居，这些新建的王府结合了中国传统建筑设计元素和满族文化风俗，产生了京师的王府文化。清朝统治者还在西郊兴建起大片皇家园林，作为理政、休憩之所；随着满族、蒙古族等民族在京居民的激增，北京的城市面貌、功能布局和都城文化等更趋丰富多元。

〔一〕旗民分居

　　在"旗民分居"政策下，北京内城的八旗，以皇城为中心，按一定方位以旗为单位分开居住，由八旗驻防和管辖。外城居民主要为汉人官民商贾，分五城进行管理。"旗民分居"政策在清中期后有所松弛，但它客观上推动了内外城形成了不同特色的居住区和城市风貌。此外，还有骁骑营、前锋营、护军营、火器营等八旗兵营分布在京师各处，共同拱卫京城。

清代北京内城八旗外城五城分布图

　　清初，八旗居住北京内城，按照方位来划分旗人居址，"分列八旗，拱卫皇居"。汉人官民商贾等居住外城。内城、外城各划分为五城，其中外城五城并非完全依照方向划分。正阳门大街居中则为中城，街东则为南城、东城，街西则为北城、西城。

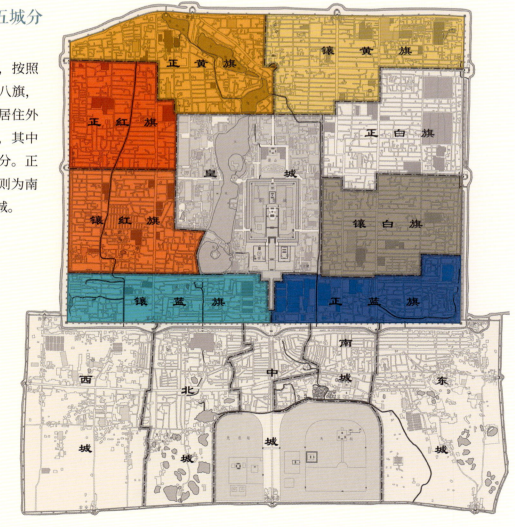

"圣旨开阜城门"铜合符

清同治元年（1862年）
长11.7、宽11.5厘米

京城门禁管理极其严格，各城门昼启夜闭，每晚城门下钥后，钥匙交步军统领衙门，次日开门时再请钥，不得私自启闭。如夜间奉旨出城，须持大内发放的阳文合符，与步军统领衙门的阴文合符验合无误后，才能开启城门放行。

步军统领衙门全称"提督九门步军巡捕五营统领"，全面负责京城内外治安保卫工作。该机构创设于顺治年间，康熙十三年（1674年），为加强京城治安和保卫，始命其提督九门事务，故又称"九门提督"。内城八旗步军，外城、关厢、郊地巡捕五营，以及十六门门军全部由其统辖，承担京城日常稽查、巡夜和门禁工作。其衙门地址屡次改易，至乾隆年间迁于地安门外帽儿胡同、显佑宫右侧。

八旗铜印

八旗是清代旗人的社会生活及军事组织形式，也是清代的根本制度。八旗建立初期，每300人为1牛录，设牛录额真（佐领）1人；5牛录为1甲喇，设甲喇额真（参领）1人；5甲喇为1固山，设固山额真（都统、旗主）1人。入关后佐领的编制逐渐缩小，大体在130名左右。佐领是八旗的基本组织形式，内部人员婚丧嫁娶，各类民事、刑事案件，均由其佐领负责。八旗子弟在从业上有诸多限制，不事生产，收入基本只靠从佐领处领取国家发放的钱粮。

清代官印分为印、关防、图记、条记、钤记。印为正方形，关防、条记为长方形，图记多正方形，少数长方形。钤记无明确规制。一般认为，常设机关多用印，差遣办事机构多用关防，八旗基层组织及边疆民族地区职官多用图记，低级佐杂官用条记、钤记。

印的级别综合体现在材质、尺寸、纽、字体等方面。材质等级由高到低为玉、金、银、铜、铁、木，其中银印有三台、二台、无台之别，等级依次递减。尺寸以大者、厚者为上。纽等级由高到低为龙、龟、麒麟、驼、虎、直纽。字体上，清代规制尤其复杂，共有六种文字九种篆体，是否使用篆文及所用字体表示等级高低，所用文字则与官职性质相关，一般官员多用满汉两种字体，管理少数民族地区者则多用满文与该民族通行文字。

八旗旗务官用印制度表

旗务官	质地	纽	台数	长宽	厚度	文字	称谓
八旗满洲、蒙古、汉军都统	银	虎	二台	方三寸三分	九分	满、汉文柳叶篆	印
八旗满洲、蒙古、汉军副都统	银	虎	二台	方三寸二分	八分	满、汉文柳叶篆	印
八旗满洲、蒙古、汉军参领	铜	直		长三寸，阔一寸九分	八分	满、汉文殳篆	关防
八旗满洲、蒙古、汉军佐领	铜	直		方一寸七分	四分五厘	满、汉文悬针篆	图记

满汉文"正黄旗满洲五甲喇六佐领图记"铜印

清

高 9.4、长 5.5、宽 5.5 厘米

满汉文"正红旗汉军头甲喇六佐领图记"铜印

清

高 9.5、长 5.6、宽 5.6 厘米

满汉文"正蓝旗满洲四甲喇十六佐领图记"铜印

清

高 9、长 5.6、宽 5.6 厘米

满汉文"镶蓝旗满洲五甲喇参领之关防"铜印

高 11.3、长 9.8、宽 6.1 厘米

八旗营位图

清

长 89、宽 62 厘米

　　该图记录了嘉庆十七年（1812 年）皇帝"大阅"的八旗列阵布局图，全图没有出现具体人物，仅在上部中央处绘将台，各营位置绘出营旗。鸟枪营、前锋营、健锐营、外火器营等都参加了此次演练。各营名称、人数、所持兵械数量等以签纸贴于图中相应位置，各营队之间均以丈为单位标出距离。

　　"大阅"是清代"军礼"之一，是皇帝检阅八旗军队的典礼，顺治定例三年一次，但实际频率远低于此。昭梿《啸亭杂录·八旗之制》中记："大阅士卒，皇上亲御甲胄，巡阅营队，八旗将士，简精蓄锐，集于演所，肃听军令。阵法：汉军火器、左翼四旗以次而东，西上；右翼四旗以次而西，东上。"

柒　繁华京师　清

〔二〕 王公府邸

王府是高等级的贵族府邸。清代封王而不赐封国，"但予嘉名，不加郡国"，受封者不似明朝出镇各地，而是留居京城，按所封等级的高低接受皇帝赐封的府邸，或择地依典章规制兴建府宅。至清末内城约有王府五十座。王府的礼俗、建筑规制及其主人的衣食好尚等，形成了清代北京特有的王府文化。

清代王府分布图

清代王府因其主人身份不同，形制有很大差异，主要表现在府邸的主路建筑上，即中轴线上多重建筑的规模和装饰细节显示了各级府宅的等差。规格最高的为亲王府，其中世袭罔替的"铁帽子王"因家世显赫，王府规模形制为诸府之最。若王府皇子登基成为皇帝，该府邸将改做寺庙、祠堂或宫殿，原府其他人员也搬迁别处。

北京王府基本都分布在内城，拱卫紫禁城而建。因清代封爵实行"世袭递降"制，即每传一代，爵位递减，数代后王府则拆分改用，故王府数量一直保持稳定。终清一代，北京的王府大约有 50 座。

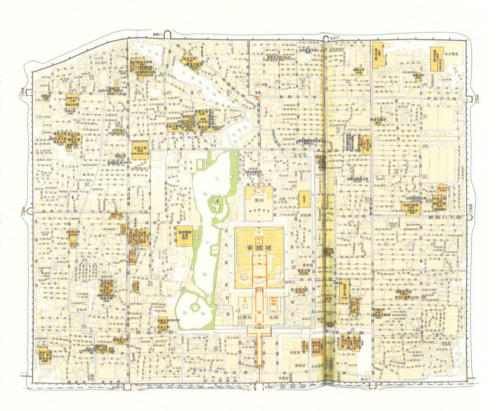

恭王府大戏楼

恭王府位于内城前海西街，前身为乾隆朝大学士和珅的宅第，嘉庆四年（1799 年）和珅获罪，府宅入官，其一部分被赐给庆亲王永璘，是为庆王府。咸丰年间，庆王府邸被赐给了恭亲王奕䜣，成为恭王府。王府占地约 3.1 万平方米，分为中、东、西三路建筑，由轴线贯穿着的多进四合院落组成，其建筑规制为王府中最高。

醇亲王府

醇亲王府位于内城后海北沿，前身是清初大学士明珠的宅第，嘉庆时为成亲王永瑆的府邸。光绪时转赐给醇亲王奕譞，末代皇帝溥仪即出生于此。

汉白玉花卉纹萨满祭祀神杆墩

清

底座高 16、长 70.5、宽 90 厘米；墩高 35、宽 36 厘米

佟慧君（始祖拔扈特克申的第十五代孙女）捐献

该石墩是用来在萨满祭祀时立神杆。

乾隆年间，清廷颁行《钦定满洲祭神祭天典礼》，使清宫萨满祭祀走向制度化、庙堂化。根据《典礼》，清宫萨满祭祀种类繁杂，有十数种之多。其中，坤宁宫祭祀被认为具有"皇室家祭"性质，可一定程度代表其他满族人在家内设祭的情形。坤宁宫祭祀中，春秋大祭最为隆重，每年三月初一和九月初一举行，持续三日。

首日分为朝祭、夕祭和背灯祭。朝祭与夕祭均需请神像，萨满歌舞，献酒，行礼，奉上牺牲。牺牲按严格规定宰杀、烹煮、供奉，最后食用或焚烧。夕祭后为背灯祭，众人退出，以背灯青绸遮蔽窗户，萨满摇铃而歌四次。

次日，祭天还愿。这一日的祭祀与"神杆"关系密切。坤宁宫门前有一常设的楠木神杆，祭天仪式开始之前，先将神杆请下，拄于地上。杆侧分设包锡大案、红漆高案、红铜锅各一。帝后向神杆叩首行礼，司俎洒米三次。随后，司俎奉猪一口作为牺牲，去皮后，颈骨、精肉等一部取

出于铜锅内烹煮，其余部分重新拼凑并蒙上猪皮，置于包锡大案上。锅中肉熟后，细切精肉丝两碗，同两碗稗米饭和猪颈骨一同供于高案。皇帝再次行礼。此后，司俎将猪颈骨穿于神杆之端，精肉、所洒之米和胆都放在神杆上端的斗里，将神杆重新立起。通常认为，斗中的食物是奉献给乌鸦的。立杆后，皇帝、皇后受胙，生肉、灌血肠煮熟，令大臣、侍卫等分食。

第三日为求福祭。司俎要准备一支带有练麻和两条索绳的神箭以及一棵柳树，并将坤宁宫中的子孙绳牵出窗外系在柳树上。仪式主要步骤为：司俎将箭上的练麻摔在柳树上，祝祷后将练麻交给皇帝或皇后，令其三拃而怀之，如此反复数次并敬奉食供，最后将索绳挂在帝后颈上三日，柳树待除夕时烧化。

佟氏族谱

清

长 53、宽 35 厘米

佟慧君（始祖拔扈特克申的第十五代孙女）捐献

满族佟氏，是明清两朝有重大影响力的望族之一。这一家族祖源辽东，历史上的女真、汉人、蒙古人等于不同时代先后迁入这一地区，共同繁衍生息。到明末清初，由于当时流行"以地为氏""赐予姓氏"等做法，许多不同民族、宗族的同胞先后冠以佟姓，逐渐形成一个庞大的满族佟氏群体。后金至清，佟氏为"从龙八户之首"，因而佟姓官员为数众多，一度有"佟半朝"之誉。

冠以佟氏的满族宗族中，占据主体的一支是佟佳氏，而佟佳氏中又以巴虎忒各慎为始祖的一支最为显赫。这一支宗族曾经世代居住在佟佳，以地名而得姓。该族谱记载了巴虎忒各慎第四子噶尔汉图漠图一系。噶尔汉图漠图在明正统年间，曾随建州左卫西迁。清初其子孙多有从军入京者，成为迁居北京的满族大族。

该宗族中的著名人物有佟养性、佟养真、佟图赖、佟国纲、佟国维、隆科多等。据《八旗满洲氏族通谱》，佟养真、佟养性堂兄弟二人为巴虎忒各慎第五子达

尔汉图漠图的后代，巴虎忒各慎第九世孙。二人分别在努尔哈赤攻占抚顺前后归顺，成为后金将领，屡立战功而起家。佟养真授三等轻车都尉，佟养性官至二等总兵官，自此子孙十余世均为皇亲国戚或朝中重臣，构成了所谓"佟半朝"的核心成员。

佟养真之子为佟图赖（汉名佟盛年），同样因军功显赫而颇受重用，从顺治帝入关，官至汉军正蓝旗都统，累进三等子，卒赠少保兼太子太保。其女佟佳氏为顺治帝妃嫔，康熙帝生母，康熙即位后尊为皇后。

佟国纲，佟图赖之子，历任一等侍卫、正蓝旗汉军都统、镶黄旗汉军都统、汉军火器营统领，袭一等公爵。其人生性勇猛，曾作为使团副手前往尼布楚，与沙俄使臣谈判议定边界，签订我国与外国第一个国际条约《尼布楚条约》，最终在随康熙帝征讨噶尔丹的战役中中弹阵亡，雍正初年追赠太傅。

佟国维，佟国纲之弟。历任一等侍卫、内大臣、领侍卫内大臣、议政大臣，封一等公。与其兄一同追随康熙帝征伐噶尔丹，并在其兄离世后参与第二次征伐噶尔丹的行动，获得胜利。

隆科多，佟国维之子，康熙、雍正朝重臣。康熙朝历任一等侍卫、銮仪使兼正蓝旗蒙古副都统、步军统领、理藩院尚书，极受倚重，康熙帝临终托付其为顾命大臣。雍正帝即位后，以拥戴有功，多番加封加授以至太保，并有雍正帝对其称舅舅而不称名、铨选官员可不经奏请等特殊恩典，可谓宠信之至，后以结党营私获罪，幽禁离世。

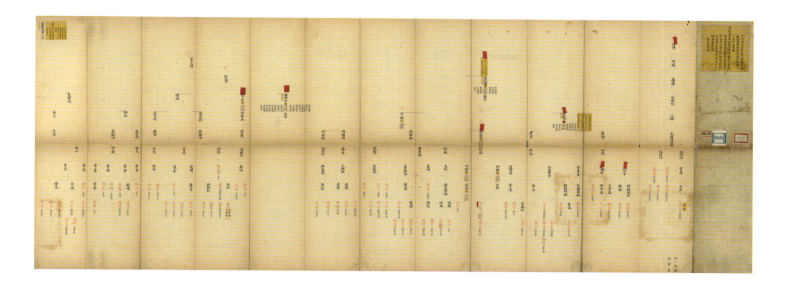

岱图库哈理家谱

清

岱图库哈理，隶属正白旗，是清前期他塔喇氏中最为显著的家族。

在后金、清朝的早期军事战争中，其家族的成员贡献颇多。清朝开国之初，世居扎库木（今辽宁抚顺境内）地方的岱图库哈理率子孙族人及本地方五十户来归，编为佐领。其子诺依木多为多罗额驸，其孙英武尔岱于天命、天聪年间在对明作战中屡立战功，承袭佐领，官至议政大臣。岱图库哈理曾孙苏纳海，最初为睿亲王多尔衮的护卫，后随肃亲王豪格攻打张献忠，随英亲王阿济格平息大同姜瓖叛乱；曾负责翻译《三国志》，顺治朝先后任重修《太宗文皇帝实录》副总裁官、弘文院学士、国史院学士、兵部尚书等职，康熙朝初年升任国史院大学士兼管户部尚书事。故其家族介入了顺治初年多尔衮摄政、康熙初年鳌拜辅政的派系之争，及正白旗、两黄旗的旗籍斗争等清初政事当中。其中英武尔岱先后被夺公爵直至夺官；苏纳海因反对鳌拜擅权而遭弃市，康熙帝亲政后给予平反昭雪。岱图库哈理的四世孙牛纽官至翰林院掌院学士、内阁学士兼礼部侍郎，是康雍时期著名的治河名臣，在任左副都御史期间，总管北运河事务，"谙练河工"，颇有政绩。

本件家谱记载了岱图库哈理以下十二代男性后代的承嗣脉络，包含了各支佐领与滋生佐领的承袭次序和改支别承的情况。从家谱中看，岱图库哈理后代分散到各地的八旗兵营，以京旗外三营（圆明园护卫营、香山健锐营、蓝靛厂外火器营）、热河、西安等处最多。其家族的传承、职任与管理情况，是清代八旗制度下京师上层世家大族衍化的一个缩影。

青玉"皇六子章"瓦纽印章

清乾隆

高 3.6、边长 4.7 厘米

白寿山"皇七世孙"方章

清

高 2.6、边长 2.1 厘米

无款设色僧格林沁行乐图

清

横 113、纵 214 厘米

僧格林沁（1811～1865 年），姓博尔济吉特氏。道光五年（1825 年），承袭科尔沁左翼后旗扎萨克多罗郡王爵，先后效力道光、咸丰、同治三朝，极受倚重。因镇压太平天国有功，获封博多勒噶台亲王，世袭罔替；在第二次鸦片战争中率军于大沽口抵抗英法联军，后在与捻军作战时阵亡。

僧王府位于东城区安定门内，初为道光帝赏赐，经多年修建添构，规模逐渐扩大，形成了前门在炒豆胡同，后门在板厂胡同，由几座并排的大型四合院组成、共有两百多间房屋的庞大宅邸。

果亲王行书折扇面镜心

清

长 32、宽 65 厘米

密云区董各庄清皇子墓

董各庄清皇子墓位于密云区不老屯镇董各庄村，是乾隆帝皇长子永璜、第三子永璋和第五子永琪的园寝。

永璜（1728～1750年），为皇贵妃富察氏所生，追封定安亲王。皇长子的早逝一度使乾隆帝十分悲痛，下谕旨以备丧仪，其仪"金棺用杉木，其福晋及皇孙等去首饰，素服二十七月，辍朝五日，初祭，大祭并亲临祭酹"。

永璋（1735～1760年），皇贵妃苏佳氏所生，追封循郡王，是乾隆帝唯一封为郡王的皇子。

永琪（1741～1766年），为皇贵妃富察氏所生，生前封荣亲王，谥号纯，称荣纯亲王。

园寝总占地面积一万余平方米，坐北朝南，有月河，上有两座汉白玉石桥。园寝内依次建有碑楼，其中有两通螭首龟趺碑，因共葬三位皇子，一碑两面均有碑文。园寝围墙南有三座大门，设东、西朝房，享殿五间，旁有东、西角门，三座墓冢位于后方月台之上。1958年，为修建密云水库，园寝进行了拆除搬运，考古工作者对地宫进行了发掘，出土了大量金器、玉器等精美文物，其质地之华贵、工艺之精湛、构思之巧妙，体现了清代皇家工匠的高超技艺和王侯亲贵的豪奢生活。

嵌松石金斋戒牌

清

长 8、宽 5.2 厘米

古人在祭祀前，通常需要沐浴斋戒，以示对鬼神的尊敬。雍正帝命造办处设计了斋戒牌的样式，要求陪祀人员必须在胸前佩戴斋戒牌，以提醒自己和他人保持恭肃之心。斋戒牌至此由案头陈设变为胸前佩戴之物，材质也由牙、木质变得更为多样。此斋戒金牌以范铸、累丝、錾刻、镶嵌等工艺制作，饰纹路繁缛的多种法器，间嵌绿松石。两面中心处分别以累丝制成满汉文"斋戒"二字。

嵌石火焰背光木座金佛

清

长 7.6、座宽 5.5 厘米；背光高 11、宽 7.5 厘米

金钩翠翎管

清

高 6.2、底径 1.5 厘米

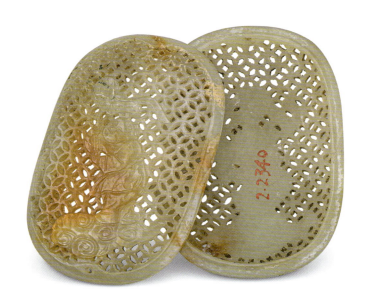

青玉镂雕和合二仙香囊

清

长 7.5、宽 5 厘米

嵌珠金表

清

直径 6 厘米

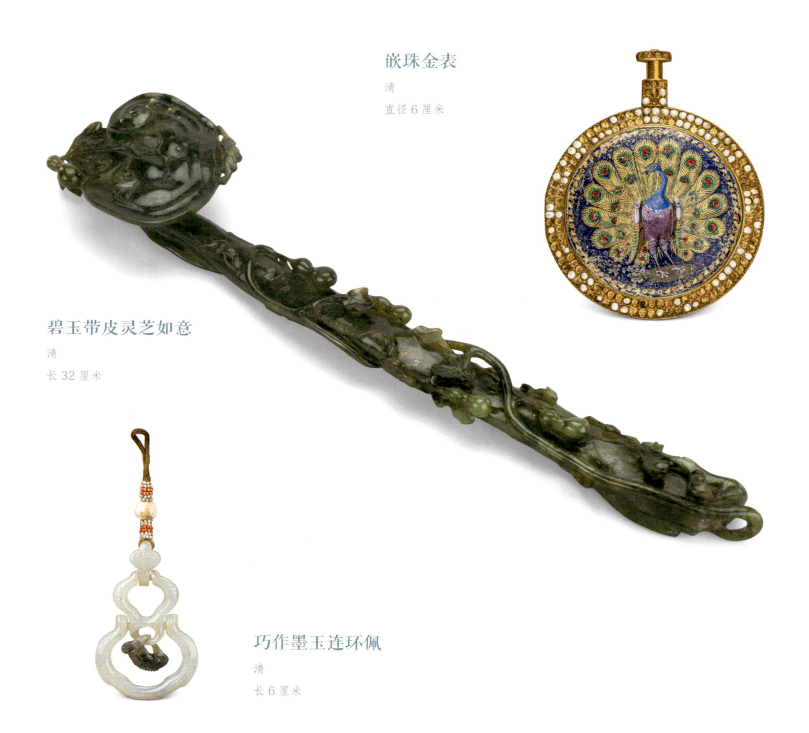

碧玉带皮灵芝如意

清

长 32 厘米

巧作墨玉连环佩

清

长 6 厘米

碧玉灵芝双连壶卣

清

通高 13、通长 18.5 厘米

黄玉刻诗文扳指

清

高 2.1、直径 2.8 厘米

盘肠纹金指甲套

清

长 6、宽 1.1 厘米

镶红料珠金帽顶

清

高 5.7、直径 3.4 厘米

錾花金项圈

清

直径 17、宽 1.5 厘米

〔三〕 三山五园

　　自康熙年间建畅春园始，清廷陆续在北京西郊建成以"三山五园"——畅春园、圆明园、香山静宜园、玉泉山静明园、万寿山清漪园（颐和园）为代表的皇家园林。此外一些宗室、官僚等在此也有府邸、园林。西郊园林不仅是帝王、官宦等玩赏的"景观"，也体现着中国传统造园理论和实践的集大成之作，并成为当时京城的第二个国家行政中心，发展成一宫多苑的城市地理格局。

香山静宜园

　　康熙十六年（1677年），香山行宫修建，乾隆十一年（1746年）建成二十八景，次年命名为静宜园。据《清实录》统计，乾隆皇帝共在此驻跸73次，写下相关诗作千余首。

　　静宜园大部分空间都与自然的山地景观有关联，全园按照自然地貌分为"内垣""外垣"和"别垣"三部分。以山体区分，内垣的范围在静宜园的东南部，包括宫廷区和古刹香山寺、宏光寺等，是园内主要景点和建筑荟萃之地。外垣是香山高山区，疏朗地散布着"八景"，其中绝大多数属于自然景观。

　　静宜园于咸丰十年（1860年）和光绪二十六年（1900年）两次遭受外国侵略军的焚掠，日渐荒废，原有的建筑物除见心斋和昭庙外，都已荡然无存。

玉泉山静明园

　　玉泉山在西山东麓，颐和园西侧，因山中玉泉池得名，乾隆称其为"天下第一泉"。玉泉山水洁如玉，是皇家的饮用水水源。此处于清康熙十九年（1680年）建行宫，初名澄心园，康熙三十一年（1692年）更名静明园。乾隆年间大规模扩建，形成"静明园十六景"。此处山形绮丽，林木葱郁，全园分南山区、东山区及西山区，开有六门。园内建有大小建筑群30余组，4座不同形式的佛塔。

　　清咸丰十年（1860年），英法联军入侵，静明园遭到焚掠。同治六年（1867年），清廷对从北京西郊到城内西苑的水道进行了大规模整修，静明园内水道、龙王庙和寝宫也得到了修缮。慈禧太后居住颐和园期间，经常乘船到静明园游览。清光绪二十六年（1900年），静明园再次遭到八国联军焚毁。

"样式雷"玉泉山静明园地盘样

清

横 190、纵 94.9 厘米

咸丰十年（1860年）英法联军入侵，西郊园林俱罹浩劫。同治和光绪年间集中进行了2次涉及静明园的重修工程。光绪年间重修颐和园，玉泉山静明园和颐和园相距甚近，且因水道相连，关系密切，配合颐和园工程，静明园部分建筑有选择地得到了重修，样式雷家族的雷廷昌主持了该工程。

本图的绘制对象为静明园园墙内区域，但并没有绘出高水湖南部和东部的界限。图中建筑名称均用黄签贴于图上，图左下角有黄签上书图的名称"玉泉山静明园全图"。此图中有多处建筑仅绘出基址位置而无建筑布局——如圣因综绘、涵漪斋和采香云径等，还有一些建筑仅绘出建筑轮廓并没有开间等信息——如竹垆山房。这说明此图并不是一般的园林全图，而是一张静明园的计划重修平面图。

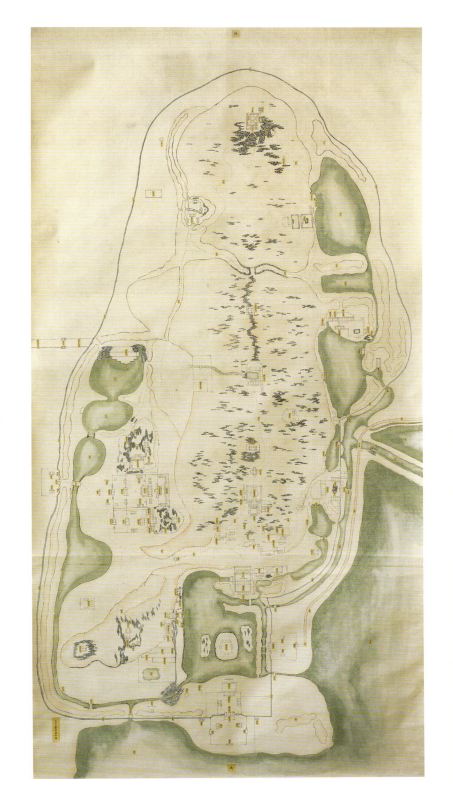

圆明园遗迹

圆明园占地350多公顷，由圆明园、绮春园、长春园组成，统称"圆明三园"。康熙末年，此处为雍亲王胤禛赐园，在其继位后开始大规模扩建。乾隆朝复加整山理水，增添建筑组群，遂成"圆明园四十景"，并在主园的东邻和东南邻兴建了长春园和绮春园（同治时改名万春园），工程迁延至嘉庆初期，圆明园规模发展至鼎盛。作为西郊建设投入最大的皇家园林，这里也是清代皇帝在京理政时的主要居所。

咸丰十年（1860年），英法联军火烧圆明园，大肆抢劫破坏。同治、光绪年间虽多次动议整修，但终因经费不足作罢，曾经的"万园之园"逐渐荒芜残败。

《圆明园四十景》之"勤政亲贤"

　　《圆明园四十景》之一的"勤政亲贤"部分是清帝园居时的主要理政空间。其中的勤政殿是最重要的理事殿宇，批阅奏章、召对臣工及御门听政等都在此举行。雍正三年八月二十七日至二十九日，雍正帝首次驻跸圆明园，说："朕在圆明园与宫中无异，凡应办之事，照常办理。"在御制《圆明园记》中，雍正帝阐述了清帝偏爱园居理政的原委，认为圆明园宜居、宜政、宜孝、宜学、宜亲贤、宜观农。

"样式雷"圆明园地盘样

清

横 176.7、纵 129.2 厘米

　　"样式雷"图档所载圆明园档案资料达三千余张，真实记录了圆明园的历史变迁。全园地盘图对于圆明园研究极具价值，它是甄别相关景区图档的有力依据，也便于直观把握园林建筑、山体、河道的分布、转变等的重要史料。本图用毛笔、界尺绘制，建筑间架，墙垣、台基、山石水体的轮廓均用墨线绘，土山渲成赭石色，水体为浅熟赫色，是同治、光绪朝拟重修圆明园的方案。

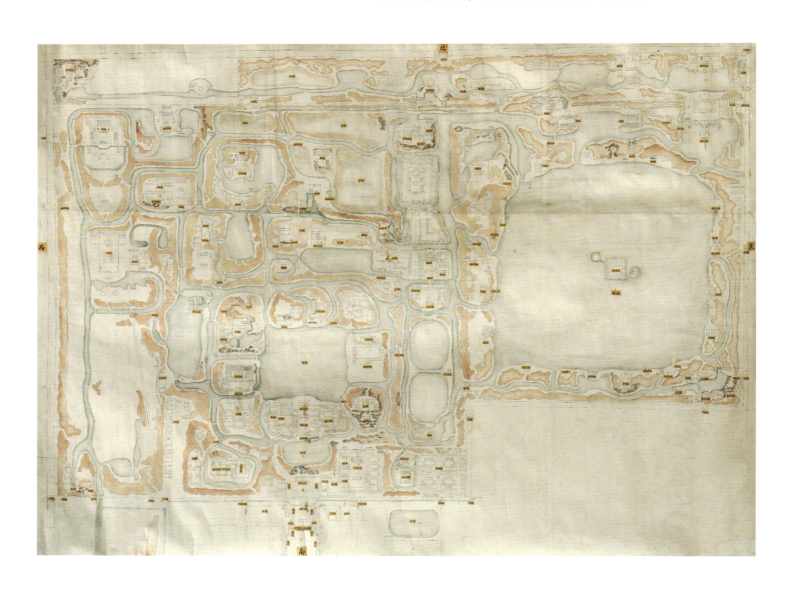

第六代"样式雷"雷思起画像

清
横 99、纵 166 厘米
雷文雄、雷文桂捐献

雷思起（1826～1876年），从小受到父亲雷景修的严格训练，精于建筑设计、施工、组织管理及相关会计业务，还通晓风水学说。成年后继承了样式房掌案一职，一生建树非凡，曾随父亲参与昌西陵、慕东陵等工程，后主持定陵、定东陵、惠陵和西苑等工程，负责关外永陵修缮及众多王公勋臣的府宅、园林、园寝的建筑设计。同治十二年（1873年），同治帝为慈禧太后重修圆明园，雷思起、雷廷昌父子奉命担纲设计，夜以继日地制作了数千件画样和烫样，并在养心殿陈设烫样为同治帝、慈禧太后解说工程方案。因功绩卓著，雷思起获赏二品顶戴。

"样式房"是清代掌管皇家建筑设计的专门机构，其职"案（按）规矩、例制之法绘图、烫样，上奉旨议，下遵堂司谕，其拟活计"。而"样式雷"则是对长期执掌该机构（即样式房掌案）的雷氏家族的称誉。"样式雷"祖籍江西永修，从第一代"样式雷"雷发达于康熙年间来京，到清末第八代雷献彩，雷家历代都从事皇家宫殿、园囿、陵寝等的设计和修建工程。

在建造过程中，"样式雷"要主持选址、丈量、设计等工作，之后绘制平面图（地盘样）以及立面图、透视图、局部平面图、局部细节等分图，有时还要制作进呈皇帝的模型（烫样）。"样式雷"图档、算档和烫样清晰地反映了建筑设计建造的全过程，是研究清代建筑的珍贵史料，已被列入世界记忆遗产。

礼王园（乐家花园）

清帝日常多园居理政。为便于办理政务，一些王公大臣也在海淀置府构园。圆明园附近形成了一条军机处胡同，军机大臣、章京等居住于此，随时入园应召承旨。在西郊皇家园林的周围还分布有众多王公亲贵的赐园、私园。其中礼王园位于海淀苏州街，是礼亲王代善的后人所建，占地五十余亩。

朗润园原名春和园，坐落于今北大校园东北隅，北与圆明园相对望，是圆明园附属园林之一，嘉庆时被赐予乾隆十七子庆亲王永璘，又称庆王园。咸丰年间又被转赐给了恭亲王奕䜣，始称朗润园。全园中心是一个大岛，岛四周的水面，大小收放不一，以水面之形映衬更多的视觉景致，是一座小型水景园林。园门位于东南角，进入园门后，穿过山石间小路，渡过平桥，迎面是一姿态多逸的太湖石。湖石后面堆一座陡峭的土山。土山紧逼水面，以衬托山的高耸。岛上建筑中，"恩辉余庆"是和珅的别墅，至今尚存；有前后两个院子，东西两侧各有画廊围起。廊外粉墙，墙上点缀各式花窗。

〔四〕崇教佐治

　　清代统治者对宗教采取兼容并蓄的政策，寺庙宫观遍布京城内外。从统治方略的高度，有清一代对藏传佛教尤为尊崇，即乾隆帝所说"兴黄教即所以安众蒙古"。京师不只是全国喇嘛教的管理中心，还兴建了许多喇嘛庙。据《理藩院则例》，京师有正式额缺的喇嘛庙达三十余所。通过在京师兴修庙宇、给予喇嘛教上层人士以极高的礼遇等方式，加强了中央与边疆地区的联系，促进了民族团结。

西黄寺清净化城塔

　　西黄寺位于德胜门外，始建于顺治八年（1651年），是清朝中央政府为迎接来自西藏地区的宗教领袖五世达赖喇嘛进京而建。五世达赖喇嘛最初驻锡于藏传佛教寺院普静禅林（后被称为东黄寺），随即移入新建的西黄寺。乾隆四十五年（1780年），六世班禅大师进京为乾隆帝祝寿，驻锡西黄寺，两个月后染天花圆寂于此。乾隆帝为纪念六世班禅大师的功德伟业，在寺院西偏为其建造了衣冠塔庙，即清净化城塔院。清净化城塔为金刚宝座式，塔的须弥座雕刻佛本生故事，刻工精湛，精美绝伦。乾隆帝亲临清净化城塔装藏仪式，御书《清净化城塔记》，勒碑立于塔前。清净化城塔和《塔记》是六世班禅大师毕生维护祖国统一、增进民族团结的象征和历史见证。有清一代，西黄寺是隶属于理藩院直接管辖的皇家寺院，一直是西藏地区宗教领袖的驻锡地。

雍和宫大殿万佛阁、白檀木弥勒大佛

　　雍和宫本为雍亲王旧邸，雍正三年（1725年）改为行宫，称雍和宫，乾隆九年（1744年）改为喇嘛庙，成为清政府掌管全国藏传佛教事务的中心。万福阁为雍和宫最后一进大殿，造型宏伟，中间主楼为三层，左有延绥阁，右有永康阁，都为两层，有正廊与主阁相连。万福阁内各层供奉的小佛像共达万尊之多，因"佛"与"福"音近，故名为万福阁。

　　殿中弥勒大佛的主体部分是由一棵完整的白檀木雕刻，手臂及垂下的衣纹飘带，则是由其他木料辅助而成。白檀木通高26米，有8米埋入地下。此木为七世达赖喇嘛自尼泊尔购得献给乾隆帝，历时三载运至京城。皇帝命察罕达尔罕活佛指挥设计，养心殿造办处现场制作，历时近两年完成。

嵩祝寺

康熙五十一年（1712年），康熙帝建嵩祝寺赠予二世章嘉活佛。嵩祝寺即成为历世章嘉活佛在北京的主要驻锡地。随着章嘉活佛的地位日益重要，雍正十一年（1733年），在嵩祝寺西创建法渊寺，乾隆年间，又在嵩祝寺之东建智珠寺，形成了三寺并列的平面布局。嵩祝寺是三座寺院中规模最大的寺院，分三路中轴线，共五进殿堂。

香山昭庙琉璃牌坊

乾隆四十四年（1779年），六世班禅大师为乾隆帝七十大寿祝寿而进京。为预备觐见之便，乾隆帝令在香山静宜园内，仿照拉萨大昭寺修建昭庙。昭庙全称"宗镜大昭之庙"，意为"尊者神殿"。建成后的昭庙坐西朝东，正门东向，整体建筑风格亦"肖卫地古式"，以藏式为主，汉式为辅。主体呈方形碉式，石基白色，墙身红色，高厚坚固。墙体设藏式梯形壁窗，上部饰以汉式遮檐，形成乾隆时期特有的"平顶碉房藏汉结合式"建筑风格。

乾隆帝御制《喇嘛说》碑

乾隆五十七年（1792年），乾隆帝御制《喇嘛说》，并以满、蒙、汉、藏四种文字刻碑，立于雍和宫大殿之前。《喇嘛说》阐述了"兴黄教，即所以安众蒙古"的统治方略和金瓶掣签制度。

敕修大藏经版

清

长 75、宽 35、厚 5 厘米

又名乾隆《龙藏》，雍正十一年（1733 年）于京师贤良寺设藏经馆，由和硕庄亲王允禄、和硕和亲王弘昼及贤良寺住持超圣等主持雕版，乾隆三年（1738 年）竣工。雕成经版 79036 块。版为硬梨木质，多数双面刻字。全藏 724 函，1669 部，7168 卷。分正藏、续藏两部分，千字文编次。版式和《永乐北藏》一致，印刷 100 部。经版原存武英殿，后曾移放柏林寺。

白塔寺

白塔寺，元代称大圣寿万安寺，元末焚毁后于明天顺年间重建，朝廷赐额"妙应寺"，并改为禅宗寺庙。入清后，清朝统治者尊崇藏传佛教，藉以团结蒙、藏等民族，维护国家的统一。妙应寺以其古老而闻名的藏式白塔尤其受到清朝统治者和藏传佛教信徒的推崇，继元大都之后再度成为藏传佛教在都城活动的重要场所。

清朝对妙应寺进行多次大规模的修葺和赏赐，其中又以康熙二十七年（1688 年）、乾隆十八年（1753 年）、乾隆四十一年（1776年）、嘉庆二十一年（1816 年）的修缮和增建最为突出。乾隆十八年，乾隆帝得知白塔"金碧垩鑊，渐复漫患"，"寺之堂庑门垣亦兹剥落"后，复经三世章嘉国师的建议，敕令对妙应寺进行规模空前的修缮。工程持续二三年之久，耗帑甚巨。按藏传佛教的要求，佛教建筑、造像等在完工后，必须经过装藏（装入象征佛法精髓的圣物）才具有护持世间众生的功用。因此，乾隆帝还特别在塔刹内装藏了诸多珍贵的佛物，在碑文中记述："重修妙应寺白塔，朕手书般若波罗蜜多心经一卷及藏文尊胜咒并大藏真经全部七百廿四函，以为塔之镇。"

1978 年大修白塔时，在铜塔刹内发现了乾隆时期装藏的这批佛物。它们按佛、法、僧三宝的类别奉置，其中铜三世佛、赤金无量寿佛、黄檀木龛雕观音像代表佛类；清代大藏经一套、乾隆帝手书《般若波罗蜜多心经》和《尊胜咒》代表法类；五佛冠与补花袈裟代表僧类。这批珍贵的佛藏反映了白塔寺作为自元大都以来都城最重要的藏传佛教寺院的地位，及以乾隆帝为代表的清朝统治者对藏传佛教的尊崇。

嵌宝石赤金无量寿佛

清乾隆
高 5.4、宽 3.5 厘米
白塔寺塔刹内采集

　　无量寿佛是佛教宣称的西方极乐世界的教主，梵语称
"阿弥陀佛"，"无量寿佛"是其汉译十三个名号之一。
藏传佛教习惯上称阿弥陀佛为无量寿佛。这尊无量寿佛以
纯金铸造，佛像结跏趺端坐在束腰形双层莲花座上，头戴
花冠，面相庄严慈和，上身袒露，下身着长裙，胸前饰璎珞，
身搭帔帛。双手相叠于双膝上结定印，手心捧一宝瓶，瓶
口置宝石，全身镶嵌四十余颗红宝石，底部錾刻十字形宝
相花纹饰。金佛安奉于一铜鎏金錾梵文龛盒内，盒内外镌
刻完整的藏文《尊胜咒》。此佛及盒原放在一楠木经函内。
经函带盖，函内还存有哈达、乾隆御笔经文、镀金银瓶、
念珠等佛物；函外有铜罩，铜罩有"大清乾隆癸酉年敬装"
字款，乾隆癸酉年即乾隆十八年（1753 年）。

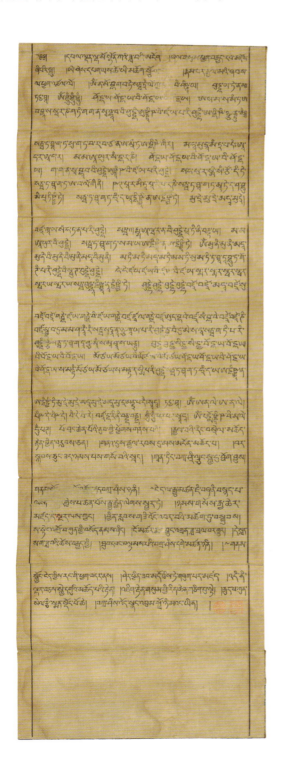

乾隆帝御笔藏文《尊胜咒》册

清乾隆
长 64、宽 23 厘米
白塔寺塔刹内采集

　　《尊胜咒》全名《佛顶尊胜陀罗尼经》，主要为佛教
密教所奉，认为此经具有消灾、除病等功德，故密教为佛
塔、佛像装藏时都用此经作为重要的法物。此《尊胜咒》
原放在一楠木经函内，为乾隆帝御笔，经折装，卷尾分别
钤阳文"乾"字方章、阴文"隆"字圆章。经文后还有一
段乾隆帝御笔题记，说明修塔、抄写经咒的因缘与功德，
并提及修塔是听从了章嘉国师的意见。

檀木雕龛观音像

清乾隆

高 49、宽 16.3 厘米

白塔寺塔刹内采集

观音像由一整块黄檀木龛刻而成。龛上下、左右四个立面都有金、银、绿三色漆绘的莲花缠枝图案，正面镶嵌彩绘木盖。木盖正面绘护法神哼哈二将，持杵踏莲，头顶祥云，怒目而立，形象威武；祥云之上绘二龙戏珠图案。木盖背面竖行墨书"念彼观音力，能救世间苦。愿以此功

德，众生同得度。乾隆御笔"。御笔两侧用红漆将译音为"嗡""阿""吽"三个梵文字母各书两遍，分别代表佛教的身、语、意三密，表示佛像已"加持"。龛正面上端绘有藏式风格的过去、现在和未来三世佛，两侧绘八宝图案，下端绘莲纹。佛龛内上部雕观音像，观音坐于象征普陀洛伽山的岩石之上。龛楣上用红漆书写六个梵文字母，即代表观音功德的"六字真言"。龛楣右下方有一只白色小鹦鹉。佛龛下部是一个圆形金漆木质钵盂，其内套装一个铜质镀金扁圆小盒，盒外插有一把古式铜锁和钥匙。盒内分层依次装有绿、红、黄、蓝、藏青五个团龙金线织锦小包袱，依次包着檀香、木屑、树胶、花形金片和一个小黄绸包。小黄绸包内是珍珠、碎玉石和 33 颗舍利子。在佛龛的两侧壁还各绘有一株象征佛教智慧的菩提树。该观音像在装藏时外面还护有一个铜罩。铜罩上有题款："大清乾隆癸酉年敬装"。

五彩线编白塔图形密封册

清乾隆

边长 29.2、厚 4.6 厘米

白塔寺塔刹内采集

五彩线密封册是封藏佛教圣物，表示礼敬的一种佛教艺术形式。它外表用红、黄、蓝、白、绿五种彩线有规律地缠绕。密教认为红、黄、蓝、白、绿五色象征密教的"五大""五智""五佛"等高深寓意。其正反两面的中央是用金线缠成的白塔图案，其中正面塔身上绣有一个梵文字母，音译为"阿"，表示"佛部心"。册内封藏之物经现代科学仪器透视是一座小白塔，形制与册表一样。小白塔覆钵部位有一个洞，洞中有一尊盘膝而坐、双手合十的小金佛。其形制、工艺及封藏过程都充满了神秘性。

中华文明的有力见证——北京通史陈列（史前—清代）

织锦夹金五佛冠

清

直径 16.3、莲瓣高 19 厘米

白塔寺塔刹内采集

　　五佛冠又称五智冠，为佛教密教本尊所戴头冠。它由五个莲瓣形锦片缀合而成，形似莲花。莲瓣上沿镶嵌红宝石，莲瓣正中固定一尊薄胎镀金小佛坐像，为密教宣称的五方佛，即东方阿閦（chù）佛、南方宝生佛、西方阿弥陀佛、北方不空成就佛和中央大日如来。五方佛形貌特征一致，惟手印不同：东方阿閦佛手结触地印，南方宝生佛结施愿印，西方阿弥陀佛双手结禅定印，北方不空成就佛手结施无畏印，大日如来结智拳印。冠正中顶端的铜镀金佛像是密教尊奉的重要本尊——金刚持。金刚持双手交叉，置于胸前，左手持铃，右手持杵，表示功德和智慧圆满具足。其宝冠也是由五个小莲瓣合成，莲瓣上亦有佛像。在佛冠上还缀有三个铜质梵文字母和日、月形铜片各一个。梵文字母音译为"嗡""阿""吽"，分别代表佛教的身、语、意三密。佛冠顶部嵌红宝石，边缘缀有米珠，两侧各有一条织锦缯带。左边缯带缀有八仙图案，右边缀嵌有宝石的八宝图案。缯带边缘嵌满红白宝石。整个五佛冠共镶嵌珍珠、宝石 950 颗，装饰富丽，工艺精致。

景德镇窑粉彩观音菩萨像

清乾隆

通高 28.7、底宽 21.5 厘米

　　此尊佛梳高髻，发髻前安阿弥陀佛，是观音菩萨身份的重要标识。结跏趺端坐于仰覆莲台座上，双手结印，各持莲花。左肩至右肋斜披一张羚羊皮，下身着红色僧裙，系以金色腰带，全身还有金色的璎珞、臂钏、腕钏、足钏等饰物。佛像仪态高雅，色彩明艳，具有乾隆宫廷造像的鲜明特点。

星月菩提念珠

清

径 0.8 厘米 / 颗

　　诵经时用来计数、束心的成串珠子称念珠，每串粒数有 18 颗、27 颗、54 颗、108 颗之分。星月菩提珠用热带植物黄藤的种子做质料，其上密布的小点为星月的"星"，稍大点的坑为"月"。

多闻天王像唐卡

清乾隆

通长 66、通宽 47.5 厘米

唐卡为藏语，意即用彩缎织物装裱的卷轴画，是藏传佛教重要的艺术表现形式。

（二）辇下丰豫

清代北京的商业、手工业在前代的基础上，发展到一个新的繁盛阶段。京杭大运河始终保持畅通，保障了诸多物资的供给；城市人口的增加和城市生活需求的扩大，民族文化的交融，为皇家服务的南北工匠及其技艺的汇聚，以及西方某些技术的传入，都从不同方面推动了京师商业、手工业的不断发展，正所谓"致天下之民，聚天下之货，熙熙攘攘，骈闻辐辏"。

兑换银钱图轴

清

横 37.3、纵 35.2 厘米

清朝沿袭前代货币制度，白银和铜钱（亦称制钱）两种货币同时流通。政府曾固定银钱比价，顺治四年（1647年）规定钱值，"每十文，准银一分，永著为令"，即银一两兑铜钱千文。但这一比价只是民间交易的参考标准，且从较长时段看银钱比价波动很大。如乾隆末年银一两兑换钱 770 ～ 880 枚，约 30 年后的嘉庆末年银一两兑换钱 1300 枚，到 20 年后的鸦片战争前夕，银一两兑换钱 2000 枚。清代的钱庄、票号一般都有银、钱兑换业务，从银钱比价的波动中牟利。

银锭

清代以前的银锭，形制上的时代特征较为鲜明，而清代银锭形制上的地区特点更为突出。各地都有自己本地区的代表性器形，种类、形制、铭文繁杂。这反映出银作为称量货币，在清代流通更加广泛，银锭铸造更为分散。

银锭分官铸和商铸两种。商锭上的铭文一般只有地名、银楼铺号、炉户铸行名称等，如"三原朱禄""兴平李正""广利"等。官锭铭文多带纪年、地名、银炉或银匠名称、用途等文字，种类繁杂，多是各种赋税，常见有地丁、厘金、关税、盐税等，及解京、进贡等银锭，铭文中有"官钱局""厘金局""地丁""土厘"等字样。

银锭上的铭文在雍正以前多为錾刻阴文，即在铸好的银锭上用錾子把文字錾刻上去。雍正以后银锭上的铭文多为阳文，是在铸造过程中，在银锭尚未完全冷却时，用钢模将文字打压上去。

银锭一般有五十两、二十五两、十两、五两等规格，亦有少量的一百两大银锭。五两以下的碎银，主要用于市场流通补零。银锭还可以切割成小块使用。有些银锭在铸造时即预留切割用的沟槽。

应城县官钱局银锭

清光绪三十一年（1905 年）

高 7.8、长 10.8、宽 6.5 厘米

西城区新街口出土

天门县官钱局银锭

清光绪三十一年（1905 年）

高 8.3、长 11、宽 6.5 厘米

西城区新街口出土

"元谋县" 银锭

清

高 1、长 3.3、宽 2.2 厘米

东城区安定门外大街出土

兴国州匠永生银锭

清光绪三十四年（1908 年）

高 8、长 11、宽 6.5 厘米

西城区新街口出土

"嘉庆十年"砝码形银锭

清嘉庆十年（1805年）

长6、宽4.6厘米

"三原朱禄"圆锭

清

高2.1、长4.6、宽3.7厘米

碎银

清

长4、宽3.7厘米

新街口出土

"兴平李正"圆锭

清

高1.7、长4.5、宽3.6厘米

宣统三年一元大清银币

清宣统三年（1911年）

直径3.8厘米

东城区建国门内出土

　　道光时期，林则徐提出铸造五钱重的银元以抵制外国银元，遭到户部反对。光绪十五年（1889年），两广总督张之洞以机器制造"光绪元宝"银币，其后湖北、江西、浙江、直隶、安徽、奉天、吉林等省相继制造。各省所铸银币的样式和成色均不一致，因而银币流通受阻。光绪三十一年（1905年），清廷开始统一全国币制，经讨论决定铸造一两重的银圆为本位币。而各省一直以来都使用七钱二分银币，故新铸一两银币于流通依然不便。光绪三十三年（1907年），又改两为圆，把一两银币改为七钱二分。宣统二年（1910年）颁行《币制则例》，正式定以重七钱二分的一圆银币为主币。

缂丝十二章龙袍

清乾隆

身长 148、通袖长 198、胸围 134 厘米

　　此件龙袍为圆领右衽，四开裾，马蹄袖，直身长袍式。明黄色丝线缂织"卍"字纹地。三色捻金线缂织龙、蝙蝠、灵芝头云、十二章（日、月、星辰、山、龙、华虫、黼、黻、藻、宗彝、火、粉米）、海水江崖、八宝立水等纹饰，衬黄色三枚团龙江绸里。该龙袍华丽富贵，制作精美，体现了清代缂丝的最高工艺。

缂丝十二章龙袍

清乾隆

身长 148、通袖长 198、胸围 134 厘米

燕京八绝

"燕京八绝"是指玉雕、景泰蓝、牙雕、雕漆、金漆镶嵌、花丝镶嵌、宫毯、宫绣等八个工艺美术种类。燕京八绝发端于金、元，发展于明朝，形成于清朝。为满足皇室、王公贵族和官宦、富家对于奢侈品的需求，清宫造办处和京城的银楼金行里集中了各地的能工巧匠，在汲取前代及南北各地民间工艺精华，融合满、蒙、藏等少数民族工艺和风格的基础上，逐渐形成八个富有宫廷特色的工艺美术种类。其艺术风格以雍容华贵、典雅大方，精工细作见长，贵族气息浓厚，标志着中华民族传统工艺发展的新高峰。

镂空花卉纹金镯

清

直径 7、头宽 1.2 厘米

密云区董各庄清皇子墓出土

通体镂空，采用掐金丝工艺，制成二方连续六瓣花图案，花心隐起圆珠。两侧对称排列往复的金丝线与侧边连接。两镯四个端口分别饰"琴棋书画"图案。造型剔透玲珑，工艺精细新颖，代表清代京师金银细作的高超水准。

累丝镶白玉双龙戏珠纹金项圈

清

直径 17.5 厘米

项圈以玉为骨、以金裹玉，在金嵌宝处做出界隔，在两处龙首拱珠处借珠之造型形成可转动的机关，便于戴取，又以相向的龙首闭合成圆，黄白相间，尽显金玉富贵之气。主体纹饰以龙的刻画最为生动，拱珠之龙，双目圆睁，双角、须发向后，动感遒劲，与衬底、边饰形成多层次构图。运用了范铸、錾花、累丝、焊接、镶嵌等多种工艺，繁缛而细腻。

累丝凤衔笼雀纹金簪

清

高 5.5、长 12.6 厘米

金簪簪挺扁圆，簪头的凤首有冠，凤口衔鸟笼，笼内站一只鹦鹉，展翅欲飞，笼顶为竹叶及缠枝花卉纹饰，笼内还有鸟食罐。意趣盎然，充满生命之律动，是异于传统吉祥寓意构图的一种造型。

累丝"吴牛喘月"金钗

清

长 15.2、宽 3 厘米

海淀区索家坟出土

钗头为累丝如意云朵，依"吴牛喘月"的典故，云朵上方饰一回首望月的累丝牛，在下方同一金丝上拉开空间用累丝制成双钩"月"字。云朵上另有嵌宝（已缺失），使构图更为匀称和不失单调。造型别有意趣，技术与审美均属上乘。

累丝嵌碧玺螃蟹纹金饰件

清

长 6.5、宽 5.6 厘米

海淀区车道沟出土

此饰件为女子发饰。蟹身嵌碧玺，蟹脚等部位采用累丝制成，纹理造型尤为生动逼真。碧玺镶嵌平添了饰物的秀美。造型、工艺与珠宝的肌理极其和谐，可谓是一件巧夺天工之作。

繁华京师

清

京绣福寿瓜瓞绵绵钱袋

清

高 11、宽 14.5 厘米

　　蓝绸地，正反两面以五彩丝线绣寿桃、蝙蝠、瓜、蝴蝶等吉祥图案；采用了缠针、戗针、打籽、网绣等绣法。京绣为"燕京八绝"之一，是在北绣及民间绣基础上受宫廷绣作影响而发展形成的特色流派。其花纹写实，多以工笔绘画为稿本；题材有花果、虫草、庭院小景、戏剧人物等。常用各色无捻劈绒丝，以缠针、铺针、接针等主要针法，根据物体的阴阳面，用变换色块的方法来表现立体感。绒面匀而薄，针脚起落自然，花纹光亮平贴。绣线配色鲜艳是京绣最为显著的特点，其色彩与瓷器中的粉彩、珐琅彩相近。

京绣月白缎四合团寿纹镜套

清

长 13、宽 8 厘米

　　月白缎地，上打籽绣四合如意头、团寿、四瓣小花及卷草纹。色彩丰富，有粉、水粉、杏黄、茶绿、水绿、浅香等色。

京绣云纹"明察秋毫"眼镜套

清

长 14.5、宽 6 厘米

以蓝、浅蓝、深蓝三种蓝色丝线纳绣如意云头纹，以月白、白色丝线勾云边，增强了图案的立体感。正背面各用捻金线纳绣"明察""秋毫"两字。用色、构图稳重大方，寓意吉祥。

乾隆款竹木嵌象牙雕龙凤纹饰件

清乾隆

长 6、最宽 4.5 厘米

剔红人物圆漆盒

清

高 7.5、直径 17.8 厘米

蓝地番莲纹铜胎掐丝珐琅长方盘

清道光

长 41.5、宽 31.5 厘米

青玉五蝠桃实摆件

清

高 7、长 10.1、宽 5.9 厘米

海淀区颐和园出土

　　青玉质，整器为桃形，浮雕、镂雕五只蝙蝠，桃的表面纹理、蝙蝠造型巧妙地借用了青玉带皮的质感。桃为多寿的象征，蝠谐音"福"，共同构成"五福捧寿"的吉祥寓意。

白玉鸳鸯纽盒

清

通高 9.5 厘米

密云区董各庄清皇子墓出土

　　白玉质，质地润洁细腻，局部有沁蚀后的黄色绺纹。盒圆形，上立雕一对鸳鸯。鸳鸯口、胸相连，以均匀的细阴刻线琢出冠、眼、羽毛。盒为子母口，鸳鸯亦在口沿处平割为二，打开后分为两对鸳鸯，饶有趣味，构思巧妙。

白玉兽面纹觥

清

高 18.6、口径 9 ～ 14.3 厘米

海淀区西二旗出土

白玉质，口为椭圆形，器身为直筒形，四足呈如意云龙形。器身中间饰一圈浮雕兽面纹，有仿青铜器的古韵；上部一侧高浮雕翔凤纹，一侧雕螭龙纹。整器通体莹润，庄重雅致。

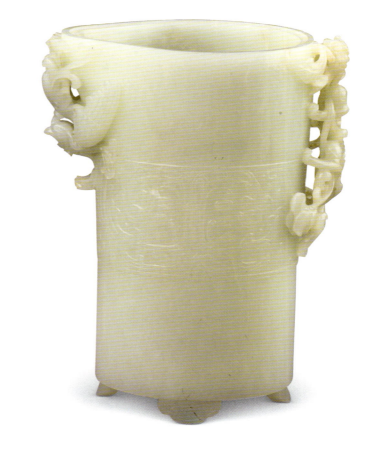

景德镇窑青花五彩缠枝牡丹纹盖罐

清康熙

通高 44.5、口径 21、腹径 33.8、底径 20.3 厘米

朝阳区牛王庙出土

罐直口，宝珠盖纽。通体以青花五彩饰缠枝牡丹纹，以绿彩、青花描绘枝叶，红、黄等色绘花朵，仅于肩部饰青花锦纹一周。形体挺拔，装饰繁密。

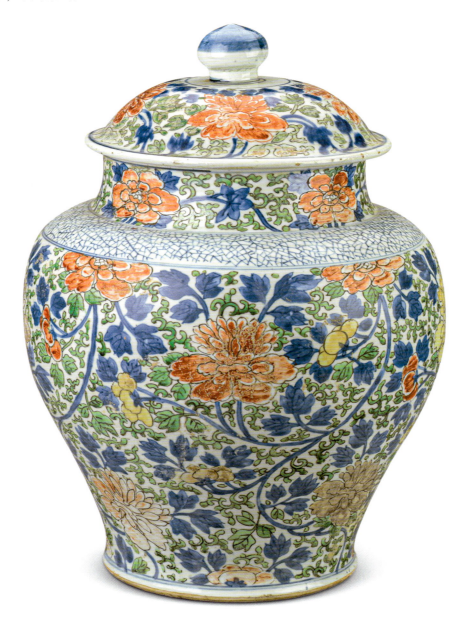

景德镇窑五彩指日高升图罐

清康熙

高 18.1、口径 5.6 厘米

西城区真武庙出土

景德镇窑青花驯马图盖罐

清康熙

通高 17.2、口径 4 厘米

朝阳区永安里出土

景德镇窑粉彩花卉纹盒

清乾隆

长 10.2、宽 2.7 厘米

密云区董各庄清皇子墓出土

广窑炉钧釉瓶

清

高 21.5、口径 3.5 厘米

西城区天宁寺出土

　　广窑炉钧釉指广东佛山的石湾窑烧制的仿钧釉瓷器，其窑变釉有底釉和面釉两层，釉厚而光润，以仿钧釉的蓝色、玫瑰紫、墨彩等较为突出。

景德镇窑矾红粉彩花卉福寿纹盖罐

清

通高 21、口径 10.5 厘米

东城区法华寺出土

　　矾红是出现于明嘉靖时期的釉彩，是一种以氧化铁为着色剂的低温红釉。其色泽往往带有一种如橙子般的红色，呈色比较稳定，在烧造工艺上比元代出现的高温铜红釉容易。清代矾红被大量使用。粉彩是釉上彩品种之一，创烧于康熙晚期，成熟于雍正、乾隆时期，是在康熙五彩的基础上，从珐琅彩瓷器蜕化而来。其主要彩料和施彩方法都是外来的，故又有"洋彩"之称。

景德镇窑黄地粉彩梅鹊纹碗

清同治

高 5.7、口径 8.94 厘米

朝阳区高原街出土

　　碗口描金，黄地粉彩装饰，绘梅鹊纹，有"喜鹊登梅""喜上眉（梅）梢"的吉祥寓意。其中喜鹊以墨彩绘制，折枝梅枝干以褐彩绘，梅花以粉色绘，色彩对比鲜明。梅鹊及黄地粉彩是同治朝御窑瓷流行的装饰元素。

浅绛彩花鸟纹罐

清

高 15、口径 8.8 厘米

丰台区蒲黄榆出土

　　浅绛彩是清代后期出现的一种与绘画中纸绢水墨画效果类似的瓷上彩绘。绘画题材主要为山水、花鸟、人物及博古清供等。早期的绘制者一般都工书善画，在构图意蕴和勾画、渲染的技法等方面都体现了较高的文化修养和审美趣味，故浅绛彩能以秀逸清雅的风格在晚清直至民国流行。此外，浅绛彩的发展也与景德镇御窑厂画师的参与密切相关。咸丰五年（1855 年），景德镇御窑厂因战乱而烧毁，御窑厂画师流散到各处，摆脱了官窑单调而程式化的创作，发挥个性，以瓷为纸，参与创造了追求清新脱俗、意境高雅的浅绛彩瓷。浅绛彩的作者还第一次普遍性地在瓷器上题记并署名，堪称陶瓷作品署名的开端。

白料套红料寿字镯

清

直径 7 厘米

朝阳区高碑店荣禄墓出土

官料米色方瓶

清乾隆

高 14.7、口径 3.8 厘米

　　该瓶色泽与质感温润如黄玉，是仿玉玻璃器中的精品。器底刻"大清乾隆年制"篆字款；配有嵌银丝红木座，底座有嵌银丝双钩"丙"字。

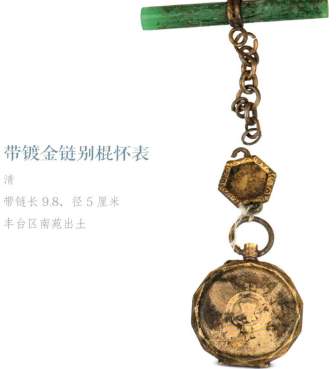

带镀金链别棍怀表

清

带链长 9.8、径 5 厘米

丰台区南苑出土

银怀表

清

通高 10.8、直径 7.7 厘米

密云区董各庄清皇子墓出土

透明地套红料莲池鸳鸯纹鼻烟壶

清

高 7.5、口径 1.5、腹径 2.7～4.9、底径 2.2～3.5 厘米

朝阳区高碑店荣禄墓出土

壶身通体为无色透明料，套红料莲池鸳鸯、祥云、太阳等纹样，其中一荷叶饰"囍"字，翠盖连着竹制小匙，融巧妙的构思、美好的寓意于一体。

画珐琅母子婴戏图鼻烟壶

清乾隆

高 6.1、口径 1.2、腹径 4.5、底径 1.2～2.5 厘米

壶腹一面绘母婴三人垂钓，另一面绘母婴三人玩耍，四周衬以红花、柳枝等，构图温馨，人物生动，色彩淡雅。铜鎏金錾花盖连接象牙小匙。壶底书蓝料彩"乾隆年制"楷书款。

西洋珐琅双鸟鸣钟

清

通高 56 厘米

朝珠

朝珠是清代礼服的一部分，其形式来自佛教念珠。整体由 108 颗圆珠串成，又具体分为身子、佛头、背云、纪念、大坠、坠角六个部分。主体"身子"分为四等分，每隔 27 颗加入一粒材质不同的大珠，称为"分珠"，其中正挂位于人物颈部的一颗称作"佛头"，其余 3 颗，一说人物胸前两颗称"佛肩"，最下方一颗称"佛脐"，另有一说认为 4 颗分珠象征四季。佛头连缀有塔形"佛头塔"，朝珠两端从佛头塔孔中穿出，合二为一，延伸出绦带，绦带中段系一块宝石大坠，佩挂时紧贴后背，称为"背云"，末端所坠宝石为"大坠"。佛头塔两侧又有 3 串小珠，每串 10 粒，称作"纪念"，末端坠有"坠角"，佩挂时一侧缀两串，另一侧缀一串，两串者男在左，女在右。三串纪念，当时称为"三台"，关于其寓意，一说是尚书（中台）、御史（宪台）、谒者（外台）的统称，另一说是指《五经异义》中的天子三台，即观天象的灵台、观四时施化的时台、观鸟兽鱼龟的囿台。

按清代典制规定，清代帝后、王公大臣和文官五品、武官四品以上官员穿朝服和吉服时，皆需要佩戴朝珠，妇女受封五品以上者同。具体的挂数、珠子的材质和绦的颜色，根据佩戴者品级和佩戴场合决定。其中男性着朝服、吉服，均只戴一挂朝珠，而女性着朝服时，要佩戴三挂朝珠（两挂斜戴，一挂正戴），着吉服时，佩戴一挂朝珠。只有皇帝、皇太后、皇后可以使用东珠。除了皇帝、后妃和皇子、亲王、郡王等，其余都不许用明黄色和金黄色绦带。

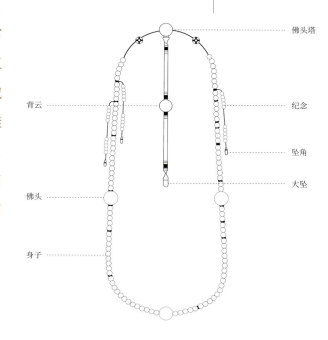

碧玺朝珠

清

长 82 厘米

平谷区出土

珊瑚雕花寿字朝珠

清

朝阳区高碑店荣禄墓出土

翠朝珠

清

最大直径 1.3 厘米

海淀区半壁店出土

翠背云

清

长 4.3、宽 3.7 厘米

西城区报国寺出土

景德镇窑白釉镂空花卉纹背云

清

长 3.7、宽 2.7、口径 0.2～0.6 厘米

东城区建国门内出土

铜镶炸晶背云

清

长 3.5、宽 2.8 厘米

海淀区蔡公庄出土

碧玺背云

清

长 3.6、宽 2.9 厘米

顺义区南彩镇河北村出土

扳指，又名"搬指""绑指""班指""扳指儿"等，是清代旗人射箭时所使用的一种武具，后来演变成一种主要以旗人男性为使用对象的手饰。古代称扳指为"韘"（shè），"韘，决也，所以钩弦也"。出土文物也印证了中原民族早期同样有使用扳指一类武具的习惯。

清代旗人所用的扳指以桶形为主。至迟至乾隆时期已出现"武扳指""文扳指"之分，前者指以兽骨制成的素面"武具"扳指，后者指以宝石、玉石制成可饰雕纹的"手饰"扳指。

绿松石扳指

清

高 2.4、口径 3 厘米

海淀区颐和园出土

青玉雕松鹿带金片扳指

清

高 2.5、直径 3 厘米

朝阳区十八里店出土

青玉雕勾云纹扳指

清

直径 3 厘米

海淀区西直门外出土

白玉人物纹扳指

清

高 2.5、直径 2.9 厘米

朝阳区大屯出土

水藻玛瑙扳指

清

高 2.7、直径 2.2 厘米

东城区建国门内出土

白玉素面扳指

清

高 2.7、直径 3.5 厘米

密云区董各庄清皇子墓出土

青玉梵文连珠纹扳指

清

高 2.4、直径 3 厘米

密云区董各庄清皇子墓出土

糖玉素面扳指

清

长 2.4、直径 2.8 厘米

西城区木樨地出土

翡翠扳指

清

高 2.5、直径 3 厘米

海淀区半壁店出土

白玉"喜"字纹扳指

清

高 2.6、直径 3 厘米

海淀区公主坟出土

青玉洒金皮素面扳指

清

高 2.6、直径 3.3 厘米

海淀区公主坟出土

红绿碧玺扳指

清

高 2.2、直径 2.6 厘米

朝阳区高碑店荣禄墓出土

白玉双马纹扳指

清

高 2.4、直径 3.2 厘米

东城区崇文门外出土

指甲套

　　指甲套是清代贵族女性常佩戴的一种手饰。清代贵族女性多有蓄甲的习惯。一般认为，蓄甲使得指甲修长，能彰显其人脱离生产、养尊处优的富贵身份，从而形成以指甲纤细、修长为美的风尚。指甲套即用来保护蓄长的指甲，还能凸显"其指之纤如春葱"。指甲套一般以贵金属制作，呈顶端尖锐、尾部圆形的锥子形。

錾花钱纹金指甲套

清

长 7.5 厘米

密云区董各庄清皇子墓出土

錾钱纹金指甲套

清

长 9.5 厘米

朝阳区百子湾出土

錾花团寿纹金指甲套

清

长 8 厘米

朝阳区高碑店荣禄墓出土

錾龙纹银指甲套

清

长 7.7 厘米

朝阳区高碑店荣禄墓出土

欧泊石镶钻戒指

清

戒面 1.4 ～ 2.0 厘米

海淀区恩济庄李莲英墓出土

　　此枚戒指白金为托，欧泊石戒面，周边镶嵌 16 颗钻石，奢华耀目。欧泊石又称蛋白石，主要出产于澳大利亚、墨西哥，其命名的含义是"集宝石之美于一身"。

錾梅花金戒指

清

直径 2 厘米

海淀区学院路出土

嵌珠金戒指

清

直径 2 厘米

朝阳区高碑店荣禄墓出土

嵌翠金戒指

清

直径 2 厘米

朝阳区百子湾出土

嵌珠錾花金戒指

清

直径 2 厘米

朝阳区高碑店荣禄墓出土

"喜"字金戒指

清

直径 2 厘米

朝阳区高碑店荣禄墓出土

连珠纹金戒指

清

直径 2.1 厘米

海淀区车道沟出土

握手纹金戒指

清

直径 2 厘米

东城区东总布胡同出土

錾蝠寿纹金戒指

清

直径 2、头宽 1 厘米

密云区董各庄清皇子墓出土

（三） 人文荟萃

　　清代北京是首善之区、人才渊薮，尤其是在科举制和国家大型文化工程的推动下，北京成为全国的文化中心、学术中心，也是文学艺术、中西文化等交流碰撞的舞台，各地区文化及学术流派在此交流融合、创新发展，再传播至全国，体现了京师文化强大的汇聚、引领与辐射作用。

雍正帝临雍讲学图

　　辟雍，亦作"璧雍"，本为西周天子为教育贵族子弟而设立的学堂，即后世的国子学、国子监。清代从康熙帝始，皇帝一经即位，须临雍讲学一次，以示朝廷崇儒佑文之意。帝王临雍讲学称"幸学"，雍正帝"将幸字改为诣字，以申崇敬"。图中绘雍正二年（1724年）三月初一雍正帝在国子监举行"临雍大典"的场面。乾隆四十九年（1784年）建成辟雍大殿，使国子监既有"国学"之名，又有辟雍之实。

乾隆幸贡院御笔诗碑

　　诗碑记载了乾隆九年（1744年）十月，乾隆帝在巡幸翰林院后，乘兴阅视贡院，作诗四首，感叹士子求功名之不易，教诲官员要保持操守，不负读书仕进的初心。随后礼部令"各省试院皆恭摹上石"，以诚勉天下士人。

顺天府贡院

　　清顺天府贡院承袭明代，是直隶所属六州十一府、东北奉天府、国子监、八旗、部分京官亲属等多类生员等进行乡试，及举行全国会试的地方。其规模为全国之最，至光绪十二年（1886年）增建后，有号棚近16000间。

北京孔庙清代进士题名碑

　　顺治三年（1646年）清廷首次举行会试、殿试，至光绪三十年（1904年）最后一次考试的259年间，共举行文科常科考试112次，取中进士26800余名。此外，还举行过几次包括博学宏词科、经学科、经济特科在内的制科考试，及为八旗士子举行过翻译科考试。此类考试录取进士250余名。综上所列考试，清代在孔庙内共立进士题名碑118通，其中正科112碑，顺治朝有两科满洲进士碑，乾隆朝有四科翻译进士碑。国家的伦才大典使来自全国各地、一辈又一辈的人才齐聚北京，是北京都城文化发展与繁荣的制度保障。

乾隆御制蒋衡书十三经刻石

该刻石为江苏贡生蒋衡仿照西安的唐代《开成石经》，历时12年抄写《周易》《尚书》《诗经》《周礼》《仪礼》《礼记》《左传》《公羊传》《谷梁传》《孝经》《论语》《尔雅》《孟子》等十三部儒家经典，于乾隆五十九年（1794年）勒石告竣。共计63万余字，为碑189通，立于国子监六堂，即修道堂、正义堂、广业堂、崇志堂、诚心堂、率性堂。乾隆帝还御制《石刻蒋衡书十三经于辟雍序》一文，以满、汉文各立一碑。

顺治三年
清朝第一次殿试
进士题名碑拓片

顺治元年（1644年）清廷确定乡会试年份，仿明制开科取士。顺治二年举行乡试，次年于北京举行会试、殿试。该科共取进士373名（另有30人未参加殿试），状元为山东东昌府聊城县人傅以渐。该科的题名碑高近4米，是清代进士题名碑中最为高大者。

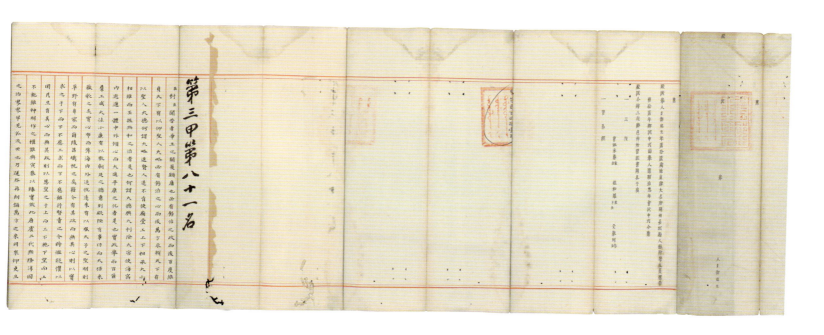

郜焕元殿试卷

清顺治四年（1647 年）

横 48.5、纵 13.5 厘米

顺治三年（1646 年），清廷以天下初定，急需广收人才，遂加科一次，即额外增加是年乡试、次年殿试一次。郜焕元为直隶大名府长垣县（今河南省长垣）人，本已于顺治三年会试中式，但未参加殿试，恰好于次年得以在加科中殿试补试，中式三甲第八十一名。

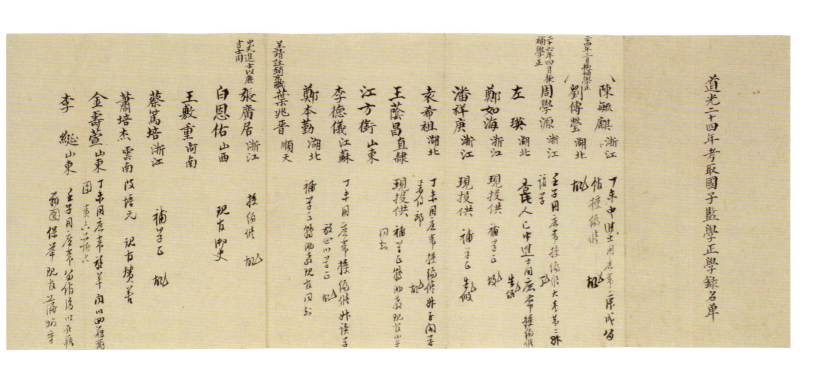

国子监学正学录名单

清道光二十四年（1844 年）

横 50、纵 14 厘米

学正和学录是国子监中负责督导贡监生完成课业的官职。清代在率性、修道、诚信、正义四堂设学正，在崇志、广业两堂设学录，乾隆时升为从八品。其入选者须有进士或举人出身。

专题：宣南文化

清代北京外城将明代的八坊合并为东、西、南、北、中五城，原宣南坊分属于西城和北城。宣南不再是行政区划下的坊名，人们逐渐将外城西部、宣武门外更大的城市空间称为"宣南"。在"旗民分居"政策下，宣南成为汉族官宦士人的聚居区，逐步形成了宣南士乡，发展出了宣南文化。宣南文化以士文化为核心，旁及城建、民俗、商业、戏曲、会馆等诸多方面，是清代北京作为文化学术中心的产物，也是北京文化荟萃性、创新性的重要体现。

宣南会馆

北京的会馆出现于明代，清代是其极盛时期。清代会馆基本都建在外城，宣南又占了总数的60%～70%。据统计，至清末宣南有会馆400余座，多数为士人会馆，少数为商人会馆。京师会馆以地域为区分，接纳原籍人士，尤其是来京参加会试的举子。士人们或暂居会馆，或在其中祭祀、团拜、观戏，送往迎来、宴集唱和。会馆为他们在京师的日常生活、政治活动、切磋问学等提供了相对稳定的场所，是宣南文化形成的主要城市空间。

东莞新馆

湖南会馆

绍兴县馆

孙公园图

　　孙公园位于正阳门外藏家桥西，为著名藏书家孙承泽（1593～1676年）的别业。有小巷将园宅分为主宅、别墅两部分，共有大小院子四十余个。园中的藏书楼"万卷楼"上下共14间。后来的许多宣南士人曾租住于此，晚清时期剖分为安徽、台州等多家会馆。

顾炎武祠

　　顾炎武（1613～1682年），字宁人，号亭林，江苏昆山人，著名思想家、学者。在京十九年，寓居宣南慈仁寺（今报国寺）等处，其《天下郡国利病书》《日知录》等重要著作即完成于此。道光二十三年（1843年）十月，张穆、何绍基等选址于报国寺之西偏，筹建顾祠，次年二月举行了首次公祭。此后数十年间，每年春季上巳日前后，秋季重九日及五月廿八日顾炎武生辰日，宣南士人都在顾祠举行会祭。

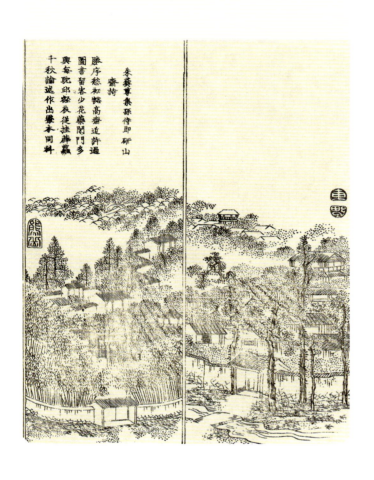

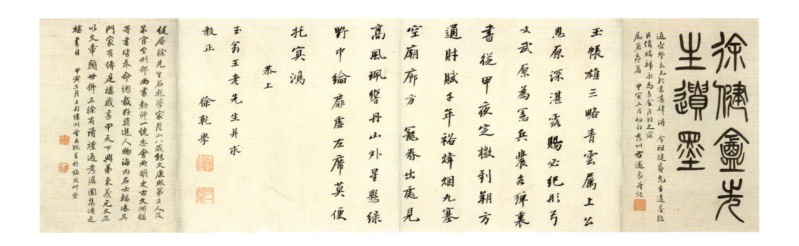

徐乾学楷书诗卷

清

横57.4、纵28.5厘米

　　徐乾学（1631～1694年），号健庵，江苏昆山人，顾炎武外甥，康熙九年（1670年）探花，历官至刑部尚书。与弟徐秉义、徐元文均官贵文名，号称"昆山三徐"。著有《读礼通考》《通志堂经解》《传是楼书目》《澹园集》等。

此亭林先生小像滄浪亭後刻及車秋舲譜皆摹入先生族
孫少瑛禮部復以此軸見示因即請少瑛捐置祠堂付寺僧守之嗣凡
同人必與祭者即題名於此以為永為故事
道光二十三年癸卯十月建祠堂成
二十四年甲辰二月二十五日初祭與祭者苗夔陳慶鏞何紹基蘇廷
魁湯鵬朱琦羅惇衍莊受祺馮桂芬趙振祚張穆馮志沂潘曾瑋
楊尚志是日並為頌南祝五十壽頌南陳君慶鏞字也
三月許瀚以軍至都特設一祭以丘友俞君理初陳君東之沈
君子惇張君京甫配祀
五月二十五日先生生日與祭者苗夔陳慶鏞王茂蔭朱右曾朱
琦莊受祺羅惇衍黃經趙振祚張穆馮志沂潘曾瑋楊尚志顧
翁同書楊尚志時子貞典試貴州出京
紛先生族孫即前所稱少瑛禮部也
九月初九日秋祭與祭者葉志詵鄭復光魏源王梓材何紹基趙振祚張穆
曾莊受祺林昌彝韓韻海楊尚文馮志沂羅惇衍馮桂芬潘
穆莊受祺羅惇衍汪藻馮志沂李杭楊尚志張瀶榮子貞持
曾瑋汪藻楊尚志劉傳瑩
九月九日秋祭與祭者葉志詵嚴臣基陳慶鏞王楚材鄭復光
右曾朱琦何紹基趙振祚張穆魏源王梓材何紹基趙振祚張穆
二十五年三月廿九日春祭與祭者魏源王梓材何紹基趙振祚張穆
楊尚文楊尚志潘曾瑋
五月廿六日先生生日與祭者葉志詵鄭復光魏源王梓材陳慶鏞朱
莊受祺林昌彝韓韻海徐鼎楊尚文馮志沂張曜孫
王柏心王茂蔭韓韻海楊尚文馮志沂張曜孫
二十六年二月廿又五日春祭與祭者徐松葉志詵陳慶鏞
陶際堯嚴正基鄭復光梅曾亮王楚材戴絅孫劉位坦
黎光曙何紹基趙振祚張穆羅惇衍潘曾瑋吳嘉賓王
茂蔭蔣德醫韓泰華翁同書汪廷儒邊浴禮馮志沂楊
尚文喬松年何秋濤劉傳瑩孫泉臣楊尚志何慶涵
皆徐星伯將出守榆林陳頌南將出守榆林陳頌南再見
生日均可記也祭畢書之者沈北霖星伯松字頌南再見

顾先生祠会祭题名第一卷子（局部）

清

横 189、纵 40 厘米

顾祠会祭之初，何绍基等制作了题名长卷，摹写顾氏
后人提供的顾炎武画像作为卷首，每次会祭后与祭人皆题
名卷上，以为纪念。会祭题名持续到民国，共汇成题名卷
四卷。

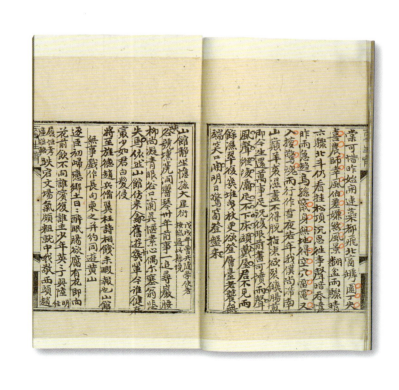

洪亮吉行书诗稿册

清道光

横 18.3、纵 28.7 厘米

洪亮吉（1746～1809 年），江苏阳湖（今江苏常州）
人，著名学者，长期寓居宣南，得到朱筠、朱珪兄弟等宣
南学者型官员的授业与提携，在经学、史学、方志学、人
口学等方面多有建树，其人口论思想早于英国的马尔萨斯。

《日下旧闻》

　　《日下旧闻》是一部北京历史文献资料集，朱彝尊（1629～1709 年）汇撰，分十八个门类记述北京的地理沿革、典章制度及轶闻旧事等。乾隆年间，于敏中、英廉、朱筠等人对该书进行进一步考证和补充，著成《日下旧闻考》。

四库全书

　　《四库全书》是乾隆朝组织修纂的中国历史上规模最大的丛书。前后参与修书的四库馆臣有四千余人，正式列名的编纂人员有 360 余人。他们大多都居住在宣南，围绕修书而进行的访书、考辨、著述、献书等活动也基本发生在宣南。乾隆朝的修书工程，继康熙朝之后再次推动了当时一流学者聚集宣南，也催生清代第二次学术高峰时期的到来。

琉璃厂书肆

　　清廷的修书活动促进了琉璃厂书肆的繁荣。四库馆的学人多居住宣南，翰林院修书、琉璃厂寻书（或借或买），是馆臣日常生活的主要内容。朝廷修书、征书带来巨大的市场和商机，吸引书商将全国各地的图书运到琉璃厂，其时琉璃厂的书肆多达数十家，甚至直接在此刊刻书籍，由此逐渐形成了一个全国性的图书流通中心。琉璃厂的经营范围还包括碑帖、古玩和闱墨、文具、纸张等。琉璃厂特色文化街区延续至今。

纪晓岚故居

　　纪昀（1724～1805年），字晓岚，直隶（今河北）河间人。乾隆十九年（1754年）进士，任《四库全书》总纂官，主持撰成《四库全书总目提要》200卷，对四库著录的万种图书编写提要，堪称学术巨著，代表了古典目录学的最高成就。纪昀为官五十余年，大部分时间在京师，位于宣南虎坊桥的寓所书斋名"阅微草堂"。

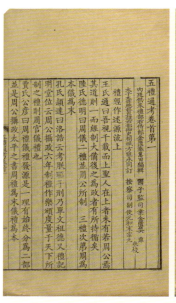

秦蕙田《五礼通考》

　　《五礼通考》由清代学者秦蕙田（1702～1764年）编纂。在钱大昕的推荐下，吏部侍郎秦蕙田聘乾嘉学派中皖派的宗师戴震（1724～1777年）协助编修了《五礼通考》。戴震也借此进入宣南学术圈，很快名动京城，学人显宦争相与之交往，"叩其学，听其言，观其书，莫不击节叹赏"。

纪昀行书折扇面镜心

清

长 30.7、宽 61 厘米

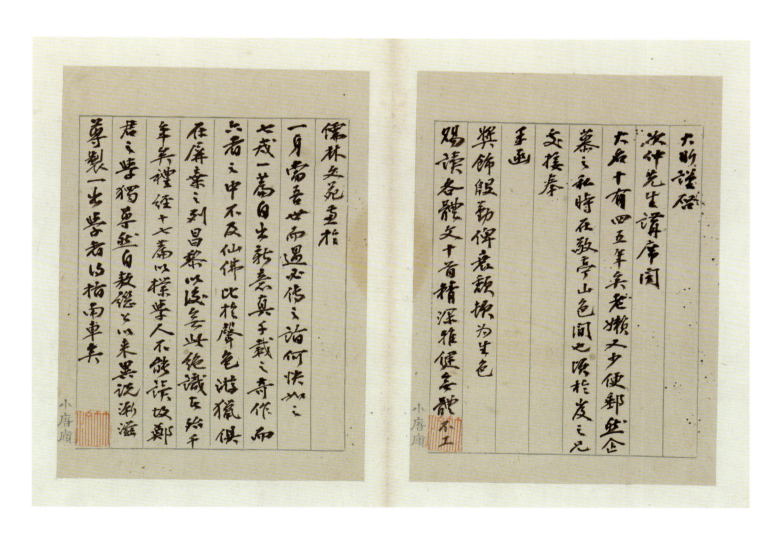

钱大昕、阮元行书信札册

清

横 16、纵 23.6 厘米

钱大昕（1728～1804 年），江苏嘉定（今上海市）人，乾嘉学派的一代宗师。乾隆十九年（1754 年）于宣南府邸接待困厄中的戴震，二人谈论竟日，惺惺相惜。钱大昕赞叹戴震为"天下奇才也"，将其引入宣南的学术圈，使"海内皆知有戴先生矣"。

阮元（1764～1849 年），江苏扬州人，师从戴震弟子王念孙，是乾嘉学派徽派的重要传人，扬州学派的代表。

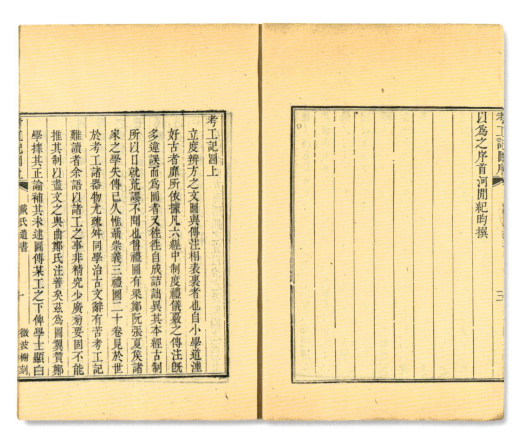

戴震《考工记图》

《考工记图》是戴震对《考工记》进行的插图和注解。戴震早年已完成初稿，后寄居宣南纪昀府中，在其帮助下完善了书稿。纪昀为该书作序，并出资刊刻问世。此外，戴震在四库馆修书时，从《永乐大典》中将《九章算术》《孙子算经》等五部亡佚的算经辑出。由于校书成果丰硕，乾隆四十年（1775年）乾隆帝特命戴震参加殿试，赐同进士出身。

王念孙父子手稿

清

横 19.9、纵 31.1 厘米

王念孙（1744～1832年），江苏高邮人。吏部尚书王安国聘请戴震至位于宣南半截胡同的王家府邸，教授其子王念孙。王念孙尽受戴震学术真传，终成乾嘉学派的大师。其子王引之（1766～1834年），也是一位学术巨擘，人们称誉"高邮二王"海内无匹。

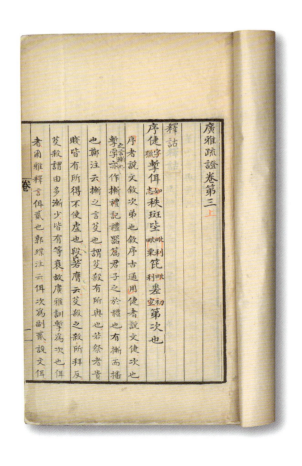

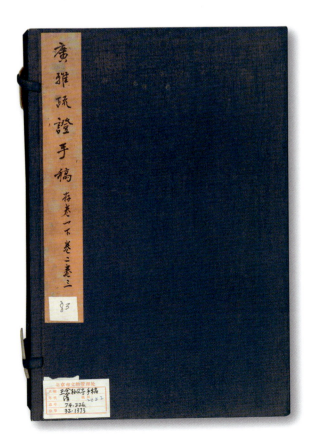

法式善、赵翼等行书札册

清

横 18、纵 23.5 厘米

捐赠

法式善（1752～1813 年），蒙古族，姓伍尧氏，乾隆四十五年（1780 年）进士。乾隆帝盛赞其才，赐名"法式善"，满语为"奋勉有为"之意。法式善是我国蒙古族中唯一参加编纂《四库全书》的学者。

赵翼（1727～1814 年），江苏阳湖（今江苏武进）人，乾隆二十六年（1761 年）探花，其所著的《廿二史札记》是乾嘉考据史学的力作。赵翼在京先后入刘统勋、汪由敦等名宦幕府数年，在学业上受益很多。

王昶题端砚

清

长 9.5、宽 7.3 厘米

王昶（1724～1806 年），江苏青浦（今属上海）人，乾隆十九年（1754 年）进士。他在教子胡同的寓址即宣南名园——清初赵吉士寄园所在，王昶署室名"蒲褐山房"，与当年寄园类似，都是当时天下名士，如赵翼、庄存与、纪昀、王鸣盛、钱大昕、戴震及朱筠、朱珪兄弟等，举行诗会、研学切磋的聚集地。其所著《金石萃编》为乾嘉学派金石学集大成之作。

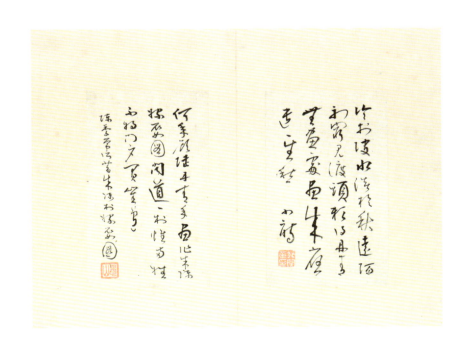

施闰章等书札册

清

横 13.5、纵 22.5 厘米

施闰章（1619～1683 年），号愚山，安徽宣城人，顺治六年（1649 年）进士，为清初宣南诗社"燕台七子"之首，与宋琬齐名，时人称"南施北宋"。他曾住在宣南铁门胡同，后改为宣城会馆。

温肇江《江亭展禊图》卷

清

画心横 131、纵 32.4 厘米；装裱横 168、纵 36.1 厘米

　　道光十六年（1836 年）四月初四日，鸿胪寺卿黄爵滋等六人，仿王羲之兰亭修禊，在宣南陶然亭发起了一次规模盛大的"江亭展禊"活动。东道主六人，每人延请七人，共四十八人，"符群贤之数"。温肇江绘成《江亭展禊图》，数人仿《兰亭序》，撰文记展禊的盛况。图、文结成一卷，后来的江亭修禊者，亦有续题于卷后。图卷不仅使江亭展禊著闻于后世，也表达君子宴游的目的当以"阐经义，敦气节，以扶持正人，维持国是为交勉"。

纳兰性德墓志

清
边长 76、厚 11 厘米
海淀区皂甲屯出土
北京石刻艺术博物馆藏

　　纳兰性德(1656～1685年)，清代著名词人，正黄旗满族人，大学士明珠长子。原名成德，字容若，康熙十五年(1676年)补殿试中式二甲第七名。纳兰性德有"清初第一词人"之誉，风格婉丽，哀感顽艳，近人王国维《人间词话》称"纳兰容若以自然之眼观物，以自然之舌言情……故能真切如此，北宋以来，一人而已"；文武兼修，官至一等侍卫；还留意经学，受业于著名学人徐乾学，有《纳兰词》行世。

　　墓志首题"皇清通议大夫一等侍卫佐领纳兰君墓志铭"，徐乾学撰文，陈廷敬篆盖，高士奇书丹。墓志记录了纳兰性德的从官经历、文学成就、家庭成员等。纳兰家庭的墓地在今海淀区上庄乡的上庄村(旧名皂甲屯)。

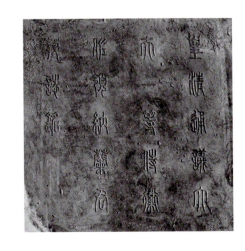

《红楼梦》"刘姥姥进荣国府"图

清

横 108.1、纵 138.8 厘米

《红楼梦》原名《石头记》，中国古典四大名著之一。其通行本共 120 回，一般认为前 80 回为曹雪芹所著，后 40 回作者为无名氏，由程伟元、高鹗整理。《红楼梦》最初以手抄本的形式流传，主要有脂砚斋评本；另一类刻印本主要指经过程伟元和高鹗整理过的历次印本。

曹雪芹（约 1715～约 1763 年），名霑，号雪芹，出身内务府正白旗包衣世家。自其曾祖曹玺始，曹家三代任江宁织造，与江南士人、官僚交往颇深，深为康熙帝宠信。因卷入上层的政治斗争，雍正六年（1728 年）曹家被革职、抄家，从此家道衰微。曹雪芹在窘困中深感世态炎凉，但他素性放达，风流儒雅，对金石、诗文、绘画、中医、饮食等均有研究，并以坚韧不拔的毅力，历经多年艰辛，创作出极具思想性、艺术性的伟大作品——《红楼梦》，代表了我国古典小说艺术的最高峰。

京剧

无款设色京剧折子戏图

清

横 123.6、纵 56 厘米

清代京师演戏极盛。许多地方戏的精华源源不断地流入北京，至乾隆中叶北京戏剧舞台上活跃着十余种剧种，如昆腔、弋阳腔、京腔、秦腔、勾腔、梆子腔、柳枝腔、西调（甘肃腔的西皮调）、罗罗腔、四平腔、二黄腔、南梆子腔等，各地名伶在京师组成的名班近四十个。这种局面的出现首先是为满足宫廷生活的需要。宫中每逢节日、月令、庆典、喜筵等都要演戏，并针对这些需求把戏本分成月令承应、法宫雅奏、九九大庆（寿戏）、朔望承应等四类。

清代初期，京师戏剧舞台以昆曲为主，曾上演传奇《长生殿》《桃花扇》等杰出剧目。乾隆中叶，京腔（高腔）兼融其他曲调，通俗易懂，出现了"六大名班，九门轮转"的演出盛况。但不久名伶魏长生入京，使秦腔剧名动京城。很快秦腔等花部腔被朝廷指为淫靡之音而禁演，但由于民间的喜爱，终禁而不绝。乾隆五十五年（1790 年），为庆贺乾隆帝八十万寿，各地戏班进京表演。"四大徽班"——"三庆""四喜""春台""和春"先后进京，带来的二黄调在京城引起强烈反响。其后"四大徽班"留京，并与京腔、秦腔等旧班组成了"三合班"，显示了都城文化的融汇特点，演出对象也转向了普通百姓。嘉道时期，原本流行于湖北的汉剧传到了京城，徽戏、昆曲、秦腔和汉剧开始融合，最终形成了京剧的雏形。咸同时期，为了迎合京城百姓的口味，艺人特意在戏曲之中加入了一些北京口音，形成颇具北京特色的新唱腔，时人称之为"京调"。京剧的曲调板式完全成型，角色、行当划分清晰，同时涌现出一大批闻名于世的京剧演员，开始大规模流行于宫廷和市井当中。

《升平署脸谱》

升平署是清代掌管宫廷演戏和演乐的机构，始设于康熙年间，其址在位于西华门迤南的南花园，故初称南府。南府隶属内务府，收罗、培养艺人，为宫廷应承演出。道光七年（1827 年），改南府为升平署。《升平署脸谱》为清咸丰同治年间宫廷画师所绘京剧人物扮相图，是当时宫中的御赏物。

（四）近代变革

　　鸦片战争后，西方列强势力进入北京。在相继发生的辛酉政变、百日维新、义和团运动及预备立宪等事件的催生下，从近代外交机构——总理衙门到第一条中国人自主修建的铁路——京张铁路等近代政府机构、交通设施等的创设，北京作为政治中心见证着中国迈向近代化的艰辛路程，也开启了自己的城市近代化之路。

总理各国事务衙门

　　咸丰十年（1860年）清廷与英、法、俄分别签订《北京条约》后，对外交涉事务增多。恭亲王奕䜣等奏请在京师设立总理各国事务衙门，接管以往礼部和理藩院所执掌的对外事务，次年获准。其职能为主持外交、通商及办工厂、修铁路、开矿山、办学校、派留学生等。总理衙门旧址位于东堂子胡同。光绪二十七年（1901年）清廷改总理衙门为外交部，仍位列各部之首。

清末北京城内外国使馆分布图

　　清末民初，外国使馆集中在东交民巷。东交民巷原名东江米巷。第二次鸦片战争后，英、法、美、俄根据与清廷签订的《天津条约》，先后在东江米巷一带设立使馆。光绪二十七年（1901年），清廷与英、美、俄、德等十一国签订《辛丑条约》，将东交民巷划为使馆界。

维新运动

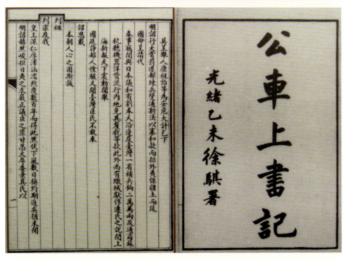

南海会馆七树堂

康有为

《日本变政考》

松筠庵、《公车上书记》

1895年（光绪二十一年）4月17日《马关条约》签订，同年4月30日和5月1日，康有为、梁启超等发动18省在京举子1300多人集会于宣武门外松筠庵谏草堂，在康有为草拟的万言条陈上签名，要求政府"拒和、迁都、变法"，并拟递交都察院，但终未能送达。这就是震惊全国的"公车上书"，成为后来戊戌变法的先声。各地传抄万言书，其中上海还出版了《公车上书记》，使得公车上书的影响继续在全国扩散。

康有为

康有为（1858～1927年），广东南海人，维新运动领袖。南海会馆位于宣南米市胡同，是一个有13个院落的大会馆。至戊戌变法，康有为五次入京，四次曾住在会馆东北侧的小院——"七树堂"。南海会馆是维新派活动的中心，后倡导变法的粤学会、《万国公报》也创办于此。

《日本变政考》是康有为为实现其变法主张而编纂的编年体日本明治维新史，与康有为上光绪帝书一起，分多次呈递御前，希望光绪帝学习日本的变法经验。

康有为殿试卷

清光绪二十一年（1895年）
长44、宽11厘米

光绪二十一年（1895年），康有为中式乙未科二甲第四十六名进士。是科阅卷大臣徐桐、李文田、汪鸣銮、寿耆等八人中，七人画"○"，满大臣寿耆画"△"。卷内浮签"二甲第四十六名"为李文田笔迹。

梁启超

梁启超（1873～1929年），广东新会人，维新运动领袖。他在京住宣南永光寺西街的新会新馆、粉房琉璃街的新会邑馆，师从康有为，接受维新思想。

《时务报》

　　《时务报》是维新运动时期著名的维新派刊物，也是中国人办的第一个杂志，由黄遵宪、汪康年、梁启超等于光绪二十二年（1896 年）在上海创刊，以变法图存为宗旨，分设论说、谕折、京外近事、域外报译等栏目。该报发行量最高达 1.7 万份，对宣传和鼓动变法发挥了很大作用。梁启超担纲主笔，他在戊戌时期的重要文章《变法通议》《论中国积弱由于防弊》《论君政民政相嬗之理》等均发表于此。

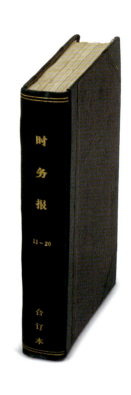

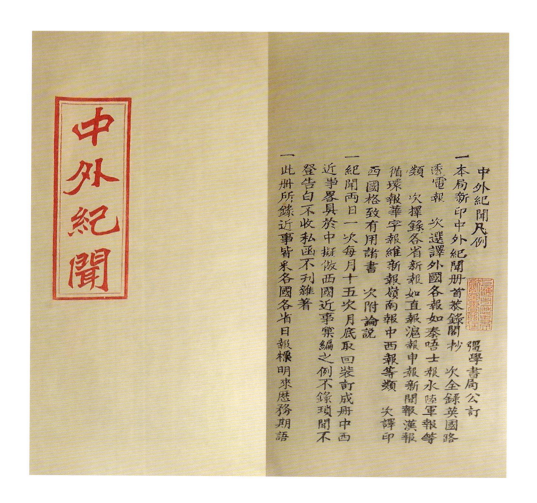

《中外纪闻》

　　光绪二十一年（1895 年），维新派联合清议派、洋务派等成立京师强学会，改《万国公报》为《中外纪闻》，作为会刊，由梁启超、汪大燮任主笔，随《邸报》附送在京官员，双日刊，共出十八期。内容以编译西电西报，介绍外国政治经济情况和刊载清廷奏章为主要内容。

保国会旧址——粤东新馆

光绪二十三年（1897年），德国强占胶州湾。面对瓜分危机，各地在京准备参加会试的举子先后成立粤学会、蜀学会、闽学会、关学会等，倡导变法。光绪二十四年（1898年），在各省学会的基础上，康有为、梁启超等于南横街粤东新馆成立保国会，提出"保国""保种""保教"的宗旨。

戊戌六君子：杨锐、刘光第、林旭、谭嗣同、杨深秀、康广仁

以慈禧太后为首的顽固派阻挠、反对变法，最终发动政变，囚禁光绪帝，大肆抓捕、杀害维新党人。其中维新志士谭嗣同、康广仁、林旭、杨深秀、杨锐、刘光第六人于1898年（光绪二十四年）9月28日在北京南城菜市口惨遭杀害，史称"戊戌六君子"。

杨锐（1857～1898年）四川绵竹人，举人出身，任内阁中书。先后参加强学会、创立蜀学会、列名保国会。百日维新中以四品卿衔任军机章京，参与新政。

刘光第（1859～1898年）四川富顺人，光绪九年（1883年）进士，授刑部主事。甲午战争时，草拟《甲午条陈》，针砭时弊；参与保国会，以四品卿衔任军机章京，参与新政。

林旭（1875～1898年）福建侯官人，举人出身，任内阁中书，倾慕康有为之学，称受业弟子；倡立闽学会，参加保国会；以四品卿衔任军机章京，参与新政。

谭嗣同（1865～1898年）湖南浏阳人，生于宣南烂面胡同。戊戌维新期间，以四品卿衔任军机章京，参与新政；深为光绪帝倚重，在大局危殆时，密访袁世凯，策动其起兵诛荣禄。政变发生后，谭嗣同抱着变法流血"请自嗣同始"的决心，狱中题诗"我自横刀向天笑，去留肝胆两昆仑"，拒绝出逃。

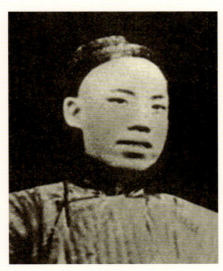

杨深秀（1849～1898年）山西闻喜人，光绪十五年（1889年）进士。创立关学会，参加保国会，上疏请定国是；多次以监察御史身份代康有为呈递奏稿，梁启超称其襄助新政之功最多；政变发生后，毅然吁请慈禧太后撤帘归政。

康广仁（1867～1898年），康有为之弟，受其兄影响，积极参与维新活动。光绪二十四年（1898年）入京，成为康有为的得力助手。政变发生后，他力劝康有为离京，自己留下，希望与谭嗣同有所作为，被捕后认为"若死而中国能强，死亦何妨？"

近代产业

京奉铁路正阳门东车站、京汉铁路正阳门西车站

    京奉铁路从北京通往奉天（沈阳），是我国最早动工兴建的第一条铁路。全程1123千米，从光绪六年（1880年）建成唐胥运煤铁路，到光绪三十三年（1907年）全线贯通，历时27年。京奉铁路正阳门东车站建成于光绪三十二年（1906年）。

    京汉铁路，原称卢汉铁路。光绪二十五年（1899年），卢沟桥至保定段通车；次年，八国联军占领北京，将铁路由卢沟桥经西便门展修至正阳门，始修正阳门西车站；光绪三十二年（1906年）修通保定至汉口段，京汉铁路全线通车，全程1214千米。

京张铁路广安门车站

    京张铁路是我国自建的第一条铁路，由丰台至张家口，全程273千米，历时4年，于宣统元年（1909年）竣工。

    詹天佑（1861～1919年）广东南海人，幼年即留学美国，是清政府所派的第一批留学生。光绪七年（1881年）毕业于耶鲁大学土木工程系，担任京张铁路总工程师，创设"竖井开凿法"和"人"字形线路，不仅比原计划提前两年竣工通车，还节约了资金。国人盛赞其匠心独运，不依外国人之力而筑成此路，为中国人扬眉吐气！

京张铁路铁轨

大清银行兑换券铜凹版

清末

长 21.5、宽 14.4 厘米

户部银行是清政府最早设立的官办银行，光绪三十一年（1905 年）由户部拨出库银五十万两正式成立，总行设在北京，另设天津、上海、汉口等九处分行。光绪三十四年（1908 年）户部银行改称大清银行，定《大清银行则例》二十四条，确定国家银行性质，后又制订纸币兑换则例。此铜凹版为雕刻原版，制版时间为 1908～1911 年，以大清门为主图案的大清银行兑换券仅此一种，也是中国现存最早的金属雕刻凹印版。

1911 年有路灯、下水道的北京街头

奏办京师自来水公司第一次工程告竣营业开始报告书

光绪三十四年（1908 年），农工商部奏请筹办京师自来水有限公司，实行官督商办，周学熙总办其事。其中的官款银十五万两由直隶总督筹集。天津银号担任招股事宜，拟专招华股。

京师自来水有限公司以郊区孙河水（今温榆河）为水源，工程由德国瑞记洋行承办，历时 22 个月。从孙河水厂至东直门水厂，由各长 1.43 万米的两道钢管线相联通。城内干管，由东直门水厂，经东直门内大街、北新桥，向南经东四、东单、崇文门；向西经前门到宣武门；向北经西单、西四抵平安里。这条干管线，为北京市内供水管线的格局奠定了初步基础。

京师同文馆门额（复制品）

同文馆是中国最早的洋务学堂，为近代中国培养了一批学贯中西的知识分子。同治元年（1862年）为培养翻译人员，由恭亲王奕䜣奏请成立，是总理衙门的下属机构，附设于东堂子胡同总理衙门内。开始设英、法和俄文三班，又增设算学馆、印刷所。除汉文外，其课程教习多为外国人。光绪二十七年年底（1902年）同文馆并入京师大学堂。

京师译学馆毕业文凭

京师同文馆并入京师大学堂后改为翻译科，称译学馆。设英、法、俄、德、日五科，学制五年，兼习修身、历史、地理、数学等。至1911年结束，前后9年，共招收五届学生，700余人，毕业347人。毕业生分别授给贡生、举人、进士出身，充任外交机关译员或各地学堂的外文教员。

该文凭颁发日期为宣统三年（1911年）十月二十四日，右侧印有光绪三十三年（1907年）明发上谕——光绪帝奉慈禧皇太后懿旨。其主要内容是：历年来颁布的学堂规定，学生"不准干预国家政治，及离经畔道，联盟纠众，立会演说等事"，但是近几年来，学生违背校规之事愈演愈烈，引发社会动荡，必须"大加整饬"。要求学部和政府各级官员严厉整顿，并命管学各衙门及大小学堂将此谕旨一体恭录一通，悬挂堂上；各学堂毕业生文凭，也要将此谕旨刊录于前。文凭左侧为毕业生姓名、学科。分别列出所学各学科、学分、教员姓名，最后公布毕业生所得实际毕业分数等，再重申毕业生姓名、籍贯与三代。时任监督是邵恒浚。

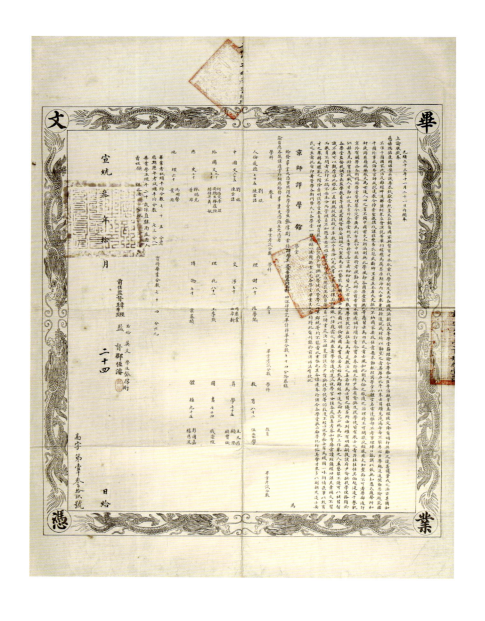

京师大学堂

光绪二十四年（1898年），光绪帝下诏筹办京师大学堂，后由梁启超草拟学堂章程。章程提出中西之学并用，设外文科为学习西学的基础；以经学、理学等和初等算学、天文等为普通学科；以高等算学、格致等为专门学科，等等。该章程是中国近代高等教育的最早的学制纲要。总理衙门等在审阅章程后，另向朝廷补充提出宽筹经费、宏建校舍、慎选管学大臣、简派总教习等建议。是年7月4日，光绪帝正式下令开办京师大学堂。

京师大学堂是中国第一所新式大学堂，为今北京大学的前身。大学堂的第一任总管是孙家鼐。光绪二十八年（1902年）实行新章程后，分为大学院、大学专门分科、大学预备科三级。除文科设有经、理、诸子外，其他各科全为近代新学科，如政治、法律、天文、地质、物理、化学、土木、电气、医药等。

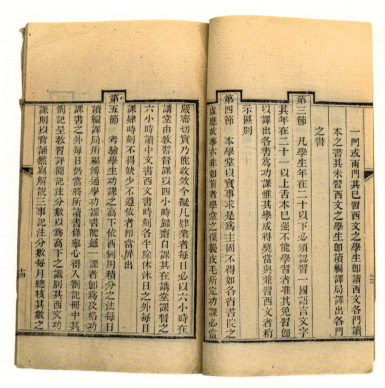

筹办京师大学堂并拟开办详细章程

京师大学堂校牌（复制品）

清华学堂

宣统元年（1909年），美国以向清政府退还部分"庚子赔款"的名义，开办学校，培养中国留学生。在西郊清华园筹办游美肄业馆，负责培训留学生和预备生。后因该馆分设高等和初等两学堂，名额增至五百名，且学生不仅限于留美，遂定名为清华学堂。次年4月，清华学堂正式开学，周自齐任总办，范源濂任会办。经费由美国退还的部分庚子赔款支付，学校采用美国教材和教学方法。

1910 年协和医学堂征信录

光绪三十二年（1906 年），美英的基督教组织长老会、公理会、美以美会、圣公会、伦敦布道会和伦敦医学会共同创办协和医学堂，1912 年改称协和医学校。后美国洛克菲勒基金会成立的"中华医学基金会"接办该校，于 1915 年开始筹组北京协和医科大学，并在东单北三条东口路西原校址的基础上，购置三条胡同路北的前清豫亲王府旧址兴建新校舍。

通州潞河书院

同治六年（1867 年），美国基督教公理会在通州北街教堂开办八境神学院，光绪十九年（1893 年）改称潞河书院，不久迁至通州城南。潞河书院在义和团运动中被毁，后扩大校址重建，包括教堂、学校和医院。光绪二十七年（1901 年）美国华北公理会、长老会和英国伦敦会等三个基督教会共同投资扩建，并升格为设有大学和中斋（中学）二部的高等学府，光绪三十一年（1905 年）改名华北协和大学。1917 年迁址城内与北京汇文大学合并组成燕京大学。而中斋部则留在通州原址，称私立潞河中学。

陆军贵胄学堂同学录

陆军贵胄学堂是清廷创办的一所皇家军事学堂。最初的校舍由位于东城煤渣胡同路北的神机营旧署改建，因操场狭小，又改设在东四牌楼北德公府旧址，但清廷仍不满意，又在铁狮子胡同原和亲王府旧址另建规模宏大的西式楼房为校舍。1906 年 6 月正式开学，1912 年 3 月停办，共举办两期，第一期总理为庆亲王奕劻，第二期为正黄旗汉军都统载润。冯国璋任学堂总办。其中第一期基本为保送生员，只接收王公世爵暨四品以上宗室、现任二品以上京外满汉文武大员的聪颖子弟，"计王公子弟四十名，蒙古王公子弟及闲散宗室四十名，汉籍二品以上大员子弟共四十名"。第二期学员的身份限制条件有所放宽，并由保送改为考试入学，招收的学生中汉族占 60%，满族、蒙古族学生占 40%。贵胄学堂主要向日本学习，"调查日本陆军学校章程采择仿办，并请日本教司"。原计划设置 5 年课程，包括物理、化学、数学、外语等普通基本课及军事学、军队实践等科目，但由于时局动荡，第一期学员三年即毕业。两期总计培养学员约 330 人，对近代中国政治、军事和教育产生了深远的影响。

京師督學局執照

京師督學局　為

給發執照事光緒三十四年七月三十日學部具奏各學堂請獎學

生執照章程奉

旨依議欽此欽遵飭知遵照在案茲據外城第一兩等小學堂取列

中等畢業學生白攀曾呈稱係山西汾州府介休縣人現年十五歲

於宣統二年十二月在本學堂畢業考列中等蒙照章獎給附

生取具印結呈驗畢業文憑遵章請領執照前來[illegible]相

應將執照給發該學生承領收執須至執照者

曾祖世珍　祖思佑　父茧

右照給附生白攀曾　收執

宣統三年五月初三日

督學局

督字貳百壹拾壹號

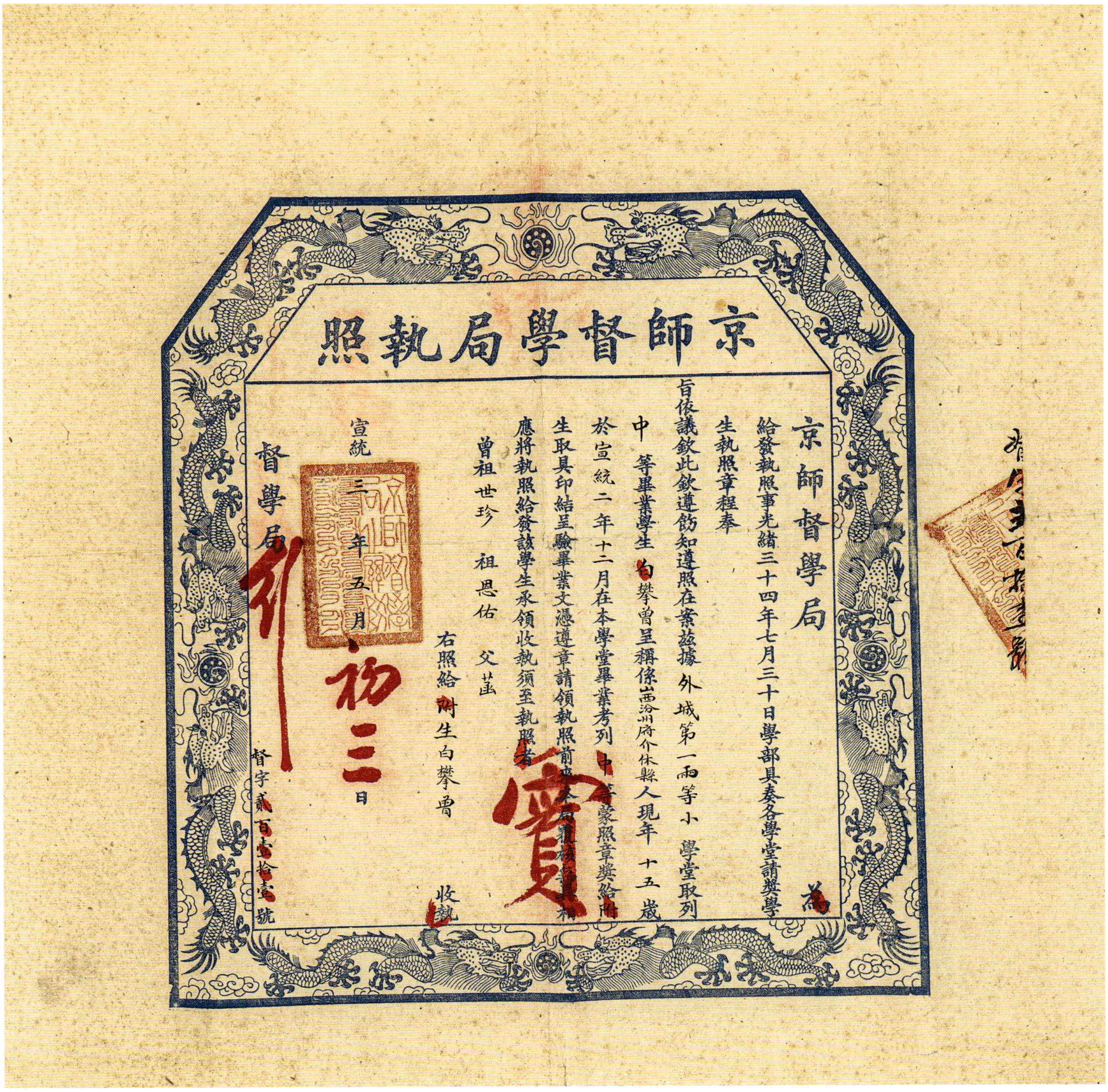

白攀曾京师督学局执照

清宣统三年（1911 年）

横 67、纵 60 厘米

1905 年 9 月，清廷谕令次年开始，废除科举制度，设立学部于西城教育街（原敬谨亲王府），专掌京师及各省学堂事务，为全国最高教育行政机构。北京创办的各级各类新式学堂又有一定规模的发展，北京作为近代中国教育中心的历史地位初步形成。京师督学局为学部下属内部机构之一，职掌督理京师学务。“执照”即毕业证。宣统元年（1909 年）学部颁布《通行各省各学堂毕业条例》，规定：“高等以上各学堂毕业文凭由学部刊印。中等以下各学堂毕业文凭，京师由督学局刊印，外省由提学使司刊印。”此件执照为白攀曾于学校毕业的毕业证书。证书一式两份，左照存档，右照由本人收执。此件应为左照。

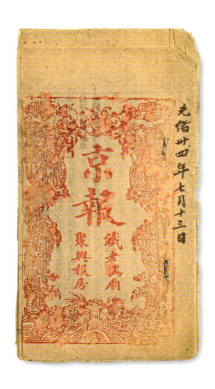

聚兴报房《京报》

　　《京报》源于邸报，主要刊登可以公开的宫门抄、上谕和奏章，用来向地方官员传达朝廷的信息，最初由官府雇人抄录。大约在乾隆年间，又出现了民间作坊面向公众发售的《京报》。这类作坊称为京报房。京报房最早设在东华门外，由数十人抄写，称"白本报"，价格较贵，中下级官吏及普通民众无力订阅，后来出现了山东人经营的印刷黄皮京报的京报房。晚清时，京报房多达十余家，有聚兴、公兴、聚升、合成、杜记、集文、同顺、天华、聚恒、洪兴、同文、信义、连升等字号，均设于宣南靠近琉璃厂的铁老鹳庙巷内。其中创办于咸丰年间的聚兴、公兴开业最早。

《启蒙画报》

　　《启蒙画报》由近代著名报人彭翼仲（1864～1921年）创办，是北京刊行最早的画报。"庚子事变"后，彭翼仲痛心于北京的报纸都是外国人所办，于是弃官卖产，从事办报，以期"争回说话的权柄"，于光绪二十八年（1902年）创办《启蒙画报》，自任撰述，聘名画家刘炳堂作画，在京师影响甚广。

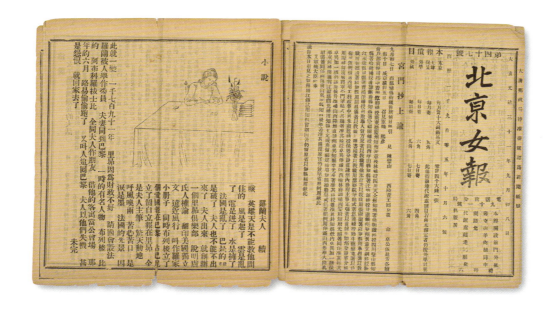

《北京女报》

　　1905年8月，宛平人张展云及其母张筠芗女士在京师前门外的羊肉胡同（今耀武胡同），创办了北京最早的妇女报刊《北京女报》。日出3开纸横张6版。该报注重采访新闻，尤以报道社会生活为主，倡导女子教育，反对妇女缠足、迷信及旧式婚姻和种种陋习，还普及科学知识、连载妇女题材的章回小说等。

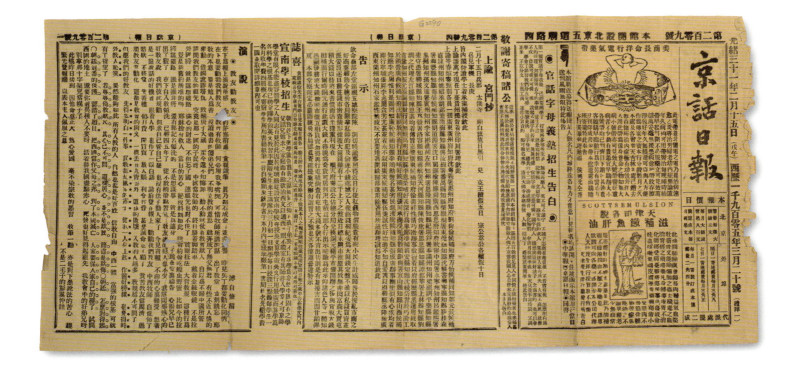

《京话日报》

　　光绪三十年（1904 年），彭翼仲等在正阳门外五道庙创设《京话日报》。这是北京的第一份白话报纸，其宗旨是开发民智，一日一小张，以下层民众为读者对象，使用北京方言，其内容除刊登新闻、演说、政论外，还辟有时事新歌、小说、讲书等专栏，刊载各种通俗易懂的文艺作品，尤以京味小说最为突出，连载不下数十种。最高日发行量达一万五千余份。时人称该报"流布北方各省，大为风气先导，东及奉黑，西及陕甘，凡言维新爱国者莫不响应传播。而都下商家百姓于《京话日报》则尤人手一纸、家有其书，虽妇孺无不知有彭先生。于是声动宫廷，太后遣内侍采购，特嘱进呈"。

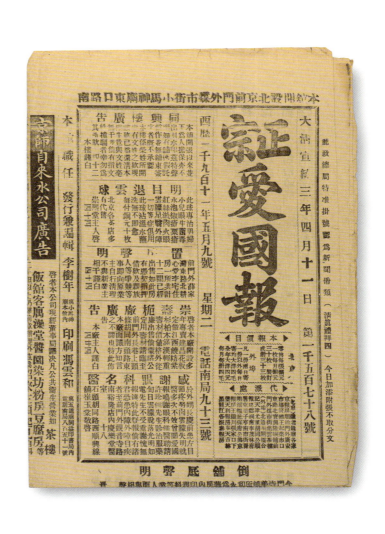

《正宗爱国报》

　　《正宗爱国报》由回民丁宝臣（1876～1913 年）于光绪三十二年（1906 年）创办。最初办报地点在琉璃厂东北园，最高发行量达 4 万份。该报办报宗旨强调"合四万万人为一心"，让各族民众"痛痒相关，彼此相顾，同心协力，共谋同种的幸福，以国土委性命，人人发出一团热力，爱国如命，保卫中华"，故名《正宗爱国报》。

参考文献

◎ 贾兰坡：《山顶洞人》，龙门联合书局印行，1951 年。

◎ 贾兰坡：《贾兰坡旧石器时代考古论文选》，文物出版社，1984 年。

◎ 裴文中、张森水：《中国猿人石器研究》，科学出版社，1985 年。

◎ 裴文中：《旧石器时代之艺术》，商务印书馆，1999 年。

◎〔美〕乔治·奥德尔著，关莹、陈虹译：《破译史前人类的技术与行为——石制品分析》，生活·读书·新知三联书店，2015 年。

◎ 宋大川：《北京考古发现与研究（1949-2009）》，科学出版社，2009 年。

◎ 中国社会科学院考古研究所：《中国考古学·新石器时代卷》，中国社会科学出版社，2010 年。

◎ 韩建业：《北京先秦考古》，文物出版社，2011 年。

◎ 宋大川：《北京考古史》，上海古籍出版社，2012 年。

◎ 韩建业：《早期中国——中国文化圈的形成和发展》，上海古籍出版社，2015 年。

◎ 苏秉琦：《中国文明起源新探》，生活·读书·新知三联书店，2019 年。

◎ 索秀芬：《燕山南北地区新石器时代文化研究》，科学出版社，2021 年。

◎〔日〕星川清亲著，段传德、丁法元译：《栽培植物的起源与传播》，河南科学技术出版社，1981 年。

◎ 何红中、惠富平：《中国古代粟作史》，中国农业科学技术出版社，2015 年。

◎ 北京市文物研究所：《镇江营与塔照——拒马河流域先秦考古文化的类型与谱系》，中国大百科全书出版社，1999 年。

◎ 韩建业：《中国北方地区新石器时代文化研究》，文物出版社，2003 年。

◎ 孔昭宸、杜乃秋、吴玉书等：《依据孢粉分析讨论北京猿人生活时期及其前后自然环境的演变》，《科学通报》1981 年第 17 期。

◎ 张乐、汤卓炜：《有关北京猿人生存环境的探讨》，《人类学学报》2007 年第 27 卷第 1 期。

◎ 陈铁梅、周力平：《周口店北京猿人遗址的年代综述兼评该遗址的铝铍埋藏年龄》，《人类学学报》2009 年第 28 卷第 3 期。

◎ 刘武：《周口店人类化石与中国古人类连续进化学说的形成和发展》，《化石》2019 年第 4 期。

◎ 张双权、高星、陈福友等：《周口店第一地点西剖面 2009-2010 年发掘报告》，《人类学学报》2016 年第 35 卷第 1 期。

◎ 王幼平：《试论环境与华北晚期旧石器文化》，《北京大学学报（哲学社会学报）》1990 年第 1 期。

◎ 高星：《关于周口店第 15 地点石器类型和加工技术的研究》，《人类学学报》2001 年第 20 卷第 1 期。

◎ 付巧妹：《四万年前中国地区现代人基因组揭示亚洲人类复杂遗传历史》，《化石》2017 年第 4 期。

◎ 毛晓伟、平婉菁、付巧妹：《古基因组解密末次盛冰期前后的东亚北部人群动态》，《遗传》2021 年第 43 卷第 6 期。

◎ 中国科学院古脊椎动物与古人类研究所：《古基因组揭示 1.1 万年以来东亚与东南亚交汇处人群的遗传历史》，《遗传》2021 年第 43 卷第 8 期。

◎ 李潇丽、高立红、张双权：《周口店田园洞洞穴发育与充填序列探讨》，《第四纪研究》2008 年第 28 卷第 6 期。

◎ 胡耀武、同号文：《北京周口店田园洞人骨的 C、N 和 S 稳定同位素分析》，《中国科学基金》2010 年第 2 期。

◎ 吴新智：《周口店山顶洞人化石的研究》，《古脊椎动物与古人类》1961 年第 3 期。

◎ 陈铁梅、R.E.M.Hedges、袁振新：《周口店山顶洞遗址年代的加速器质谱法再测定与讨论》，《人类学学报》1989 年第 8 卷第 3 期。

◎ 陈铁梅、袁振新：《山顶洞遗址的第二批加速器质谱 ^{14}C 年龄数据与讨论》，《人类学学报》1992 年第 11 卷第 2 期。

◎ 同号文、尚虹、张双权等：《周口店田园洞古人类化石点地层学研究及与山顶洞的对比》，《人类学学报》2006 年第 25 卷第 1 期。

◎ 张改课：《初论中国旧石器时代晚期至新石器时代早期墓葬》，《文博》2021 年第 5 期。

◎ 夏正楷、郑公望、岳生阳等：《北京王府井东方广场工地旧石器文化遗址地层和古地貌环境分析》，《北京大学学报（自然科学版）》1998 年增刊。

◎ 周国兴、尤玉柱：《北京东胡林村的新石器时代墓葬》，《考古》1972 年第 6 期。

◎ 北京大学考古文博学院、北京大学考古学研究中心、北京市文物研究所：《北京市门头沟区东胡林史前遗址》，《考古》2006 年第 7 期。

◎ 夏正楷、张俊娜、刘静等：《10000a BP 前后北京斋堂东胡林人的生态环境分析》，《中国科学》2011 年第 56 卷第 34 期。

◎ 何嘉宁、赵朝洪、郁金城等：《北京东胡林遗址人骨的体质演化与生物文化适应》，《考古》2020 年第 7 期。

◎ 严文明：《东北亚农业的发生与传播》，《农业考古》1993 年第 3 期。

◎ 杨晓燕、吕厚远、刘东生等：《粟、黍和狗尾草的淀粉粒形态比较及其在植物考古研究中的潜在意义》，《第四纪研究》2005 年第 25 卷第 2 期。

◎ 陈洪波、韩恩瑞：《试论粟向华南、西南及东南亚地区的传播》，《农业考古》2013 年第 1 期。

◎ 何红中：《全球视野下的粟黍起源及传播探索》，《中国农史》2014 年第 2 期。

◎ 彭小军：《史前陶器成型技术类型的分布和演变》，《江汉考古》2021 年第 1 期。

◎ 陈涛：《中国史前时期石磨盘、石磨棒功能研究——来自科技考古的证据》，《农业考古》2019 年第 6 期。

◎ 严文明：《中国古代的陶支座》，《考古》1982 年第 6 期。

◎ 韩建业：《初期仰韶文化研究》，《古代文明》（第 8 卷），文物出版社，2010 年。

◎ 北京市文物研究所、北京市平谷县文物管理所北埝头考古队：《北京平谷北埝头新石器时代遗址调查与发掘》，《文物》1989 年第 8 期。

◎ 索秀芬、李少兵：《上宅文化初论》，《考古与文物》2009 年第 1 期。

◎ 赵雅楠、袁广阔：《新石器时代中晚期北京北部文化谱系及其相关问题》，《华夏考古》2018 年第 3 期。

◎ 王永笛、蔡大伟：《多维视角下的家猪起源与驯化研究》，《边疆考古研究》（第 30 辑），科学出版社，2021 年。

◎ 严文明：《论中国的铜石并用时代》，《史前研究》1984 年第 1 期。

◎ 韩建业：《论雪山一期文化》，《华夏考古》2003 年第 4 期。

◎ 王巍、赵辉：《"中华文明探源工程"及其主要收获》，《中国史研究》2022 年第 4 期。

◎ 高星、张双权、张乐等：《关于北京猿人用火的证据：研究历史、争议与新进展》，《人类学学报》2016 年第 35 卷第 4 期。

◎ 宋兆麟：《原始炉灶的演变》，《中国历史博物馆馆刊》1997 年第 2 期。

◎ 北京市文物研究所：《北京文物与考古》（第一辑）。

◎ 北京市文物研究所：《北京文物与考古》（第二辑），北京燕山出版社，1991 年。

◎ 北京市文物研究所：《北京文物与考古》（第三辑）。

◎ 北京市文物研究所：《北京文物与考古》（第五辑），北京燕山出版社，2002 年。

◎ 北京市文物研究所：《北京文物与考古》（第六辑），民族出版社，2004 年。

◎ 北京市文物研究所、北京市昌平区文化委员会：《昌平张营——燕山南麓地区早期青铜文化遗址发掘报告》，文物出版社，2007 年。

◎ 北京市文物工作队：《北京房山县考古调查简报》，《考古》1963 年第 3 期。

◎ 中国科学院考古研究所、北京市文物管理处、房山县文教局琉璃河考古工作队：《北京附近发现的西周奴隶殉葬墓》，《考古》1974 年第 5 期。

◎ 北京市文物管理处、中国科学院考古研究所、房山县文教局琉璃河考古工作队：《北京琉璃河夏家店下
　　层文化墓葬》，《考古》1976 年第 1 期。

◎ 北京市文物管理处：《北京地区的又一重要考古收获——昌平白浮西周木椁墓的新启示》，《考古》
　　1976 年第 4 期。

◎ 北京市文物管理处：《北京市延庆县西拨子窖藏铜器》，《考古》1979 年第 3 期。

◎ 程长新：《北京市顺义县牛栏山出土一组周初带铭青铜器》，《文物》1983 年第 11 期。

◎ 中国社会科学院考古研究所、北京市文物研究所琉璃河考古队：《北京琉璃河 1193 号大墓发掘简报》，
　　《考古》1990 年第 1 期。

◎ 张先得、张先禄：《北京平谷刘家河商代铜钺铁刃的分析鉴定》，《文物》1990 年第 7 期。

◎ 王武钰、郁金城：《昌平张营商代遗址》，《中国考古学年鉴》（1990），文物出版社，1991 年。

◎ 北京市文物研究所：《琉璃河西周燕国墓地（1973-1977）》，文物出版社，1995 年。

◎ 北京大学考古学系、北京市文物研究所：《1995 年琉璃河周代居址发掘简报》，《文物》1996 年第 6 期。

◎ 北京市文物研究所、北京大学考古学系：《1995 年琉璃河遗址墓葬区发掘简报》，《文物》1996 年第 6 期。

◎ 北京市文物研究所：《北京房山琉璃河遗址发现的商代遗迹》，《文物》1997 年第 4 期。

◎ 琉璃河考古队：《琉璃河遗址 1996 年度发掘简报》，《文物》1997 年第 6 期。

◎ 北京市文物研究所、北京大学考古文博院、中国社会科学院考古研究所：《1997 年琉璃河遗址墓葬发掘
　　简报》，《文物》2000 年第 11 期。

◎ 陈平：《燕都兴废、迁徙谈》，《北京社会科学》1998 年第 1 期。

◎ 北京市文物研究所：《北京建城 3040 年暨燕文明国际学术研讨会会议专辑》，北京燕山出版社，1997 年。

◎ 侯仁之：《论北京建城之始》，《北京社会科学》1990 年第 3 期。

◎ 金岳：《燕山方国考（上）（下）》，《辽海文物学刊》1986 年第 2 期、1987 年第 1 期。

◎ 金岳：《金文所见周代燕国——论北燕非南燕余支》，《文物春秋》1990 年第 1 期。

◎ 孙华：《匽侯克器铭文浅见——兼谈召公建燕及其相关问题》，《文物春秋》1992 年第 3 期。

◎ 王采枚：《论周初封燕及其相关问题》，《北京社会科学》1989 年第 4 期。

◎ 于志耿：《商先起源于幽燕说》，《历史研究》1985 年第 5 期。

◎ 卜工：《燕山地区夏商时期的陶鬲谱系》，《北方文物》1989 年第 2 期。

◎ 陈光：《西周燕国文化初论》，《中国考古学的跨世纪反思》，香港商务印书馆，1999 年。

◎ 段天璟：《从塔照遗址看夏时期的燕山南部地区——夏时期燕山以南地区文化结构的形成》，《边疆考
　　古研究》（第 5 辑），科学出版社，2007 年。

◎ 韩嘉谷：《京津地区商周时期古文化发展的一点线索》，《中国考古学会第三次年会论文集》，文物出版社，
　　1984 年。

◎ 韩嘉谷：《燕文化、姬燕文化和燕国境内诸文化》，《北方考古研究》（四），中州古籍出版社，1994 年。

◎ 韩建业：《试论北京地区夏商周时期的文化谱系》，《华夏考古》2009 年第 4 期。

◎ 李维明：《北京地区夏、商、西周时期考古学文化浅议》，《首都师范大学学报（社会科学版）》1999
　　年第 1 期。

◎ 李维明：《北京昌平白浮墓地分析》，《北京文博》2000 年第 3 期。

◎ 刘绪、赵福生：《琉璃河遗址西周燕文化的新认识》，《文物》1997 年第 4 期。

◎ 任伟：《从考古发现看西周燕国殷遗民之社会状况》，《中原文物》2001 年第 2 期。

◎ 杨建华：《燕山南北商周之际青铜器遗存的分群研究》，《考古学报》2002 年第 2 期。

◎ 杨勇：《琉璃河遗址"殷民墓"质疑》，《北京平谷与华夏文明：国际学术研讨会论文集（2005）》，
　　社会科学文献出版社，2006 年。

◎ 印群：《试析琉璃河遗址商代陶器分期及其殷遗民之来源》，《2004 年安阳殷商文明国际学术研讨会论
　　文集》，社会科学文献出版社，2004 年。

◎ 印群：《论琉璃河遗址殷遗民墓的陶簋——兼谈该遗址殷遗民文化因素之消长》，《考古学集刊》（18），

科学出版社，2010 年。

◎ 印群：《谈琉璃河遗址殷遗民墓之随葬车马坑》，《三代考古》（四），科学出版社，2011 年。

◎ 张展：《夏家店下层文化与北京地区商代"燕"文化遗存》，《首都博物馆文集》，北京燕山出版社，1990 年。

◎ 赵光贤：《关于琉璃河 1193 号周墓的几个问题》，《历史研究》1994 年第 2 期。

◎ 曹定云：《殷代燕国考》，《人文与社会》（2），台湾义守大学，2003 年。

◎ 曹淑琴：《伯矩铜器群及其相关问题》，《庆祝苏秉琦考古五十五周年论文集》，文物出版社，1989 年。

◎ 曹淑琴、殷玮璋：《亚铜器及其相关问题》，《中国考古学研究——夏鼐先生考古五十年纪念论文集》，
文物出版社，1986 年。

◎ 常征：《释〈太保鼎〉》，《北京社会科学》1993 年第 3 期

◎ 陈平：《再论克罍、克盉铭文及其有关问题》，《考古与文物》1995 年第 1 期。

◎ 陈平：《堇鼎铭文再探讨》，《古文字研究》（第二十二辑），中华书局，2000 年。

◎ 陈寿：《太保簋的复出和太保诸器》，《考古与文物》1980 年第 4 期。

◎ 范汝生：《太保鼎》，《文物》1959 年第 11 期。

◎ 方述鑫：《太保罍、盉铭文考释》，《考古与文物》1992 年第 6 期。

◎ 何景成：《"亚"族铜器研究》，《古文字研究》（第二十五辑），中华书局，2004 年。

◎ 李学勤：《西周时期的诸侯国青铜器》，《中国社会科学院研究生院学报》1985 年第 6 期。

◎ 殷玮璋：《新出土的太保铜器及其相关问题》，《考古》1990 年第 1 期。

◎ 殷玮璋、曹淑琴：《周初太保器综合研究》，《考古学报》1991 年第 1 期。

◎ 张亚初：《太保罍、盉铭文的再探讨》，《考古》1993 年第 1 期。

◎ 朱凤瀚：《房山琉璃河出土之克器与西周早期的召公家族》，《远望集——陕西省考古研究所华诞四十
周年纪念文集》，陕西人民美术出版社，1998 年。

◎ 杜金鹏：《试论北京琉璃河西周墓出土的玉冠饰》，《文物季刊》1997 年第 4 期。

◎ 井中伟：《西周墓中毁兵葬俗的考古学观察》，《考古与文物》2006 年第 4 期。

◎ 殷玮璋：《记北京琉璃河遗址出土的西周漆器》，《考古》1984 年第 5 期。

◎ 张利洁、赵福生、孙淑云等：《北京琉璃河燕国墓地出土铜器的成分和金相研究》，《文物》2005 年第 6 期。

◎ 北京市文物研究所：《北京考古四十年》，北京燕山出版社，1990 年。

◎ 侯仁之：《北京历史地图集》，北京出版集团，2013 年。

◎ 曹子西：《北京通史》，中国书店，1994 年

◎ 苏天钧：《北京考古集成》，北京出版社，2005 年。

◎ 韦正：《魏晋南北朝考古》，北京大学出版社，2013 年。

◎ 齐东方：《隋唐考古》，文物出版社，2002 年。

◎ 王子今：《秦汉代交通史稿》，社会科学文献出版社，2020 年。

◎ 史念海：《史念海全集》，人民出版社，2013 年。

◎ 严耕望：《唐代交通图考》，北京联合出版公司，2021 年。

◎ 孙机：《汉代物质文化资料图说》，文物出版社，1990 年。

◎ 孙机：《古代物质文化》，中华书局，2014 年。

◎ 孙机：《中国古舆服论丛》，上海古籍出版社，2013 年。

◎ 朱大渭、刘驰、梁满仓等：《魏晋南北朝社会生活史》，中国社会科学出版社，1998 年。

◎ 李斌诚、李锦绣、张泽咸等：《隋唐五代社会生活史》，中国社会科学出版社，1998 年。

◎ 齐东方、申秦雁：《花舞大唐春——何家村遗宝精粹》，文物出版社，2003 年。

◎ 北京市大葆台西汉墓博物馆：《北京地区汉代城址调查与研究》，北京燕山出版社，2009 年。

◎ 北京市文物研究所、北京城市副中心行政办公区工程建设办公室、北京市文物局：《北京城市副中心考古》
（第一辑），科学出版社，2018 年。

◎ 大葆台汉墓发掘组：《北京大葆台汉墓》，文物出版社，1989 年。

◎ 北京市大葆台西汉墓博物馆：《大葆台汉墓出土文物》，文物出版社，2015 年。

◎《北京老山汉墓》，《2000 中国重要考古发现》，文物出版社，2001 年。

◎ 俞伟超：《先秦两汉考古学论集》，文物出版社，1985 年。

◎ 黄展岳：《先秦两汉考古论丛》，科学出版社，2008 年。

◎ 刘瑞：《西汉诸侯王陵墓制度研究》，中国社会科学出版社，2010 年。

◎ 刘尊志：《汉代诸侯王墓研究》，社会科学文献出版社，2012 年。

◎ 窦葳：《两汉镜铭与社会研究》，上海师范大学博士学位论文，2014 年。

◎ 林甘泉：《中国经济通史·秦汉经济卷》，中国社会科学出版社，2007 年。

◎ 宿白：《汉唐宋元考古——中国考古学》，文物出版社，2010 年。

◎ 郑岩：《魏晋南北朝壁画墓研究》（增订版），文物出版社，2016 年。

◎ 郑岩：《逝者的面具——汉唐墓葬艺术研究》，北京大学出版社，2013 年。

◎ 山西省考古研究所、太原市文物考古研究所：《北齐东安王娄睿墓》，文物出版社，2006 年。

◎ 王子今：《秦汉名物丛考》，新星出版社，2023 年。

◎ 宿白：《魏晋南北朝唐宋考古文稿辑丛》，文物出版社，2011 年。

◎ 李梅田：《葬之以礼——魏晋南北朝丧葬礼俗与文化变迁》，上海古籍出版社，2021 年。

◎ 韦正著：《南北朝墓葬礼制研究》，上海古籍出版社，2022 年。

◎ 傅熹年：《傅熹年建筑史论文集》，文物出版社，1998 年。

◎ 张国刚：《唐代藩镇研究》，生活·读书·新知三联书店，2023 年。

◎ 仇鹿鸣：《长安与河北之间：中晚唐的政治与文化》，北京师范大学出版社，2018 年。

◎ 荣新江：《中古中国与粟特文明》，生活·读书·新知三联书店，2014 年。

◎ 沈从文：《沈从文全集》（物质文化史）（28 ~ 32 卷），北岳文艺出版社，2002 年。

◎ 陈寅恪：《隋唐制度渊源略论稿》，《唐代政治史述论稿》，生活·读书·新知三联书店，2001 年。

◎ 吴梦麟、张永强：《房山石经题记整理与研究》，文物出版社，2021 年。

◎ 葛承雍：《胡汉中国与外来文明》，生活·读书·新知三联书店，2020 年。

◎ 河北省文物研究所：《五代王处直墓》，文物出版社，1998 年。

◎ 李零：《入山与出塞》，文物出版社，2004 年。

◎ 北京市文物研究所：《北京市通州区唐开成二年幽州潞县丞艾演墓》，《考古》2019 年第 2 期。

◎ 周耿：《介绍北京市的出土文物展览》，《文物参考资料》1954 年第 8 期

◎ 王武钰、王鑫、程利：《老山汉墓考古发掘的收获》，《首都博物馆丛刊》（15），北京燕山出版社，
    2001 年

◎ 张先得：《记各地出土的圆形金饼——兼论汉代麟趾金、马蹄金》，《文物》1985 年第 12 期

◎ 张长寿：《墙柳与荒帷——1983 ~ 1986 年沣西发掘资料之五》，《文物》1992 年第 4 期

◎ 赵宠亮：《也说泥笭》，《东南文化》2014 年第 2 期。

◎ 苏天钧：《北京西郊发现汉代石阙清理简报》，《文物》1964 年第 11 期。

◎ 邵茗生：《汉幽州书佐秦君石阙释文》，《文物》1966 年第 2 期。

◎ 郭沫若：《"乌还哺母"铭文的考释》，《文物》1965 年第 4 期。

◎ 柳彤：《首都博物馆藏晋代赐封少数民族官印探微》，《首都博物馆论丛》（2012 年），北京燕山出版社，
    2012 年。

◎ 北京市工作文物工作队：《北京西郊西晋王浚妻华芳墓清理简报》，《文物》1965 年第 12 期。

◎ 范兆飞：《两晋之际的士族生态与幽冀形势——以王浚为中心的考察》，《学术月刊》2011 年第 3 期。

◎ 安家瑶：《中国早期玻璃器》，《考古学报》1984 年第 4 期。

◎ 沈睿文：《葬以殊礼：弩机与世家大族墓葬》，《故宫博物院院刊》2015 年第 5 期。

◎ 赵其昌：《唐幽州村乡再探》，《首都博物馆丛刊》（9），北京燕山出版社，1994 年。

◎ 赵其昌：《唐良乡城与史思明墓》，《中国历史博物馆馆刊》（总第 6 期），文物出版社，1984 年。

◎ 徐苹芳：《唐宋墓葬中的"明器神煞"与"墓仪"制度——读〈大汉原陵秘葬经〉札记》，《考古》
    1963 年第 2 期。

◎ 袁进京、赵福生：《北京丰台唐史思明墓》，《文物》1991 年第 9 期。

◎ 刘乃涛：《刘济墓考古发掘记》，《大众考古》2013 年第 2 期。

◎ 鲁晓帆：《唐〈论博言墓志〉续考》，《首都博物馆论丛》（2013 年），北京燕山出版社，2013 年。

◎ 房锐：《唐史所见张建章其人辨析》，《唐都学刊》2006 年第 2 期。

◎ 赵其昌：《唐〈张建章墓志〉续考》，《首都博物馆丛刊》（18），北京燕山出版社，2004 年。

◎ 陈康：《从论博言墓志谈吐蕃噶尔氏家族兴衰》，《北京文博》1999 年第 4 期。

◎ 陈光崇：《唐史所见张建章其人》，《史学史研究》1996 年第 3 期。

◎ 刘晓东：《张建章〈渤海记〉卷目及其相关问题》，《北方文物》1990 年第 4 期。

◎ 罗继祖：《张建章墓志补考》，《黑龙江文物丛刊》1983 年第 3 期。

◎ 北京市海淀区文物管理所：《北京市海淀区八里庄唐墓》，《文物》1995 年第 11 期。

◎ 朱超龙、徐国栋：《战国至汉晋时期的金珰》，《北方文物》2021 年第 2 期。

◎ 鲁晓帆：《唐〈论博言墓志〉续考》，《首都博物馆论丛》（2013 年），北京燕山出版社，2013 年。

◎ 韦正：《金珰与步摇——汉晋命妇冠饰试探》，《文物》2013 年第 5 期。

◎ 鲁晓帆：《唐仵钦墓志考释》，《首都博物馆论丛》（2011 年），北京燕山出版社，2011 年。

◎ 卢亚辉：《唐信州刺史薛府君墓所见幽营二州薛氏》，《北方文物》2023 年第 5 期。

◎ 邢鹏：《北魏太和二十三年阎惠端造像研究——基于文献记载的认识》，《首都博物馆论丛·建馆四十周年专辑》，北京燕山出版社，2021 年。

◎ 《辽史》，中华书局，2003 年。

◎ 《金史》，中华书局，1975 年。

◎ 《元史》，中华书局，2005 年。

◎ 叶隆礼：《契丹国志》，上海古籍出版社，1985 年。

◎ 陈述：《契丹社会经济史稿》，生活·读书·新知三联书店，1963 年。

◎ 项春松：《辽代壁画选》，上海人民美术出版社，1984 年。

◎ 王健群、陈相伟：《库伦辽代壁画墓》，文物出版社，1989 年。

◎ 向南：《辽代石刻文编》，河北教育出版社，1995 年。

◎ 项春松：《辽代历史与考古》，内蒙古人民出版社，1996 年。

◎ 河北省文物研究所：《宣化辽墓》，文物出版社，2001 年。

◎ 北京市门头沟区文化文物局：《门头沟文物志》，北京燕山出版社，2001 年。

◎ 彭善国：《辽代陶瓷的考古学研究》，吉林大学出版社，2003 年。

◎ 路菁著：《辽代陶瓷》，辽宁画报出版社，2003 年。

◎ 北京市文物局：《北京辽金史迹图志》，北京燕山出版社，2003 年。

◎ 盖之庸：《探寻逝去的王朝——辽耶律羽之墓》，内蒙古大学出版社，2004 年。

◎ 刘涛：《宋辽金纪年瓷器》，文物出版社，2004 年。

◎ 北京市平谷区文化委员会：《平谷文物志》，民族出版社，2005 年。

◎ 北京市文物局、北京市文物研究所：《北京奥运场馆考古发掘报告》，科学出版社，2007 年。

◎ 张家口市宣化区文物保管所：《宣化下八里Ⅱ区辽壁画墓考古发掘报告》，文物出版社，2008 年。

◎ 孙建华：《内蒙古辽代壁画》，文物出版社，2009 年。

◎ 北京市文物研究所：《北京龙泉务辽金墓葬发掘报告》，科学出版社，2009 年。

◎ 苏天钧：《十年来北京市所发现的重要古代墓葬和遗址》，《考古》1959 年第 3 期。

◎ 北京市文物管理处：《近年来北京发现的几座辽墓》，《考古》1972 年第 3 期。

◎ 张先得、黄秀纯：《北京市房山县发现石椁墓》，《文物》1977 年第 6 期。

◎ 北京市文物管理处：《北京先农坛金墓》，《文物》1977 年第 11 期。

◎ 北京市文物管理处：《北京市通县金代墓葬发掘简报》，《文物》1977 年第 11 期。

◎ 齐心：《金蒲察胡沙墓志铭考释》，《北京史论文集》，北京史研究会编印，1980 年。

◎ 鲁琪：《通县唐大庄出土金代陶砚》，《文物》1981 年第 8 期。

◎ 鲁琪：《金窝鲁欢墓志考释》，《燕京春秋》，北京出版社，1982 年。

◎ 秦大树：《北京市海淀区南辛庄金墓清理简报》，《文物》1988 年第 7 期。

◎ 北京市文物研究所金陵考古工作队：《北京房山区金陵遗址的调查与发掘》，《考古》2004 年第 2 期。

◎ 北京市文物研究所、延庆县文物管理所：《延庆县时尚纺织品有限公司壁画墓发掘简报》，《北京文博》
　　2005 年第 3 期。

◎ 孙勐、吕砚：《北京金代墓葬中出土的瓷器》，《收藏家》2013 年第 6 期。

◎ 上海博物馆：《幽蓝神采：2012 上海元青花国际学术研讨会论文集》（第 1 辑），上海古籍出版社，2015 年。

◎ 北京市文物研究所：《元铁可父子墓和张弘纲墓》，《考古学报》1986 年第 1 期。

◎ 北京市文物研究所：《北京平谷河北村元墓发掘简报》，《文物》2012 年第 7 期。

◎ 北京市文物研究所：《北京出土文物》，北京燕山出版社，2005 年。

◎ 北京市文物研究所：《北京平谷河北村元墓发掘简报》，《文物》2012 年第 7 期。

◎ 程利：《耶律铸夫妇合葬墓简况》，《北京文博》1998 年第 4 期。

◎ 北京市文物研究所：《耶律铸夫妇合葬墓出土珍贵文物》，《中国文物报》1999 年 1 月 31 日。

◎ 北京市文物研究所：《北京元耶律铸夫妇合葬墓》，《1998 中国重要考古发现》，文物出版社，2000 年。

◎ 范勇：《试论元代青花瓷兴起的原因及其性质用途》，《长江文明》2011 年第 1 期。

◎ 赵琳：《14 世纪以前钴蓝在西亚和中国的运用——兼谈元青花的产生》，《南方文物》2013 年第 3 期。

◎ 施静菲：《景德镇元青花起源之本地因素考察》，《浙江大学艺术与考古研究》，浙江大学出版社，2014 年。

◎ 杭侃：《元青花起源之我见》，《中国文化》2020 年第 1 期。

◎ 江建新：《元青花与浮梁磁局及其窑场》，《中国国家博物馆馆刊》2013 年第 6 期。

◎ 林梅村：《张弘略墓与定兴窖藏出土元代宫廷酒器——兼论浮梁磁局创烧元青花之年代》，《文物》
　　2018 年第 12 期。

◎ 陈殿：《青花绘制技法分期与演变规律研究》，《华夏考古》2013 年第 2 期。

◎ 陈殿：《元青花斑点的笔法研究——以元明墓葬出土文物为中心》，《考古与文物》2015 年第 1 期。

◎ 杨李军：《论工笔技法在元青花瓷绘上的运用》，《陶瓷科学与艺术》2016 年第 12 期。

◎ 杨李军：《论元青花工艺缺陷与美学追求的调和》，《美术观察》2016 年第 12 期。

◎ 北京大学历史系《北京史》编写组：《北京史》，北京出版社，1999 年。

◎ 何孝荣：《明代北京佛教寺院修建研究》，南开大学出版社，2007 年。

◎ 侯仁之：《北京城市历史地理》，北京燕山出版社，2000 年。

◎ 尹钧科、罗保平、韩光辉等：《古代北京城市管理》，同心出版社，2002 年。

◎ 王政尧：《清代戏剧文化考辨》，北京燕山出版社，2014 年。

◎ 北京市地方志编纂委员会：《北京志·长城志》，北京出版社，2008 年。

◎ 中国长城学会：《中国长城志》，江苏凤凰科学技术出版社，2016 年。

◎〔日〕新宫学著，贾临宇等译：《明代迁都北京研究——近世中国的首都迁移》，外文出版社，2021 年。

◎ 王熹：《明代服饰研究》，中国书店，2013 年。

◎ 汤国彦：《中国历史银锭》，云南人民出版社，1993 年。

◎ 秦国经：《清代文书档案图鉴》，岳麓书社，2004 年。

◎ 张德泽：《清代国家机关考略》，学苑出版社，2001 年。

◎ 赵兴华：《北京园林史话》，中国林业出版社，1994 年。

◎ 岳升阳、黄宗汉、魏泉：《宣南——清代京师士人聚居区研究》，北京燕山出版社，2012 年。

◎〔瑞典〕喜仁龙著，许永全译：《北京的城墙和城门》，新星出版社，2018 年。

◎ 刘高：《北京戊戌变法史》，北京燕山出版社，2001 年。

◎ 张宝章、雷章宝、张威：《建筑世家样式雷》，北京出版社，2018 年。

◎ 北京市宣武区建设管理委员会、北京市古代建筑研究所：《宣南鸿雪图志》，中国建筑工业出版社，1997 年。